盟誓之城的历史跨越

云南宁洱精准脱贫之路

孙叶青 / 著

广西师范大学出版社
·桂林·

图书在版编目(CIP)数据

盟誓之城的历史跨越：云南宁洱精准脱贫之路 / 孙叶青
著.—桂林：广西师范大学出版社，2021.5
ISBN 978 - 7 - 5598 - 3373 - 0

Ⅰ. ①盟… Ⅱ. ①孙… Ⅲ. ①扶贫－研究－宁洱哈尼族
彝族自治县 Ⅳ.①F127.744

中国版本图书馆 CIP 数据核字(2020)第 218837 号

盟誓之城的历史跨越：云南宁洱精准脱贫之路
MENGSHI ZHI CHENG DE LISHI KUAYUE：
YUNNAN NINGER JINGZHUN TUOPIN ZHI LU

出 品 人：刘广汉
责任编辑：刘孝霞
助理编辑：吕解颐
装帧设计：李婷婷
广西师范大学出版社出版发行

（广西桂林市五里店路9号　　邮政编码：541004）
（网址：http://www.bbtpress.com）

出版人：黄轩庄
全国新华书店经销
销售热线：021 - 65200318　021 - 31260822 - 898
山东临沂新华印刷物流集团有限责任公司印刷
（临沂高新技术产业开发区新华路1号　邮政编码：276017）
开本：690mm×960mm　　1/16
印张：19.25　插页：8　字数：251 千字
2021 年 5 月第 1 版　　2021 年 5 月第 1 次印刷
定价：68.00 元

如发现印装质量问题，影响阅读，请与出版社发行部门联系调换。

普洱山（白马辛荣 摄）

日出云海（陈发坤 摄）

故宫百年普洱茶回归宁洱纪念碑（徐培春 摄）

困鹿山皇家贡茶园（白马辛荣 摄）

国家地理标志——茶马古道零公里碑（白马辛荣 摄）

茶庵鸟道（白马辛荣 摄）

古普洱府（宁洱县委宣传部提供）

今朝的宁洱县城（宁洱县委宣传部提供）

民族团结誓词碑（白马辛荣 摄）

在民族团结誓词碑前宣誓（宁洱县委宣传部提供）

同心镇大凹子村熊脚小组新居点（张光良 摄）

宁洱镇温泉村新貌(宁洱县委宣传部提供）

祭茶神（谭建国 摄）

茶园姑娘（王建华 摄）

那柯里晓明茶庄（宁洱县委宣传部提供）

那柯里民宿（宁洱县委宣传部提供）

哈尼红蛋（宁洱县委宣传部提供）

谦岗葵花节（宁洱县委宣传部提供）

哈尼阿妈（白佳 摄）

温泉村春茶开采仪式（白马辛荣 摄）

那柯里村民娶妻（宁洱县委宣传部提供）

普洱古镇（董建华 摄）

美丽乡村旅游点——勐先蚌扎（宁洱县委宣传部提供）

普洱山观景亭（宁洱县委宣传部提供）

野望（绝版木刻　宁洱县委宣传部提供）

庐山秋色（绝版木刻　2015 年入围第二十一届全国版画展　宁洱县委宣传部提供）

三丘田半坡易地扶贫搬迁集中安置点（宁洱县委宣传部提供）

喝民族团结同心酒（宁洱县委宣传部提供）

宁洱县城一角（宁洱县委宣传部提供）

产业发展（白马辛荣 摄）

宁洱晨曦（谭建国 摄）

宁洱生态（宁洱县委宣传部提供）

献给我的父亲孙德岐

序

　　人类社会的发展经历了从蛮荒走向文明的历程，也贯穿着不断同贫困进行斗争的历史篇章。虽然今天的世界可说是现代文明高度发达、科学技术日新月异，但贫困现象依然广泛存在，贫困问题已成为制约世界和平与发展的主要障碍之一，也是地区冲突、恐怖主义、民族矛盾和环境恶化等问题的重要根源。

　　联合国一直致力于推进解决人类贫困问题，2015 年 7 月，联合国发布《千年发展目标 2015 年报告》表明："全球生活在极端贫困中的人数下降超过一半，从 1990 年的 19 亿下降至 2015 年的 8.36 亿，其中大多数进展是在 2000 年后取得的。"既往成就可观，但世界范围内消灭贫困的任务依然前路艰难。联合国前秘书长安南曾经指出："尽管一些国家在消除贫困方面做出了很大努力，尽管全球经济呈增长趋势，但贫困现象仍在蔓延，贫困人口仍在扩大。"2016 年 5 月 19 日，国际劳工组织（ILO）社会和经济问题特别顾问雷蒙德·托雷斯（Raymond Torres）表示："现在，世界上约有 30% 的穷人，他们只占有世界上 2% 的收入。即使是在世界上最发达的国家或地区，贫困现象仍然存在。"2020 年席

1

卷世界的新冠肺炎疫情，更是为世界经济发展和全世界减贫的努力蒙上了厚重的阴影。

中国减贫脱贫的历史是东方社会主义大国创造奇迹之路。改革开放以来，中国的脱贫人数位居世界第一，成为减贫脱贫成就最为显著的国家。20 世纪 70 年代末 80 年代初，邓小平同志在规划中国经济社会发展蓝图时提出了"小康社会"的战略构想。2012 年中国共产党十八大报告中首次正式提出全面建成小康社会、消除贫困的历史任务。截至 2014 年年底，我国还有 7 000 多万农村贫困人口。2015 年 10 月 16 日，习近平在"减贫与发展高层论坛"上提出，2020 年贫困人口全部脱贫，确定了扶贫攻坚的方向与目标。2015 年 11 月 29 日，《中共中央　国务院关于打赢脱贫攻坚战的决定》发布，确保 2020 年农村贫困人口实现脱贫，完成全面建成小康社会最艰巨的任务。

"路漫漫其修远兮，吾将上下而求索。"历史上儒家所主张的"博施于民而能济众"的向往追求，《礼记·礼运》所希冀的"老有所终，壮有所用，幼有所长，鳏寡孤独废疾者皆有所养"的大同理想，墨家主张的"兼爱"，近代百年屈辱史、中华民族伟大复兴的梦想，都承载着千百年来先进的中国人彻底摆脱贫困的夙愿与对美好社会的向往和追求。

习近平总书记在十九大报告中指出："全党必须牢记，为什么人的问题，是检验一个政党、一个政权性质的试金石。带领人民创造美好生活，是我们党始终不渝的奋斗目标。必须始终把人民利益摆在至高无上的地位，让改革发展成果更多更公平惠及全体人民，朝着实现全体人民共同富裕不断迈进。"

百年等一回、千年盼一回。2020 年将注定成为历史上值得大书特书的一笔。这一年中国共产党坚决打赢脱贫攻坚战的庄严承诺取得了历史性成果。这一年的中国实现了全面建成小康社会的目标，并开启了"十四五"新的五年规划，瞄准全面建设社会主义现代化国家的目标开始新的历史征程。

这场人类历史上前所未有的脱贫攻坚之战，动员了全党全国全社会力量，确立了由中央统筹、省（自治区、直辖市）负总责、市（地）县抓落实的大扶贫格局，体现了扶贫同扶志、扶贫与扶智相结合的鲜明特色，展示了东西部扶贫协作携手奔小康的精神品格，聚焦重点攻克深度贫困地区的脱贫任务。2020年实现了我国现行标准下农村贫困人口实现脱贫、贫困县全部摘帽、解决区域性整体贫困的历史伟业。

生活在这个时代的中国人是幸运的，我们共同见证了彻底摆脱贫困的憧憬怎样在中国大地上变成现实。如今精准扶贫、精准脱贫将对接乡村振兴战略，致力于巩固脱贫攻坚成果，加快农业农村现代化的历史进程。这段刚刚发生还在继续的人类减贫奇迹，其中不乏宏大的历史叙事，也包含着众多人们很少了解的历史细节，不仅包含着政策落实的过程与成效，还包含着干部群众中无数鲜活的感动中国与世界的精彩故事。

精准扶贫的历史细节，是我们讲述中国、了解中国、懂得中国的绝佳视角和重要窗口。这部以云南宁洱县，一个"老、少、边、山、穷"地区为调研对象的书籍，从1950年宁洱各民族共同开创幸福生活的民族友好誓词碑开始，聚焦2016到2020年宁洱如何完成精准脱贫任务，开启可持续发展的现实道路，串联起宁洱精准脱贫之路的历史轨迹、经验探索和未来思考，是从细节上研究精准扶贫的好作品。

该书精心设计了每一章的标题，全书共十四章，分三个部分：第一部分，那片美丽坚贞的土地。介绍宁洱精准脱贫之路的起始，贯穿于历史与现实之中的誓言承诺与初心使命相互联结，汇聚成实现伟大历史跨越的内在驱动力量。第二部分，跨越时空的巨变。宁洱脱贫攻坚成就得以完成，不仅发韧于精准的制度设计、结合实际坚定地贯彻落实，以及通向未来可持续发展的布局，还有贯穿其中的信念与意志、坚韧与勇敢、热爱与奉献。第三部分，走上可持续发展之路。宁洱脱贫之路，致力于破解农村中的深层次问题。在乡村治理、提升内生动力、促进可持续发展等方面，取得了很多成效，预示了可持续发展的前景，也是未来对接乡村振兴战略，巩固脱贫攻坚成果，有待继续深入探索的问题。

深入实地考察调研，记录精准扶贫之路的历史细节，以点带面反映这段历史奇迹得以完成的原因，总结其经验，并对其规律有所思考，无疑是难度很大的一项工作。作者是一个"外来者"，历时三年，利用寒暑假多次前往宁洱实地考察，从一个上海的党校教师的视角，总结宁洱脱贫之路，其观察和思考，提出的一些见解和问题，具有重要的理论意义和实践参考价值。作者还是一个"同行者"，上海与云南互相结对，深入对口帮扶，人员相互交流，经济合作日益深化，很多云南学员到上海的党校学习，作者因之有机会与奋斗在精准扶贫第一线的众多干部群众深入交流，从陌生到熟悉，从观察到共情，再到为之深深感动，形成感同身受的经历，并转化成研究成果，对于读者深入了解精准扶贫、形成关于精准扶贫的历史印象，也一定具有参考价值。期待今后作者再接再厉，保持自己的学术理想和研究韧劲，继续深耕理论研究，不断深化现实思考，取得新的更大进步。

目　录

前　言

一、调研地点的典型意义

本书是以云南省普洱市所辖宁洱哈尼族彝族自治县为调研地点，在开展多次调研的基础上完成的。承蒙宁洱县委县政府提供了大量的资料、照片，并协助安排了实地考察、入户交流、座谈讨论，使我有机会直接接触宁洱县委县政府和各乡镇、各村"两委"众多领导、驻村干部，以及多位脱贫致富带头人、脱贫农民、易地搬迁的农户等，听他们讲述在这场精准脱贫的深刻社会变革中的心路历程、实践篇章。那些生动丰富的案例不胜枚举，那些交织着理想与奋斗的经历令人动容，那些焕然一新的美丽乡村面貌让人难忘。宁洱不仅是中国千千万万个在精准脱贫中发生巨变、摘掉贫困帽子的基层县域的缩影，还因其实现彻底脱贫的基础薄弱、任务艰巨，完成脱贫的时间较短但成效巨大，脱贫后可持续发展的举措扎实，显示了充满希望、可持续发展的势头，而使宁洱脱贫之路具有了考察中国脱贫之路的窗口价值和典型意义。

宁洱在中华人民共和国成立前尚未进入现代社会，一些地区还保持着原始农村公社状态。中华人民共和国成立后，国家倾力扶贫事业的多项举措取得了明显成效，宁洱的经济结构与社会生活实现了跨越式发展，但在扶贫如何"精准"、如何拔掉"穷根"、如何实现整体脱贫、不让一个人掉队等方面始终未能根本解决。在重重大山的阻隔之下，宁洱也因为难以克服的地理因素及历史原因而位列国家级贫困县。以2020年决胜全面建成小康社会为目标的精准脱贫战役，彻底改变了宁洱的面貌，一朝实现了千百年来这里的人民告别贫穷的夙愿。

1949年10月1日，中华人民共和国宣布成立之际，云南尚未解放，国民党意图将云南建成最后一个反共基地。在政权更替、社会剧变之际，多少宁洱人在做他们何去何从的抉择；1951年民族友好誓词碑落成，普洱地区成为云南民族团结工作开展得最好的地区之一，誓词碑凝结的各民族共创幸福生活的向往、决心、承诺、誓言，与2021年彻底告别贫困的宣告相连接，串联起宁洱脱贫之路的历史轨迹。宁洱从中华人民共和国成立后即走上整体脱贫之路，到近年来瞄准精准目标、发生堪称奇迹的巨变，在人类摆脱贫困历史上也是值得大书特书的，宁洱的脱贫历史也蕴含着较有代表性及重要性的历史参照意义。

2018年国庆节，时任宁洱县委书记的罗景锋走上中央电视台，讲述宁洱精准脱贫的故事，可视为对宁洱脱贫攻坚胜利的一个完美注释，宁洱脱贫之路背后的地方特色和深层原因还有待今后进行深入探索和挖掘，其中所蕴含的共性和个性规律还需进一步深入研究，其中可复制的模式还可深入研判总结。我们相信宁洱后续的发展仍然具有跟踪研究的重要意义。

告别贫困是人类延续千百年的梦想和期待，历史正在发生，历史的细节却常常被遗忘。2020年是完成脱贫攻坚、决胜全面建成小康社会历史任务的收官之年。驻足回眸，让历史的眼光在这里稍作停留吧，让它凝眸刚刚经历、正在发生的历史跨越，让这些或远或近的注视凝成文字，成为历史长河中一段鲜活的画面，也一定是有意义的；如果读来还有些许感动共鸣，就更是可期盼之事了。这也是本书写作的初衷、目标和心愿。

二、调查区域的简要概况

宁洱，意为安宁的普洱，全称宁洱哈尼族彝族自治县。早在新石器时代，宁洱就有人类活动。汉属益州，唐名步日，宋属威楚府，元为普日思么甸司，明称普耳。雍正七年（1729）设普洱府，雍正十三年（1735）设宁洱县。1913 年改名为普洱县，1917 年复名为宁洱县。1951 年再改名为普洱县，1985 年 12 月 25 日改设普洱哈尼族彝族自治县，2007 年因思茅市改名为普洱市，这里便更名为宁洱哈尼族彝族自治县。[①]

宁洱县是以哈尼族、彝族为主体民族的少数民族自治县，地处云南省南部、普洱市中部，辖 6 镇 3 乡，有哈尼、彝、拉祜、傣等 26 个少数民族，总面积 3 670 平方千米，总人口 19.5 万，其中少数民族人口占总人口的 55.5%。这里是驰名中外的普洱茶的核心原产地和集散中心，也是历史上茶马古道的源头。今天的昆曼大通道途径宁洱，是云南通向境外的四条重点公路之一。

宁洱地跨北回归线，年平均气温 18.2℃、降水量 1 398 毫米、日照 1 920 小时，冬无严寒、夏无酷暑，四季如春，森林覆盖率达 77.37%，空气质量佳，是一个有晚霞与星空相伴，一年四季体感舒适，比"春城"昆明更有春天之感的地方。

宁洱在云南历史上的雄起，很大程度上得益于曾任云南总督的鄂尔

---

① 《宁洱哈尼族彝族自治县志》，昆明：云南人民出版社，2013 年 12 月，第 1 页。

泰。清雍正七年，鄂尔泰上书朝廷，以此地是边关要塞和经济文化发展中心为由，请求设府管辖，得准后设普洱府，管辖滇西南大部分江山。此后，普洱茶贸易和茶马古道越发兴盛不衰，商贸交流繁荣，至今依然声名远播，可见当年繁盛程度，此地也成为历史上滇南四大名府之一，民国时期为殖边督办和行政公署驻地。在宁洱耳熟能详的"茶源道始"一词，可说是对宁洱地名最好的注解和概括了。

今天我们在宁洱已经看不到普洱城了，现存的普洱府城图是清道光年间雕刻而成。雍正七年，普洱府在原有土城墙的基础上，建外砖内土的城墙。乾隆十八年（1753年）改筑为砖城墙。当时古城有四座城门，东称"朝阳"、南称"怀远"、西称"宣威"、北称"拱极"，城内有各种官衙署、庙宇亭塔、会馆公馆、城墙学舍等建筑，共70余处，成为集政治、经济、文化、军事中心于一体的滇南重镇，也是生产、加工、集散茶叶的中心所在，繁盛之时，会馆林立，商贾云集，昼夜开市，马帮

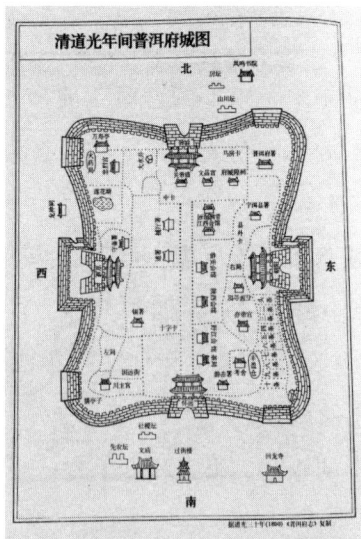

图1　普洱府城图

往来，商业繁华，教育兴旺。登高俯瞰，普洱府城像一本大书，城北凤凰山，恰似凤凰展翅，势如衔书凌霄，古人又称"凤凰衔书"。如果细看，古城形状又像一个马驮子，让人感叹地理的巧合，似乎暗示着普洱古城与马帮、茶叶的不解之缘。中华人民共和国成立后，普洱府古城由于城墙年久失修，加之人们建设新城热情高涨，1951年，历经了222年历史的古城墙被拆除，在城墙原址上修建了环城路。

三、基本县情及贫困状况

宁洱全县辖85个村民委员会、4个社区居民委员会；山区面积占96.8%；有林地431万亩，森林覆盖率77.37%，耕地面积42.99万亩，经济林果地46.47万亩。

2001年宁洱县被国务院扶贫开发领导小组确定为国家扶贫开发工作重点县，2011年纳入滇西边境片区县。2014年以来，全县共有贫困村32个，建档立卡4 312户15 029人，分布在9个乡（镇）85个行政村922个村民小组。

宁洱历史悠久、物产丰富、气候宜人，造成贫困的主要原因为地理因素。宁洱偏处西南内陆边疆，连绵不断的大山阻隔造成交通不便，难以开展人员、物资、信息交流，生产力水平较低，基础设施薄弱，科技教育水平不高，劳动者素质相对偏低，产业发展不足，是集"老、少、边、山、穷"为一体的少数民族贫困县。

截至2020年11月，宁洱累计投入脱贫攻坚资金31.3亿元，2017年实现预期脱贫目标，为普洱全市脱贫攻坚工作提供了经验示范。此后宁洱提升脱贫攻坚成果，接续推进脱贫攻坚与乡村振兴战略有效衔接，全县经济社会发展取得了长足进步。

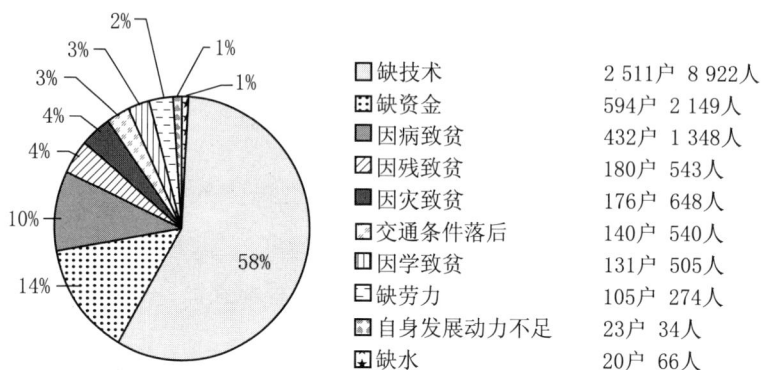

☐缺技术	2 511户 8 922人
☒缺资金	594户 2 149人
▨因病致贫	432户 1 348人
▨因残致贫	180户 543人
■因灾致贫	176户 648人
☐交通条件落后	140户 540人
☐因学致贫	131户 505人
☐缺劳力	105户 274人
▨自身发展动力不足	23户 34人
☐缺水	20户 66人

图2 宁洱县贫困户贫困原因一览

2020年8月25日，普洱市召开决战决胜脱贫攻坚系列新闻发布会（宁洱专场）。发布会公布了宁洱脱贫成绩单，2019年，地方生产总值由2013年的35.7亿元增长到61.3亿元，年均增长9.42%；农村常住居民人均可支配收入由2013年的5 928元增长到12 044元，年均增长13.06%，比2018年增长10.5%，增幅高于全国、全省平均水平。全县人民的生产生活实现了翻天覆地的变化，绘就了一幅各民族团结奋斗奔小康的生动画卷。

那片美丽坚贞的土地

宁洱被称作茶源道始、盟誓之城，其来源出处，不仅概括了宁洱的历史地理特征，还蕴含着宁洱各族人民齐心协力奔向幸福生活的誓言与期许。

来宁洱调研精准脱贫之前，只听说过这里是茶马古道的源头，到宁洱之后，在县委办公室常务副主任杨正德的联系安排下，我与县委党校常务副校长胡光有和几个党校老师一行，首先参观了宁洱脱贫攻坚纪念馆，馆内播放的纪录片《使命——宁洱脱贫攻坚汇报》令人印象深刻，第一次听到了跨越时空的两个承诺；接着我们又来到普洱民族团结园，听他们讲述普洱民族团结誓词碑的往事，还去了红色文化底蕴深厚的磨黑古镇。就这样我们与宁洱 1949 年前后的历史风云不期而遇了。

今天总结宁洱的精准脱贫之路，宁洱人总要回顾中华人民共和国成立之初各族人民追求幸福生活的铮铮誓言，到今天，党中央部署决胜全面建成小康社会，终于实现了彻底摆脱贫困的梦想，贯穿于历史与现实之间的两个承诺与初心使命的相互连接，诠释了实现伟大历史跨越的内在驱动力量。1951 年元旦，48 位民族爱国人士及地方党政军领导，代

1

表思普区 26 个民族在普洱红场"歃血为盟、勒石立碑",立下了铮铮誓言:"我们 26 种民族的代表,代表全普洱区各族同胞,慎重地于此举行了剽牛,喝了咒水,从此我们一心一德,团结到底,在中国共产党的领导下,誓为建设平等自由幸福的大家庭而奋斗!此誓。"这是边疆各族人民对实现美好生活向往的生动体现,更是中国共产党领导各族人民实现美好生活的坚定承诺。

回顾中国减贫脱贫历史,共经历以下几个阶段:1949—1978 年,反贫困探索阶段,主要通过物质帮扶,解决普遍型贫困和生存型贫困问题。1979—1985 年,制度改革以及救济式脱贫大力发展阶段。中国实行了改革开放、家庭联产承包责任制,通过制度性改革,以及大力救济贫困人口,极大地改善了人民生活。1986—1993 年,进入大规模开发式扶贫阶段。国家成立国务院贫困地区经济开发领导小组,开始实行有计划、有组织、有规模的开发式扶贫。1994—2000 年,开始专项式扶贫攻坚阶段。1994 年,国务院公布《"八七"扶贫攻坚计划》。这一扶贫开发的行动纲领提出明确的目标、对象、措施、期限,确立定点扶贫和东西部协作扶贫等制度,反贫困事业取得历史性成就。2001—2010 年,开展综合扶贫开发阶段。开发式扶贫和社会保障二轮驱动,扶贫重点瞄准农村。2011 年以来,开始连片开发与精准扶贫阶段。2011 年,国务院印发《中国农村扶贫开发纲要(2011—2020 年)》,确立"两不愁三保障"目标,形成专项扶贫、行业扶贫、社会扶贫三位一体的大扶贫格局。

2013 年 11 月 3 日,习近平总书记在湖南省湘西土家族苗族自治州调研时首次提出"精准扶贫"。在 2015 年减贫与发展高层论坛上,习近平总书记提出:"未来 5 年,我们将使中国现有标准下 7 000 多万贫困人口全部脱贫。"这是习近平总书记代表中国共产党向全中国、向全世界做出的庄重承诺。2015 年 11 月 29 日颁布《中共中央 国务院关于打赢脱贫攻坚战的决定》，扶贫开发进入啃硬骨头、攻坚拔寨的冲刺期。到2020年终于实现了现行标准下农村贫困人口全部脱贫的历史任务，中国反扶贫事业取得决定性的胜利。

2015年末，按照《中共中央　国务院关于打赢脱贫攻坚战的决定》和习近平总书记关于"精准扶贫"的重要指示，宁洱县精准扶贫工作开始启动。2016年初，脱贫攻坚誓师大会在宁洱县召开，脱贫攻坚战正式打响。2017年，完成了预期脱贫目标，达成贫困率控制在3%以下的目标。2018年9月，经第三方评估审核为合格，云南省宣布首批十五个县脱贫出列，宁洱县位列其中。2018年、2019年、2020年，宁洱县一直致力于脱贫成果巩固拓展，有效衔接乡村振兴工作。2020年7月，宁洱县圆满完成国家脱贫攻坚普查，至2020年10月，宁洱县实现了贫困人口清零，脱贫路上不让一个人掉队的决胜全面建成小康社会目标。

在讲述精准扶贫的各种文字材料中，两个承诺多次被提到，2016年初，宁洱召开誓师大会，从学习习总书记讲话精神、组织干部培训学习民族团结誓词碑精神开始，拉开了脱贫攻坚战的序幕。在民族团结园的普洱民族团结誓词碑前，分期分批来到这里的党员干部，重温民族团结、建设幸福家园的誓言，两个承诺成为凝聚宁洱党员干部致力于各民族团结奔小康的精神力量，以及齐心协力打赢脱贫攻坚战的信念来源。

历史的风云之于宁洱，不仅是一段过往的历程，更是一种价值观的传承。普洱古府文化包含的包容开放、民族团结文化孕育的和衷共济、马帮文化昭示的开拓协作、红色文化传承的拼搏奉献等精神共生发展，造就了今天宁洱大地精准扶贫的精神内涵，表现在党员干部的忘我奋斗、各民族和谐团结的动人场景、乡村旅游的乡愁味道中，理解宁洱的今天就要串联起宁洱曾经的历史，特别是两个承诺连接的初心、使命、决心与誓言。

图 3 宁洱脱贫攻坚誓师大会

第一章　茶马古城的源与始

宁洱县是普洱茶核心原产地、世界茶树原产地和茶马古道的源头，自古以来就是茶马古道上独具优势的货物产地和中转集散地。从唐代开始至清代，宁洱就因为普洱茶的产销成为商贾云集、马帮不绝的重镇，茶马古道上的各驿站也因此兴盛起来，宁洱县那柯里驿站也因之非常繁华。

一、茶之源

普洱茶因普洱（宁洱）而得名，普洱（宁洱）因普洱茶而扬名天下。历史上宁洱作为普洱府驻地形成著名的"茶马市场"，茶叶畅销印度、缅甸、泰国等地。明朝时期，普洱茶已在民众中普遍饮用。清代，普洱茶的发展给普洱府带来了繁荣，城内商贾云集，会馆林立。①

建在普洱市的中华普洱茶博物馆，陈列着一块发掘于普洱市景谷

---

① 《宁洱哈尼族彝族自治县志》，第3页。

盆地的宽叶木兰化石。宽叶木兰存活于距今约 3 540 万年前，1978 年由中科院植物研究所和南京地质古生物研究所发现并公布，为迄今发现的茶树植物唯一垂直演化的始祖，是与茶树有亲缘遗传关系的古生物。

普洱市景谷盆地，保存着我国少见的渐新世植物群，也是唯一没有受到第四纪冰川波及的区系，在地质古生物学上被称为"第三纪植物分布区系"。其周围至今存活 40 片 36 万亩的千年古茶树群落，连接成从古至今茶树生存发展的生物链。景谷盆地是品种齐全的世界茶树博物馆，包含天然野生型、过渡型、栽培型等类型的茶树，谱写出人类发现、驯化、种植和利用茶的文明史，拥有生产优质普洱茶原料的品种优势。

现存最古老的野生型古茶树发现于普洱镇沅千家寨，距今已 2 700 余年，也是目前发现的唯一过渡型古茶树。随着年代向后推移，在澜沧县邦崴，发现了一棵兼具野生型和栽培型双重特点的古茶树，距今已有约 1 800 年的历史。其后发现的最早进入人工栽培型的古茶树则存活于景谷的苦竹山，距今已有 1 300 多年光阴。

介绍普洱茶以及普洱茶历史的书籍有多种版本，但多语焉不详，直到我们来到普洱市的中华普洱茶博物馆，结识了招待我们品茶还会讲茶的罗艳茶师，我们总算对普洱茶及其历史有了比较清晰的了解。

由于普洱茶产于中华西南边陲，距离中原文化中心非常遥远，加上交通不便，有文字记录的普洱茶史只在一些流传下来的古代典籍中，有只言片语的记载，这些记录成为可考证的普洱茶史的珍贵资料。

唐樊绰于咸通四年（863 年）撰写的《蛮书》记录了很多有关云南的历史文化，其中《蛮书·云南管内物产》卷七中记："茶出银生城界诸山，散收，无采造法，蒙舍蛮以椒、姜、桂和烹而饮之。"这是目前公认的普洱茶产区的最早文字记录，被广泛引用。虽然据考证樊绰其实并没有到过云南，但其所记录的"茶出银生城界诸山"应该是可信的，"银生"即银生节度，治所在银生城（今景东县城），辖区包括了今普洱市、临沧市的一部分及西双版纳等地，这一带正是现在公认的普洱茶的起源区域；《蛮书》中虽未记载"茶出银生城界诸山"的时间，但至少应在唐代以前；结合对景迈山现存的 1 300 年树龄的茶树的考证，以及新找到的用傣文写的经书记录布朗族在 1 800 年前已在芒景建村和种茶，可以推断普洱茶可考据的产生年代，而"散收，无采造法，蒙舍蛮以椒、姜、桂和烹而饮之"应该属于道听途说了；今天这一带现存的古茶山规模大、树龄老，景迈山今天可以采摘的茶树面积仍超过 1 万亩，这么古老而广大的茶园如果"无采造法"是不可能形成的。南诏国饮普洱茶时加上椒、姜、桂煮饮的习俗，是今天大理白族三道茶的起源，并不能代表普洱茶产区的饮茶法。

明代普洱茶因"普洱"地方而得名。明万历年间谢肇淛（同"浙"）在《滇略》中记："士庶所用，皆普茶也，蒸而成团。"明万历《云南通志》记："行二日车里之普洱，此处产茶。一山耸秀，名为光山。又车里一头目居之。"此处提到的普洱即指现在的宁洱县，而光山即县城西边，今称西门岩子的石灰岩山峰。史书记录宁洱县元代以前称"步日部"，元代称"普日思摩甸司"，明洪武年间称"普耳"，明万历年间始有"普洱"写法，从明朝到清初归车里宣慰司管辖。根据《滇略》《物理小识》《云南通志》的记录，普洱茶是因产于普耳或普洱而得名。[①] 现在宁洱县凤阳乡宽宏村的困鹿山、勐先乡雅鹿村、把边乡白草地梁子、黎明乡岔河村等地仍有栽培型古茶树群。困鹿山古茶树群虽因农垦而有破坏，仍留下三百多株古茶树，其中最大的一株大叶种茶树高 8 米，最大

---

① 杨中跃：《新普洱茶典》，昆明：云南科技出版社，2011 年 3 月，第 13 页。

干围150厘米。困鹿山古茶园的古茶树具有高大而又年代久远的特征，而且集中在一个只有几亩地的空间，与之类似的茶树群落在其他古茶山也是很罕见的，可见普洱茶是因普洱之地而得名，且其名始于明代。明朝时普洱茶在云南省内和藏族地区已经是名茶了。

清雍正年间，雍正帝利用其父康熙平定吴三桂的有利条件在西南地区大规模推行改土归流。正是在这样的背景下，云南总督鄂尔泰奏请雍正同意，于雍正七年设立了普洱府。此后，普洱茶因普洱府置办贡茶而名扬天下。普洱府成立的同年在思茅设茶叶总店，负责管理六大茶山茶叶贸易及相关贡茶事宜。据考证，清代最早将普洱茶进贡清宫廷始于康熙年间，到普洱府设置之后，进贡普洱茶成为云南省的一项政治任务。①

明代因普洱地方而得名的普洱茶，由于普洱府辖区的扩大，六大茶

图4　鄂尔泰

---

① 杨中跃：《新普洱茶典》，第15页。

山 ① 所产之茶也以普洱茶的名称进入深宫，呈于皇帝和王公大臣们的案头。到了雍正、乾隆年间，普洱茶由于皇帝和王公大臣们的喜好而声名大振，清人阮福《普洱茶记》起首语写道："普洱茶名遍天下。"② 普洱茶开始作为大宗商品大量进入其他地区。据《清朝通典》记录，当时政府每年发茶引三千，每引卖茶一担，则每年卖茶三千担，按今天的重量计算达 179 吨。③

图 5　困鹿山古树群中的茶王树

二、道之始

"北有丝绸之路，南有茶马古道"，茶马古道又称"南方丝绸之路"，它的历史比丝绸之路早 200 多年。茶马古道是指始于中国西南地区，以

---

① 六大茶山是指易武、蛮砖、莽枝、倚邦、革登、攸乐。
② 周红杰：《云南普洱茶》，昆明：云南科技出版社，2004 年 3 月，第 4 页。
③ 转引自杨中跃《新普洱茶典》，第 16 页。

马帮为主要运输方式的民间国际商贸通道，是中国西南地区民族、经济、文化交流的走廊。宁洱是茶马古道的起始之地。茶马古道始于汉，成于唐，盛于明清，历经千年沧桑，融汇了华夏文明和沿途世界各民族文化，被誉为"世界上地势最高的、传播文明的古道之一"，是除了长城以外唯一能让我们用双脚踏上去感受的国宝。

当年从宁洱出发，共有五条茶马古道：一是由宁洱经昆明中转各省到达北京的官马大道；二是从宁洱经下关、丽江、香格里拉进入西藏，转至尼泊尔等国的关藏茶马大道；三是从宁洱过江城，入越南莱州再转至西藏和欧洲等地的江莱茶马道；四是从宁洱经思茅过澜沧，后到孟连出缅甸的旱季茶马道；五是从宁洱过勐腊至老挝北部各地的勐腊茶马道。这五条茶马古道是历史上中国西南大地对外经济文化交流的国际通道，被称为南方"丝绸之路"。茶马古道让宁洱与世界相互连接。千百年来，它承载着厚重的普洱茶文化、民族文化和马帮精神，走向全国、通往世界。

茶马古道曾经是一条人文之道，传承着"团结、无畏、执着"的马帮精神；又是一条政治之道，连接中央与地方，维系边疆民族团结、社会稳定；它还是一条经济之道，促进了商贸交流、边疆发展；更是一条文明之道，推动文化传播、睦邻合作。今天，茶马古道更是契合"一带一路"倡议的发展之道。

在今宁洱县境内，比较著名的三处茶马古道遗址包括：位于宁洱镇民主村茶庵圹（同庄）的"茶马古道遗址"，位于宁洱磨黑镇孔雀坪的"官马大道遗址"；位于宁洱同心镇的"旱季茶马大道遗址"。

宁洱同心镇的那柯里路段的茶马古道遗址，于2013年被国务院公布为全国文物保护单位。这段遗址全长4.4千米，路面宽1.5到2米，属于以宁洱为起点的五条茶马古道的西南路（旱季茶马古道），是古普洱

图 6　那柯里寨门所立的茶马古道地图

图 7　现存于宁洱境内的茶马古道部分路段

府城连接思茅、西双版纳乃至东南亚的重要节点，马帮从宁洱驮普洱茶、磨黑盐、普洱大布经过此地到达东南亚诸国。那柯里茶马古道的路面全部用石板镶嵌，平整宽阔，虽然没有现代公路宽广平坦，但在当时也足以让两匹驮着货物的马并行，古道上的陡坡处都砌有石阶，它们常年被牛马踩踏，变得很光滑，一些石阶上还留下了深深的蹄印，讲述着岁月的遥远和古道的艰辛。

三、滇缅公路的民族精神

云南！云南！那是一片美丽坚贞的土地

你去过云南吗？如果请你用一句话概括对它的印象，你会作何回答？如果问我，我的心底里会涌出一句话，"那是一片美丽坚贞的土地"。

人们常用"七彩云南"来形容地处彩云之南的云南之美。云南之美在我眼里，总是连接着一种感动，也因了这份感动，云南之美不仅美在色彩，更是一种可亲、可近的淳良之美。

你一定听说过滇缅公路吧？一位和正德、光良同期来上海金山区委党校学习的云南学员章方超讲起他爷爷口述的一段历史，让我对在这片土地上生活的人们肃然起敬。此后我对云南的印象，不仅包含大自然馈赠的美丽，更包含云南这片土地上生活着的人们世代传承的坚贞勇敢，这也是促使我走进云南，调研宁洱的原动力。

据章方超的爷爷说，1937年日本侵华形势危急，云南省主席龙云向蒋介石建议修筑通往缅甸的陆路大通道。建议得到批准，但缺少资金成了最大的问题。这一难题怎么解决呢？据说县长召集地方土司、头人、乡绅开会，大家到齐后，县长先是啥也没讲，拿出一副手铐放到桌上后，才开口说："省长给我的命令是，如果一年后修不好路，我就要戴着手铐去见他。如果真的修不好，我是没脸戴手铐去的。没说的，我就抱着你们一起跳崖吧。"不知道他这一番话讲完，在场的众人是何反应。反正结果就是钱没有，路必须修，人大家自己组织，路段大家分担。正是由于龙云的远见，这条在崇山峻岭之中穿越云南通向缅甸的滇缅公路，成为抗日战争时期中国通向外部世界的唯一通道。

滇缅公路就在物资极端匮乏的条件下开工了。修路极其艰苦，男女老少齐上阵，自备干粮、自带工具，硬是用最原始的简单工具，从清晨到夜晚，一锤锤敲，一锹锹挖，一寸寸艰难地不断推进。劳作的人群中，不乏女性参与，其中有带着孩子的妈妈、怀孕的妇女，当地头面人物也纷纷来到现场监工，这条路虽未从宁洱经过，但当地老人讲，宁洱很多工匠都参加了这条公路的建设。历时 9 个月时间，硬是奇迹般地修通了这条公路。

章方超问我："你知道吗？就是在那样极端艰苦，甚至要牺牲生命的情况下，云南人没有闹事，也没有逃跑，在云南，民族团结从来都不是一个大问题，这是为什么？"

他的讲述深深打动了我。《云南抗日战争史》等书对这段历史也多有记载。历史并没有远去，我们应该始终铭记。只有了解了这段历史，我们才会真正了解云南，了解它的美丽背后曾经的艰辛和热爱这片土地的人们的坚忍奋进、平和乐观。

正如学员口述及史料记载的那样，兴修滇缅公路，最困难的就是经费问题。为此龙云领导的云南省国民政府的做法是推行农民"义务工作制""各县分段负责制"。"石方、桥涵，称为'政府工程'，由重庆'中央'补助'国币'320 万元，以包单价及判工方式招包完成"，其余路基工程，全赖滇西各族人民在没有任何筑路机械的情况下，用锄头、手锤、錾子、大锤、炮杆、撬棍、十字镐等工具去开辟完成。参加者"不但不给工资，并须自负行装工具，自备糇粮"，工程分段限期完成。据亲历者回忆，当年修路，"要由家背着米去，米没有，只得向亲友处借贷。因此，出工一次借贷一次，次数多了，负债至几年填还"。许多民工"因路途较远，粮食接济不上，公路没修完，又不敢走，只好上山采山茅野菜充饥，有的甚至沿门乞食"。民工来到工地，就在树枝搭盖的窝棚里栖身。风餐露宿，食不果腹，衣不蔽身。冬天的高寒山区寒风刺骨，夏天的低海拔地区热得汗流浃背，恶性疟疾能在几个小时内夺去一个人的生命。①

由于工程艰巨，需要在气候恶劣的地带开山凿石，死于爆破、坠崖、坠江、土石塌方、恶性疟疾者不下两三千人。这仅是 1938 年 9 月 21 日《云南日报》发表的《滇缅公路修完了》一文所做的估计，真实的死亡数字，官方并无准确统计。但据当时保山县呈报："负责修坡脚至龙洞段 146.4 千米，1 月开工，4 月 20 日完成土路，死亡男工 523 人，女工 218 人。"盈江设治局呈报："负责修白花洼至新桥河段 10 千米，自年初开工至完成共四月时间，民工死亡男 156 人，女 23 人。"两个路段死亡人数如此之巨，其他路段可想而知。另据作家萧乾 1939 年 3 月沿滇缅公路实地采访后所写《血肉筑成的滇缅路》一文中说："永昌以南的路工死于瘴毒的数目很惊人。如云龙一县即死五六百，筑梅子箐石桥的腾越二百石工，只有一半生还。"从众多亲历者回忆当年修路时的情景和以上这些数字推算，滇西人民修筑滇缅公路献出的生命代价，恐不止两

---

① 中共云南省委党史研究室：《云南全民抗战》，昆明：云南大学出版社，1995 年，第 326—327 页。

三千人之数。①

　　修筑滇缅公路，滇西各族人民不但出人出力，还无私地献出了属于个人的土地。"这条公路路线无论经过哪家的田地房屋，只有默默献出，并无分文补偿。""田地房屋被占的，被派着夫役照样去做。我县乡民，虽生长边远之地，很知爱国。大家都知这条路的重要，所以家家户户，勇于奉命。"② 有的人家，祖孙三代都参加了修路。

　　滇缅公路是抗日战争时期重要的交通运输线，也是当时国民经济的动脉，在抗击日本侵略中，如果没有相应的交通条件做保障，包括云南在内的整个西南后方战时经济的运转，战时工业的建设，供应前方的兵员、枪弹、粮秣、燃料的运送，以及争取外援、发展对外经贸和文化联系，都将是不可想象的。滇缅公路在抗战初期抢筑成功，有力地回击了日本"三个月灭亡中国"的战争口号，激励了全中国人民的抗战决心，对世界反法西斯战争也给予很大的鼓舞和支持。

　　1940年8月4日《云南日报》发表署名文章《伟大的滇缅公路》，称赞它是中华民族继长城、运河之后的又一巨大工程。英国《泰晤士报》赞扬说："只有中国才能在这样短的时间内做到。"美国总统罗斯福得知滇缅公路通车的消息后，特别电令其驻华大使詹森取道本路视察回国报告。詹森回国后发表谈话："滇缅公路工程浩大"，"可同巴拿马运河工程媲美"，"中国政府能在短期内完成此艰巨工程……全赖沿途人民的艰苦耐劳精神，这种精神是全世界任何民族所不及的"③。

　　让我用一首小诗纪念那些可敬的坚忍的奉献者吧：

---

① 孙代兴、吴宝璋：《云南抗日战争史》，昆明：云南大学出版社，2015年，第197页。
② 段荣昌：《修筑滇缅公路见闻》，载中国人民政治协商会议西南地区文史资料协作会议编《抗战时期西南的交通》，昆明：云南人民出版社，1992年，第118页。
③ 孙代兴、吴宝璋：《云南抗日战争史》，第197—198页。

滇缅公路怀想

不要说这只是开挖一条普通的山间之路

重重叠叠绵延的大山

层层累积的坚硬石块

对阵衣衫破烂、营养不足的身躯

原始的锹镐、饥寒蚊蝇肆虐

他们一下一下地叩问大山

黎明即起，从近旁的土穴草窟里爬出

开始了一天，与太阳的赛跑

没有号令枪，他们知道远处侵略者凶恶的目光

没有补给供应，他们自带着简单的口粮

连妇女儿童也在他们的队伍里

图 8　滇缅公路云南段

他们挣扎着劳作，在死亡的边缘

捧着赤子的坚贞、不屈、果敢、坚毅

不惜仅有的血汗，为家乡、为民族

争取希望之光，挖掘未来之路

那条写就了奇迹的滇缅公路啊

无声地述说着

这片土地的美丽与坚贞

　　云南人坚毅、勇敢的性格是怎样形成的呢？一声令下义无反顾地牺牲奋斗，力量来自哪里？云南民族团结的和谐局面又是如何打造的？在现实的土地上我们总能看到历史。从今天宁洱人改天换地、摆脱贫困的伟大事业中，可以看到云南人的性格传承与精神力量，看到修筑滇缅公路的云南人在今天脱贫攻坚中创造的人间奇迹。

图 9　那柯里特色文化村雕塑

第二章　1949年前后的历史风云

　　"路漫漫其修远兮，吾将上下而求索。"如果要追溯精准扶贫政策的历史源头，那正是源于一代仁人志士为中国人民开一片新天地、争得幸福生活的初心。

　　1949年，中华人民共和国成立前夕，中华民族的历史正经历着一次重大的转折。时代的巨大变迁，总会深刻地影响着身处其中的个人和家庭的生活状况，有众多随波逐流者，还有很多人或主动或被动地进行着何去何从的抉择。

　　在漫长的历史进程中，中华民族创造了辉煌灿烂的文化，也形成了与之相应、独具民族气质的价值理念。优秀传统文化及其内蕴的价值观，承载着中华民族的精神基因和传统文化的思想光芒，如"苟利国家生死以"的担当、"求名应求万世名"的眼界、"家财不为子孙谋"的胸襟等，这些都在一定程度上为现代人涵养历史眼光、家国情怀，树立正确的义利观，提供了可贵的历史借鉴和启迪。

　　1921年中国共产党在上海召开第一次全国代表大会，会址在代表之一李汉俊家，今天看仍然是一处豪宅。人们评价当年的仁人志士，很多都是"三高"之人，"颜值高、学历高、家世高"，他们是那个时代最有机会享受个人安乐生活的一群人。例如著名的农民运动领袖彭湃，家有乌鸦都飞不过的良田，他却破天荒地把土地分给农民，自己下田劳动，组织农民暴动；后因叛徒出卖被捕，不为敌人利诱所动，英勇就义。他曾说："为了我们的子子孙孙争得幸福的生活，就是献出了自己的生命也是在所不惜的。"思普英雄杨正元的原生家庭虽不是大富之家，也是所在的偏远山村中家境最殷实的。

中华文明历经五千年风霜依然生生不息，成为人类历史上唯一的不曾中断的文明，归根结底是因为每到民族危难之际，都会有被称作民族脊梁的优秀分子挺身而出，以拯救苍生为己任，初心在胸，使命在肩。

马克思在《共产党宣言》中宣告："过去的一切运动都是少数人的，或者为少数人谋利益的运动；无产阶级的运动是绝大多数人的、为绝大多数人谋利益的独立运动。"在人类历史上第一次指出了依靠大多数人为大多数人谋利益这一人类进步的目标方向和力量来源。

从少年马克思立志选择最能为全人类谋幸福的职业，一生致力于从理论和实践上寻求无产阶级摆脱贫困苦难、获得解放的现实道路，到中国共产党人在优秀传统文化中吸取为生民立命的精神营养，以马克思主义为指导思想，领导中国人民走出贫困的不懈奋斗，贯穿始终的是为绝大多数人谋利益不断革命的初心和使命。

如今，宁洱脱贫攻坚带来了一方土地前所未有的历史巨变，今后会不会成为可持续发展的成功之路，不仅要看党和政府的决心和政策安排，还要看执行者的创造性工作，背后是忘我奉献中，那份凝结着两个承诺的初心的力量。今天宁洱干部群众奋力前行的身影，正昭示着宁洱的未来将续写令人鼓舞的发展前景。

图 10 重温民族团结誓词

一、民族团结誓词碑往事

宁洱民族团结园内矗立着一座纪念碑，碑上镌刻着民族团结齐奔幸福的誓言。以民族团结为盟誓内容的纪念碑是中国唯一，也很可能是世界独有的，这就是普洱民族团结誓词碑。此碑被誉为民族团结和民族工作第一碑。知道了誓词碑建立前后的历史，让我更深入了解了这片土地、这里的人们，以及云南宁洱发生的彻底告别贫困这一历史伟业的动力之源。也让这片土地上发生的精准脱贫多了一份历史的厚重和精神内涵的深邃。

誓词碑修建背景

1949 年前后云南的这段历史，很多事情令人印象深刻。

其一，解放时间晚。1950 年 2 月 24 日，云南省才获得全境解放。1949 年之后，这里清匪、肃清国民党残余的斗争仍然激烈地进行着。对卢汉起义部队的改编、对原政权的接管，清匪、肃特、巩固国防、增强民族团结等工作十分繁重艰巨。刚成立的中共云南省委面临着一系列错综复杂的问题，夺取武装斗争胜利、恢复发展经济都亟待解决。针对云南的情况，中央给云南省委的工作指示是"团结第一，工作第二"。中共中央西南局制定的关于处理云南问题的方案强调，解决云南问题不要操之过急，要分轻重缓急有步骤地应对处置。

其二，1949 年前后，云南匪患严重。国民党曾意图在云南建立反共的最后基地，1949 年后，大量国民党残余力量聚集在这里，如国民党李弥、鲁道源残部溃退境外后，以邻接越南、老挝、缅甸的少数民族聚居区域作为根据地经常入境袭扰，兼之云南多数地方以和平解放的方式结束战斗，国民党残余力量活动频繁。在云南计有 250 余股土匪 10 余万人，清匪肃特巩固国防任务艰巨。

其三，1949 年前后，中央把民族团结工作视为重中之重。邓小平提出"西南的国防与各个民族间的团结是不能分开的，有了民族团结，就有了国防；没有民族团结，就没有国防"。云南省委立足"做好事，交朋友"，先后派出很多工作队，总人数达 3 000 多人。他们深入基层，宣传党的民族政策，帮助当地发展民族经济和文教卫生事业，联络各族群众的感情。

这一阶段促进民族团结工作最典型，影响最大，开展效果最好，也最有故事的地方，就是普洱地区。据文献记载，普洱地委经过大量工作，使各族人民深信中国共产党是各族人民利益的忠实代表，1950 年 12 月底各族群众召开普洱专区第一届兄弟民族代表大会，会上民族代表自发提议宣誓结盟，并立下了"民族团结誓词碑"[①]。"经过大量工作"，

---

① 中共中央党史研究室科研管理部、国家民族事务委员会民族问题研究中心：《中国共产党民族工作历史经验研究（上）》，北京：中共党史出版社，2009 年 9 月，第 468 页。

文献上只是寥寥几笔，而在宁洱大地上发生的真实历史，简直如同优秀的剧作家编排的脚本，感人至深、荡气回肠。

北京观礼邀请

中华人民共和国成立初期，为增进民族团结，中央决定在隆重庆祝国庆一周年之际，邀请边疆少数民族代表进京观礼。当地具体执行邀请工作时遭遇了重重困难。首先时间紧，加上交通十分困难，深山密林之中，连一条公路便道也没有。争取少数民族头人，消除疑虑，放心大胆地离开寨子远赴北京，更是风波不断。澜沧县委赵怀璧于1950年9月4日给上级的报告中写道："动员少数民族代表到京，一般来说容易且简单的事，但实际情况有不少困难，时间正是雨季，来去路途有不少溪水阻隔，他们还会怀疑'天地间会有这样的好事'，临行时要看鸡卦，兆头不好不出门，出了门要看日子，吃咒水，把担心我们会伤害他们的念头寄之于神鬼。又怕途中生病、怕从飞机上滚下来等等。让他们出发并非易事。"①

可以说如果没有当地干部排除万难的决心和执行力，没有采取正确的工作方法，毛泽东主席那一代开国元勋们推进民族团结的宏图大略是很难取得预期效果的。

龚国清区长说服佤族头人拉勐赴京的经历，就是其中非常传奇的一段。龚国清早年在澜沧经商，是个有正义感的商人，多次帮助过地下党领导人李晓村，中华人民共和国成立后被任命为竹塘区区长。龚国清受命动员当地很有影响力的佤族头人拉勐赴京，出发前，他用自己的钱买了价值数千元的棉布、盐巴、大米、猪肉、酒，几个人赶着骡马

---

① 鲁国华：《碑魂》，昆明：云南人民出版社，2017年12月，第10页。

去了拉勐家。龚国清和拉勐曾有结拜的交情，但拉勐听信谣言，自认为离开寨子会中了调虎离山之计，便提出必须派一个人质来寨子，直到他安全回来。龚国清无奈，只好把自己15岁的儿子送到了寨子。在去的路上，龚国清才和其子讲明原委。他说："这事将成为我们澜沧，不，也许是全中国的一件大事载入史册，如果真是这样的话，你我也将成为这事件的重要人物一并载入史册，那是多么骄傲自豪的事啊！不过儿子，你要有思想准备，你在班菁期间难免要吃些苦受些罪。你在人家家里不要惹人生气，要学会忍耐，学会吃亏，要勤快做事，不要懒。"① 他们到达班菁寨的第二天早上，拉勐如约出发。据文献记载，龚把自己儿子作为人质之举，并不是组织要求，也没有向组织汇报，拉勐如果不能顺利返回，把尚未成年的儿子留在这个有砍头祭谷习俗的山寨，面临的风险可想而知。能够超越亲情和利益的是什么？是历史的使命感，是家国情怀，是担当的勇气，更是将生死置之度外的信念。

通过艰难的动员工作，普洱专区组织了36名民族头人及代表赴京观礼。代表们在深山密林中，艰难行进，途中泥泞难行，还要随时防备残匪骚扰。经过20多天的艰苦跋涉，9月24日一行人到达云南驿（祥云县）后，改乘汽车，9月25日到达昆明，9月29日从昆明飞往重庆，9月30日从重庆飞抵北京。到达北京当晚，周恩来总理在北京饭店设宴招待各民族代表团和中外来宾，普洱专区代表拉勐、召存信等人参加了宴会。宴会中，由工作人员带领代表们向毛主席、朱总司令、周总理等领导敬酒。拉勐当天身着佤族服装，头戴红缨大毡帽，精气神十足。敬

---

① 赵小陶：《拉勐》，昆明：云南人民出版社，2019年7月，第122页。

酒时，毛主席问："你是什么民族？"翻译说是有猎人头祭谷习俗的"佤佤族"。

国庆观礼后，10月3日，各族代表在怀仁堂向中央人民政府首长献礼。普洱代表团的傣族代表献上了金伞、贝叶真经和普洱茶。毛主席握着拉勐的手说："听说你们民族有砍人头祭谷的习俗，可不可以不砍人头，用猴头来代替？"拉勐回答说："用猴头不行，用虎头倒可以，但老虎不好捉。"毛主席说："这事由你们民族商量着办吧。"①

关于砍人头祭谷习俗的后话是，拉勐回到寨子后，和寨子人商量，改变了古老的习俗。

观礼结束后，代表们在北京参观了许多名胜古迹、工厂、学校，并四次见到毛泽东主席。毛主席给每位代表送了呢料衣服、衬衣、皮鞋、袜子、口杯等生活用品。此后代表又先后赴天津、南京、上海、武汉、重庆、长沙和昆明等城市参观学习。参观的活动丰富多彩，少数民族代表深受触动，拉勐说："在北京每天都有几千人的大会欢迎我们，小鼓打得咚咚响，儿童见了我们喜欢得跳起来，到处把我们当贵客一样欢迎，我们除了吃饭、解大小便，什么都有汉族同志替我们做好，汉族朋友对我们太好了。"黄窝梭说："以前住在山上不晓得中国有多大，人有多少，这回在北京才知道中国有这么多民族，有这样大的国土，真是大长见识了。"②代表们感受着中国日新月异、欣欣向荣的发展景象，心生喜悦向往，收获满满而归。

民族团结誓词碑落成

直到1950年12月下旬，赴京观礼民族代表们才回到了普洱。从离

---

① 鲁国华：《碑魂》，第15页。
② 同上书，第21页。

开家乡观礼到返回云南，四个月的时间过去了，代表们开阔了眼界，加深了对党、对祖国的认识，体会到了民族大家庭的温暖，坚定了跟共产党走的决心。为进一步加强民族工作，中共普洱地委趁观礼团返回之际，召开了全区第一届兄弟民族代表大会。全区 15 个县 26 个民族的代表（包括进京代表）共 300 多人会聚一堂，参会民族之多、代表之众，史无前例。大会根据傈僳族头人李保、佤族头人拉勐等人的提议，决定剽牛盟誓，竖一块民族团结誓词碑以志其事，把民族团结的精神镌刻石上，永铭心间，使之光照千秋，永垂不朽。

1951 年元旦，普洱红场召开了千人大会，隆重举行剽牛签字仪式。仪式上，张钧等党政军领导和各族头人及代表们一起念了誓词，喝了咒水，接着由拉勐进行剽牛的仪式。

拉勐是西盟佤族头人，在当地威信很高，在京期间受到毛主席的亲切接见，他和张钧一起主持了民族团结誓词碑的立碑仪式。按照佤族规矩，结盟发誓能否成功，关键就要看剽牛的结果如何了。拉勐虽然年逾古稀，那天却显得特别英武。根据当时参与者回忆，剽牛时拉勐头包崭新的红布，胸佩鲜红的北京观礼代表证，手执雪亮的铁镖，好不威风。只见他口念佤话咒语，手持镖子又唱又跳，然后双手紧握镖子，举过头顶，用力向水牛右肋血仓处剽去，一时牛倒左方，牛头朝向西南方预想的方位，剽口朝上，倒得很好。拉勐和全体代表认为这是吉兆，高兴极了。全场顿时欢呼雀跃起来，"水、水、水"的欢呼声此起彼伏。拉勐高兴得又笑又跳又唱，随后大喊："毛主席万岁！共产党万岁！我们各民族齐心团结，世世代代跟共产党。"各民族代表们纷纷在预先摆好的红纸上签了名，不识字的也请人作了代签。

今天，宁洱的民族团结园里的大型浮雕，再现了当年激动人心的剽

图 11　拉勐剽牛现场

牛场面，刻画了党政军领导及各族代表一起喝咒水、盟誓签名的生动情景。这一民族团结第一碑——普洱民族团结誓词碑，上书铿锵的誓言："我们 26 种民族的代表，代表全普洱区各族同胞，慎重地于此举行了剽牛，喝了咒水，从此我们一心一德，团结到底，在中国共产党的领导下，誓为建设平等、自由、幸福的大家庭而奋斗！此誓。"48 位代表用汉、傣、拉祜文字签下的名字篆刻于后，下落"普洱区第一届兄弟民族代表会议　公元一九五一年元旦"。

　　在碑上签名的共有 48 人，他们立誓民族团结，跟党走，人人忠于誓言，甚至在生死关头，宁以自己的热血明鉴，也决不背叛当初立下的铮铮誓言。

　　立碑之际，云南还未进入和平时期，把名字刻在碑上，昭告天下，意味着很大的人身风险。例如，1951 年 5 月，西盟沦陷，李保不幸被国民党残军匪特抓获，敌人诱降，委以高官，李保大骂匪特，誓死不降，最后被敌人残忍活埋。

民族团结精神传承

民族团结誓词碑是中华人民共和国成立初期，民族政策和统一战线在边疆取得伟大成就的见证，是云南各民族团结发展的历史丰碑，也是中国共产党解决民族问题的典型范例。它一直发挥着加强民族团结、保持边疆稳定、推进民族地区经济发展的巨大历史作用，其承"民族团结第一碑"的美誉，是当之无愧的。

民族团结誓词碑建立前后的历史风云，及其在当地促进民族团结，巩固边疆中发挥的巨大的影响力和凝聚力，使这个纪念碑具有了远远超出一般纪念意义的丰厚内涵：代表着在面临抉择时刻，他们选择了跟着共产党走、建设中华人民共和国的正确道路；多民族紧密团结的庄严承诺；共同建设幸福家园的坚定信念；也使普洱地区成为中华人民共和国成立之初，民族团结工作的优秀典型，也是中华民族团结历史上值得大书特书的一笔。

思考中华人民共和国成立之初这一地区民族团结工作结出丰硕成果的主要原因，有几个重要的因素必须提到。

首先，要归功于中央的战略安排与云南适应地方情况的工作方针。1950 年年底，云南省委在充分调查研究基础上，制定了"通过上层，联系群众；依靠群众，团结上层""联合封建反封建""讲团结不讲斗争"的工作方针，并提出具体落实的系列措施：（1）暂时"保留土司制度"，同时规定上级人民政府赞助土司头人经营工商业，让他们体验不搞土地剥削也能过上好日子。（2）政府机构适当安排民族上层工作，享受一定的政治待遇，让他们不致有失落感。（3）采取多种形式对民族上层进行宣传教育。

云南省委的上述决策在具体执行中也曾经历过一段波折，一些地方干部认为上层人士本来是剥削者，是革命的对象，通过上层开展工作只会碍手碍脚，直接发动群众效果应该更好，因而不少干部采用了直接动员群众的工作方式，其结果是很多上层人士对共产党的民族政策产生怀疑，一度改变了合作配合的态度，直接影响了发动群众的工作成效。为此，1952 年 9 月 14 日，中央专门指示云南省委："不能抛开和群众有联系的上层直接去进行群众工作。"省委根据中央的指示，及时采取了纠正措施，使这一工作得以有效开展。

马克思的历史唯物主义认为经济基础决定上层建筑，中华人民共和国成立之初，云南经济社会发展的状况决定了群众相信、追随上层人士的思维方式和生活习惯，寨子里的群众只考虑吃饭、劳动、睡觉，一切重大事项都交给上层人士决定安排，他们也从来不会质疑上层人士的所有决定，并且世世代代都是这么过来的。以争取上层人士为工作重点的顶层设计，符合当地实际，指明了当时做好民族团结工作的正确方向。

其次，民族团结工作成绩得益于熟悉地方情况的当地干部的领导能力。毛泽东主席说："领导者的责任，归结起来，主要的是出主意、用干部两件事。"邓小平同志说："我的抓法就是抓头头，抓方针。"出主意，就是抓方针；用干部，就是抓头头。负责落实组织各寨头人们上京开会的李晓村是在当地开展地下工作多年的党员干部，熟悉地方情况，推进工作有力。李晓村派龚国清去邀请拉勐进京，借力两人曾有结拜之交，有利于破除拉勐疑虑，可谓用人得当。

最后，基层干部具体执行中的决心和信念成为工作任务得以完成的关键一步。从拉勐等上层进京返回后态度的转变，可见组织这次进京活动对于肃清敌特活动、打造和平环境、加快社会主义建设步伐、促进民族团结产生了长远而深刻的影响。

完成组织少数民族头人上京的工作，如果没有克服困难的坚定决心和信念，再好的策略方针也只能搁浅在具体的执行过程中，龚国清没有向组织提要求、讲困难，出色地完成了工作任务，可说是创造性开展工作的出

图 12　民族团结园内围绕民族团结誓词碑开展的纪念活动

色范例。

　　中华人民共和国成立初期载入史册的普洱民族团结佳话的达成,是多方朝着一个方向共同努力的结果,从中央战略安排到云南制定工作方针,再到当地干部锲而不舍地艰苦工作,跨越了往往需要很长时间才能建立的社会信任鸿沟,在较短时间内,顺利实现了当地从旧社会到新社会过渡,使民族团结精神发扬光大,为后代留下了宝贵的精神财富。

　　今天在宁洱发生的彻底摆脱贫困的历史决战,再一次谱写了社会快速发展、各民族空前团结的新篇章,探寻其成就取得的原因,依然不难发现与当年相似的共同原因与关键力量。

二、历史转折处的抉择

　　感受宁洱历史的厚重和曾经的繁盛,莫过于去看看磨黑古镇了。磨黑的名字，初听初看有些奇怪，问起原委，一种说法来自《普洱县志》记载：清雍正三年（1725 年）开猛茹等四盐井，又开磨黑盐井一口，诸井合并，以傣语磨黑命名此地（"磨"为盐，"黑"为井，意为盐井）。还有一种民间说法讲，这个古镇原是茶盐大道上的一个驿站，无论从昆明方向经把边到磨黑，还是从宁洱方向经茶庵堂到磨黑，朝发夕至，到这里时，正是天将麻黑之时，所以有了麻黑之名，后来随着盐井的开发，大量外地劳力涌入，其中相当一部分来自石屏，他们是开发麻黑盐矿的功臣，都希望后世子孙铭记他们的贡献，因而要求在"麻"字的下面添加一个"石"字，当地人也给予了认可，于是麻黑更名为磨黑。看磨黑地名的两个由来，一个以特产为因，写入历史；一个内含该地的地理位置、物产和对开发者的纪念，有着更丰富的内涵。

磨黑镇位于宁洱县东北部，辖区面积 491.03 平方千米，平均海拔 1 372.4 米，南高北低，群山纵横，丘陵交错，中部形成南北向、船形河

图 13　磨黑老街子

谷盆地。古镇本身不大，位于山脚下，只有 12 平方千米，一条小河从镇边流过，镇政府距离宁洱县城 20 千米。磨黑镇素有"滇南盐都""丽人故里""茶马古镇""革命老区"之称，常有中外游客慕名探访。

磨黑曾经的繁盛

"滇南盐都"之名承载了其久远的历史。磨黑的盐井开采始于汉代，元、明、清时期先后设盐政、盐场公署，至清雍正三年开始大量开采食盐，成为云南四大著名盐矿之一。

磨黑盐是旱采盐矿，品位极高，所含杂质主要为石膏，当地百姓把采下的盐矿称作"可以吃的石头"。1887 年，一位年轻的法国海军军官路易·德拉波特随一个法国探险队沿澜沧江–湄公河考察时路过磨黑，用铜版画的方式记录了这个小镇，名为《路边的盐井小镇》，这是磨黑风貌第一次向世人亮相。

中国古代封建社会盐税一直是政府重要的收入来源，盐业专卖带来的各种收入常常占财政收入的一半左右。清代普洱府对于磨黑的盐课清单包括了十几项上缴名目。光绪《普洱府志》中就记载了当时的征税情况："应征正课银五百五十六两三钱四分二厘；应征养廉经费银一百二十七两七钱八厘；应征井费、役食、纸张等银七百八十八两四钱二分四厘……"

盐业专卖是指政府控制盐井，将盐矿分配给灶家（早期盐矿由普通的民间炊具熬制，后来经过改进出现了梅花灶、梯级灶等），按灶数缴税。在政府的控制下盐商垄断销售，到民国时才改为在场完税后，听凭盐商销往各地。

磨黑是历史上茶马古道沿线的交通重镇。依托盐业的发展兴盛兼之茶马古道的兴隆，磨黑虽然地处群山环抱的边陲之地，一度竟成为一个非常热闹繁盛的所在。

边地的"红色小延安"

今天访问磨黑古镇，两处建筑令人印象深刻。一处是磨黑的走马转角楼，一处是磨黑中学的纪念馆。走马转角楼是当年磨黑首富张孟希的家宅，建筑精美、设计精巧，建筑理念先进，让人难以想象其出自这样一个大山深处的小镇，可见当时这里的盐业巨头的富裕程度以及对外交流的频繁兴旺。磨黑中学在镇中心道路的北端，校门悬挂着"云南省爱国主义教育基地"和"云南省国防教育基地"的牌匾。校园内建有一处纪念馆，馆藏文物主要有照片、文字资料、英烈遗物，讲述着这里"红色小延安"的往事。其中写于1946年的磨黑中学的校歌非常引人注目，歌词如下："在这边疆的群山里，我们是新文化的先锋，我们在人类生活的需要下，接受新时代的滋养，实事求是，追求真理，痛革极腐，共同努力，走向幸福的光明大道，啊！磨中，锻炼我们的熔炉，武装我们的脑手，铲除内在外来的残敌，前进！创造人民的新世纪。"

这首歌词创作于1946年，抗日战争胜利后不久，这个有"实事求是""人民的新世纪"歌词的歌曲，是如何能够在边疆群山之中歌声嘹亮的？这个原委会令每个来到纪念馆的人好奇，"红色小延安"的往事也会对每个来到纪念馆的人讲起，我也听到了这个故事，尤其令我感慨万千、思绪难平的是在历史转折时刻，那些历史人物何去何从的抉择。

磨黑中学的发起人张孟希是磨黑首富，经营盐业，并有规模不小的私人武装，早年有几个标签加身：他是第一个把马克思的著作引进磨黑的人；第一个在磨黑引进网球，首倡学生开展体育运动的人；磨黑第一个读艾思奇《大众哲学》，并提出哲学办事的人；第一个把西医引进磨黑的人。1941年9月，张孟希为满足当地富户培养子弟的要求，在磨黑首创中学。财大气粗的张孟希派人把招聘启事直接贴到了西南联大。当时正是皖南事变后不久，国民党掀起第二次反共高潮，中共中央提出了"长期埋伏，积蓄力量，以待时机"的方针。西南联大党组织有意把已经暴露了身份的共产党员转移到偏远的地方。他们听说磨黑有不少矿工，正是革命可以依靠的中坚力量，而且磨黑的经济文化在边疆地区相对繁荣，希望可以在这里发动群众，建立根据地，决定派人前往。于是磨黑迎来了最初的两位西南联大的高才生：吴子良、董大成。此后有多位党员来到磨黑中学开展工作。他们按照南方局党组织的"三勤"要求，勤业、勤学、勤交友，并根据磨黑实际，采取"站稳脚跟、联络士绅、教好学生"的工作方法，以教书为公开职业，秘密开展党的地下工作。他们先后成立了希仁社、社会科学读书会、思普区中小学教师联谊会、中国民主青年同盟等公开或秘密组织，大量介绍共产党的理论和政治主张，开办公开销售图书的门店"同生社"，在香港等地购买革命书籍，在磨黑销售；组织抗日后方战地服务团，开展宣传工作，宣传抗日救亡，组织义演义卖，唱革命歌曲（如《兄妹开荒》这样的延安流行

图 14　1949 年前的磨黑中学（磨黑中学提供）

歌曲也在这里上演）等。一时间磨黑的爱国气氛浓厚，有了"滇南小延安"之称。

1946 年 6 月，中共磨黑中学党支部成立，1946 年 7 月，中共思普特支在磨黑中学成立，并相继成立了磨黑老街、墨江中学、普治、景谷等支部。思普特支选派党员、民青成员到盐场、广大农村，发动群众，建立交通站，形成了覆盖八万多平方千米二十多个县的交通网络。

1948 年特支接到上级指示，要求在国统区"积极开展武装斗争，建立党领导的独立自主的人民武装，开展人民反蒋武装斗争，迎接全国解放"，此后，特支积极发展农会会员，筹建民兵武装，开展武装斗争。6月，磨黑成立了统一战线组织"思普军政委员会"。张孟希为主任委员，曾庆铨任副主任委员，蒋仲明任政委，同月曾庆铨任中共思普特支书记，委员为蒋仲明、周长庆。

虽然发展武装力量的工作进展顺利，特支成员还是认识到其中的不足之处：其一，已发展的武装力量多数是与地方实力派人物联合的力量，主要受地方实力派人物左右；其二，可以掌控的农会会员虽然人数不少，但缺少武器、弹药，没有这些，武装斗争无法开展。

截枪风云

1948 年 9 月，曾庆铨等接到内线报告，保安三团将要把存放在普洱军火库的一批枪弹驮运滇西，特支领导十分兴奋，开会决定截取这批枪械。他们向张孟希借枪，并向张孟希借了 30 余人，加上民兵、学生，组织了共 173 人的队伍。9 月 6 日出发，前往西萨设伏，准备截击运枪队、夺取枪支弹药。7 日到达满谷时，打探消息后得知，运枪的部队并未出发。8 日又得到消息，一支荷枪的税警队进驻宽宏村，曾庆铨等商议后决定进攻税警，战斗中击毙了顽抗的税警队长，缴获手枪、步枪共

11 支。紧接着队伍赶到西萨，进攻驻扎在一个地主家的保安团连队，激战之后，未能攻克，选择撤退，西萨截枪未果。

截枪事件极大地震动了国民党政府，云南省政府急任禄国藩为滇南剿共司令，并带两个保安团进驻新平，预备进驻磨黑，又急电宁洱专员余建勋、警备司令兼保安三团团长尹集生追回枪械，惩处反逆。禄国藩赶到墨江，召开滇南十三县剿共联防会，扬言要张孟希交出西萨及通关截枪事件的策划指挥者，否则武力进攻磨黑；又部署墨江城防大队南下通关，保安三团待命北抵磨黑；同时派人到磨黑对张孟希威逼利诱。

9 月 16 日，张孟希以召开军政委员会为名，诱捕关押了曾庆铨、蒋仲明，杀害了张祖弼等人，并将截获的部分枪械转交保安三团。10 月 4 日，云南人民讨蒋自卫军第二纵队司令刘宝煊赶到磨黑，要张孟希放人，张孟希表示，"拘捕是为了不让保三团把人抓去"，"暂时拘捕，是为了对付保三团，待事情过后便放人"。刘宝煊相信了张孟希所言。

1948 年是国共进行决战之年，决定战局的辽沈战役、平津战役、淮海战役从这一年 9 月开始到 1949 年 1 月结束，其中辽沈战役从 1948 年 9 月 12 日开始，1948 年 11 月 2 日结束；淮海战役从 1948 年 11 月 6 日开始至 1949 年 1 月 10 日结束。从截枪行动开始到曾、蒋被捕，正是淮海战役、辽沈战役起始阶段。在国共之间战争决胜之际、新旧政权交替之时，很多人在观望并做出选择。革命者被胜利鼓舞着，坚信胜利在望，倾向于认为统战对象会审时度势，忽视了轻信往往蕴含着重大的风险。曾庆铨率临时组建的队伍在截枪计划落空之下，贸然进攻税警、保安三团部队，仅取得截获了 11 支枪的战果。其后在拉走队伍、返回磨黑，或者就地解散的可能选项中，选择了返回磨黑。队伍撤回磨黑后整整八天，既不隐蔽，也毫不设防，甚至没有开会商量后续如何应对，直至曾庆铨、蒋仲明被捕入狱。这以后，党内很多人仍然对张孟希抱有幻想，刘宝煊也认为张孟希把曾、蒋关押一段时间后，会把他们放出来的。

曾庆铨、蒋仲明被捕后二十几天的时间里，张孟希依然若无其事地在磨黑中学露面。这段时间里，无法知道他的所思所想。现在客观分析他眼里的大势还有着另一种解读。那就是蒋介石这一阶段正在着力把云南打造成在大陆最后的反共基地，加大培植云南地方势力，慷慨地封官许愿，从1948年开始提拔了一大批地方实力派人物为高官。当时解放军虽已打过长江，但以当时的行军推进速度，仍然远在千里。省城昆明及周围还在国民党控制之中，云南省主席卢汉还在犹豫不决是否和平起义，甚至在蒋介石的压力下，搞起了抓捕共产党员和进步人士的"九九整肃"。美国也不断发声要发动第三次世界大战。人性的弱点之一是总愿意相信自己期望的结果。在新旧政权力量对比尚未彻底明晰的情况下，张孟希会做出怎样的选择？今天看那个令人痛惜的结果并不意外。

10月12日凌晨4点张孟希下达了处决曾庆铨、蒋仲明的命令，曾和蒋牺牲在即将解放、黎明前的黑暗里。24日，国民党云南省政府决定任命张孟希为第七区保安副司令兼车里县长，张达希代理镇越县长，张友仁任江城县长兼地区保安副司令，张家一门封了三个县长。张孟希说："一门三县长，这是我们张家的福气啊。"结果是三个县长还未来得及到任，解放军大军就席卷而来了。1950年10月18日，张孟希和张达希被宁洱县人民政府执行枪决。

初心的回答

在1949年前后，多少人都面临着前行方向的把握、命运的抉择。在磨黑中学纪念馆内，听解说员用平静的语调讲起这段往事时，今天的人们常常会有很多追问，内心的波澜久久不能平静。

愧惜两位英才牺牲在革命即将胜利之时，曾庆铨牺牲时 24 岁、蒋仲明牺牲时 23 岁。叹息张孟希前期组建磨黑中学，对先进思想的传播态度比较积极，也是地下党主要争取的地方开明实力派人物，一度加入反蒋自卫同盟，任思普军政委员会主任，却在解放军大反攻已经开始，辽沈战役、淮海战役大决战已经打响之际，杀害了曾、蒋两位共产党员，投入蒋介石阵营，改写了自己的人生轨迹，最后落得被枪决的下场。当地人评价他时，往往一言难尽，说他是"一个复杂的人物"。

有人说如果曾、蒋两位英雄在没有掌握武装力量之时，不急于采取截枪行动，等待时机成熟，解放军很快就会大军压境，等敌我形势明朗时，再采取行动；或者在截枪之后，充分估计到危险，拉队伍出去，不要返回磨黑，就不会付出牺牲的代价，将来还会大有可为。有人说张孟希在截枪事件发生之后，如果不做出杀害英烈的选择，他的人生轨迹也不会断崖式下跌。如果从结果的角度去评价历史人物的选择，似乎抉择就在一念之间，而一念之间的结果又常常令人不胜唏嘘；可是如果从初心的角度去看他们的选择，所有的选择都相当程度地指向必然。

评价一个人的行为如何，曾有过动机和结果之辩，强调动机的一方，认为判定善恶主要看行为的动机；另一方则认为无论动机如何，结果才是判定善恶的重要标准。两种观点都有失偏颇，今天的人们更倾向以动机和结果辩证统一的观点来评判历史人物。动机显然并不能必然导致结果，因为人的动机往往并不单纯，而是复杂的组合，但其中最本真的初心必定直接影响选择。

所谓初心意为最初的心愿，是其最想实现的目的。使命和初心相连，是为了实现最想实现的目的而必须完成的重大的任务或责任。追溯曾庆铨的成长之路，可以发现他的初心使命和追求正是为中国救亡图存，他是千千万万最优秀的中华儿女的缩影。

少年的曾庆铨聪明好学，学业极佳，小学未毕业就越级升入中学，后又越级升入高中。高中毕业之际，他参加了广西桂林举办的高校统一招生考试后，同时接到两份录取通知书，一份来自西南联大，一份来自国民党重庆中央政治大学。曾庆铨会如何选择呢？显而易见，西南联大民主风气盛行，但就学条件艰苦，联大教授甚至业余也要做些刻章、卖糕之事贴补家用，特别是战争期间，就业艰难，毕业常常意味着失业。而中央政治大学是国民党中央培养党政干部的基地，经费充裕，学习条件好，毕业即有工作，薪俸前景好，是很多人追捧的入学选择。曾庆铨毫不犹豫地选择了西南联大，徒步数千里，历时一个多月赶到学校。其实，曾庆铨在中学时期，就开始接触进步思想，痛恨阶级压迫，向往共产主义思想。在西南联大求学期间，他参加了地下党组织的活动，成为青年骨干。1944 年，时年 20 岁的曾庆铨，毅然中止了一年六个月的大学学业，接受地下党的委派，来到边远小镇磨黑任教，开展革命工作。回顾曾庆铨来磨黑之前的经历可知，面对人生关键的选择之时，个人利益与安危从来都不是他考虑的方面。

在磨黑负责党的地下工作时，革命形势发展迫切需要觉悟了的武装农会会员，他就全力以赴，开展截枪行动。袭击税警后，决定所带队伍何去何从时，尽管张孟希派来的同去截枪的小队长提醒说"你们无论如何也不能回磨黑"，他还是选择了返回磨黑，以至遭遇诱捕、杀害。有人评价他年轻、单纯、经验不足，其实这不过是从返回磨黑的结果角度思考的，从曾庆铨、蒋仲明的初心角度看，当时张孟希要求他们回去，而张与他同为军政委员会领导人，张也是他们一直在争取的地方实力派人物、实际控制着武装的领导人，如果他们擅自拉出队伍，有何信义可言？又会对滇南统战工作产生怎样的不良影响？当曾、蒋被捕后，他们极力劝阻地下党的武装劫狱计划，表示"敌强我弱，劫狱只能导致更多的牺牲"，"张孟希如果不放我们出去，说明他早已铁了心，选择了一条与人民对抗的道路"。可见他们不怕用自己的生命去检验张孟希是真革命还是戴着假面具，不是因为天真，而是他们的初心是完全没有自我考量的一种崇高境界。

再看张孟希，他于1946年建成豪宅"二希庐"（走马转角楼）是当时思普地区最宏伟的建筑，大门前贴着对联，"希望人人活得下去，希望个个笑得起来"。据说张孟希每次走出大门，都要在这副对联前面停一停，他喜欢说："我这个人喜欢干大事，不痛不痒的小事情不屑一顾，就像起房屋，盖起来就要它是个样子，看上一眼就舒服。"今天我们无从知道张孟希最得意的这副对联多大程度代表了他的本心，可以想见，如果"人人活得下去，个个笑得起来"不影响他个人的核心利益，反而可以增加对他的好评，他一定是乐得如此的。但如果让他以牺牲"二希庐"和个人身家为代价，他的选择又会如何呢？他的初心可能终究离不开个人成名成家。所以从初心角度来看张孟希，他的选择难道不是必然的吗？

三、思普英雄杨正元

杨正元，1902年12月16日出生于宁洱县德化镇那迁村，1931年4月30日牺牲，是云南省早期共产党员、思普区党组织创建人，2011年被中共普洱市委、普洱市人民政府评选为"感动普洱十大人物"。

杨正元故居始建于1926年，德化镇党委政府从2013年起着手修复、布置杨正元故居，把杨正元故居打造成爱国主义教育基地和乡村红色旅游景点。杨正元故居的展品讲述了他少年求学，接受革命思想，参加革命，奋斗牺牲的生平事迹。

求学与参加革命

杨正元，字春魁，出生于那迁村半坡一个农民家庭。他父母生养了六男五女，他排行第六，寨里人喜欢叫他"杨老六"。杨正元祖上是勤劳的人，到他父亲这一代，积攒了几十亩田地、二十几头驮牛，主要做驮盐巴、茶叶、黄烟之类的民间运输生意，还请帮工放牛，在贫穷的小山村，杨正元的家庭，称得上殷实。杨正元的父母，把孩子都送到附近小学念书，杨正元聪明好学，性格开朗，深得父母、老师、同学的喜欢。

1916年，他在家乡读完初小，考上宁洱县高等小学。1920年秋，杨正元考入云南省立第四师范学校读书。当时五四新文化运动的浪潮势不可当地涌进宁洱这座古府，带来广泛影响。在校期间，杨正元接触了许多进步书刊，受进步思想影响，萌发了变革社会的思想，和同学相约组织"学生读书会"，参与新文化运动。

1922年秋，杨正元进入昆明私立成德中学读书，以学校第二名的成绩毕业；1925年初，考入北京农业学院（亦称北大农学院），想多学习农业方面的知识，改变农村落后的面貌。在北京农业学院，他结识了云南的同乡——已经加入中国共产党的王德三、王复生、李鑫等进步青年，并受到他们的极大影响。杨正元和他们一起探讨救国救民的想法。他们深刻地认识到，不把黑暗的军阀制度推翻，国家就不会有希望，千百万劳苦大众就没有出头之日，杨正元决心为改变国家和人民的命运而努力奋斗，1925年秋天，杨正元加入了中国共产党。

1926年9月，杨正元受党组织委派到广州国民革命第三军（滇军）军官学校政工人员训练班学习，接受了系统的马列主义教育。1927年2月回到昆明，任国民党昆明市临时执行委员会组织委员（第一次国共合作期间）。1927年4月12日蒋介石发动"四一二反革命政变"，同年

7月15日汪精卫发动"七一五反革命政变"，国共合作破裂、大革命失败。这一年9月，杨正元受中共云南省特委委派，回家乡开展地下工作，任中共普洱区委书记。12月，杨正元被通知回昆明开会，传达中共中央在汉口召开的会议精神，要加快革命武装和根据地建设。在这次会上，杨正元当选为省委临时委员，担任组织委员这一职务。回到普洱后，杨正元决定在老家德化这个不被国民党政府重视的穷村庄发展革命武装组织。1928年，中共普洱特别支部组建。1929年，撤销普洱区委和特支，建立宁洱县委，杨正元任县委书记。

彝族有跳神和在正屋上设神位供祖宗的习惯，画这种像又称画"大头神"，山寨人穷，请不起画师，有绘画天赋的杨正元就把自己扮成一个"画师"，走村串户为老百姓画像。每到一个地方，杨正元都给大家讲孙中山的"三民主义"，描绘"耕者有其田"的理想社会，杨正元经常说："一只蚂蚁只能抬一小颗土，几十只蚂蚁能抬动一小根树枝，成百上千万只蚂蚁呢，就能举起一棵大树，我们穷人，只要团结起来，就能够形成强大的、推翻黑势力的力量，我们才能够过上好日子。"穷苦乡亲逐渐明白，天下穷人只有团结起来，拉起手来，拧成一股绳，与反动势力做斗争，才能有希望过好日子。老百姓夸奖杨正元，"跟着杨老六，天天太阳出"。后来，杨正元觉得时机成熟了，便成立了由思想进步人士组成的"互济会"，该组织迅速发展起来，很快达上千人之多。

为了筹集活动经费，杨正元在自己家房前屋后搭建了鸡鸭圈，养了上百只鸡和鸭，用垃圾养蚯蚓来喂鸡鸭，鸡鸭产蛋后，挑到城里去卖，积攒了一点钱。地下党所有的活动，包括党员到他家开会，吃住都是他负责。此外，他还利用在农校学到的技术，在附近的山上嫁接桃、梨、柿子，其中，种植的橘子、李子最多。到现在，当地还在流传杨正元是普洱山区的第一个科技带头人。

1931 年 4 月，杨正元准备武装暴动，不料被南德乡长探知内情后告密，遭县团防队围剿，杨正元受伤被捕，因伤势得不到有效救治，于 4 月 30 日牺牲于狱中，年仅 29 岁。

杨正元故居解说员讲到杨正元被捕牺牲的过程时，听众无不泪目、痛惜。

　　1931 年 4 月 19 日这天晚上，杨正元 1 岁的女儿永莲一直在哭，杨正元怎么也哄不乖，女儿不发烧，不知何故喂了肚子痛的药也不起作用，直到鸡叫三遍，天快亮时，孩子才睡着，杨正元也放下心来，想睡会儿，可只一会儿的工夫，孩子又哭闹起来，杨正元只好再用背巾把孩子背起来，在院子里转悠。此时，危险正向杨正元一点点逼近，可他毫无察觉。

原来是宁洱县城团防大队中队长徐道章受大队长张友仁的派遣，带着 40 多个团丁，跟随德化乡乡长陈荫文连夜出发，于 20 日凌晨包围了半坡寨子杨正元的家。

背上的女儿突然用小脚猛蹬起来，杨正元不经意抬头一看，让他大吃一惊——父女连心啊！他看见地里匍匐着一群黄衣服的家伙，他们手里都持着枪。杨正元迅速转身进屋，他把孩子放在床上，贴着女儿的小脸说："宝贝，听话！"永莲的哭声戛然而止。小小的永莲是否知道，这是与自己的父亲的永别！

杨正元跑出屋，低着头，转过屋子左边的山墙，穿过一排鸡鸭棚，跳过一人多高的篱笆，准备向山后跑去，他想，只要跑进茂密的森林，就安全了。翻过篱笆时，踩在一个石头上，他摔倒了，发出的声音吸引了团丁的注意，一个小头目看到猫腰跑的杨正元，大呼道："要犯跑了！要犯跑了！"

"砰！""砰砰……"杨正元感觉到，自己的左腿不听使唤，扭头一看，左腿正在冒血，他伸手去捂，血从指缝里冒出来，他咬着牙再跑，可钻心的疼痛使他慢慢地倒下了。

杨正元侧躺在地上，双手紧紧地捂着受伤的腿，心里急速地问：是谁走漏了消息？他想，敌人一定是冲着暴动的事情来的。看到陈荫文，他悬着的心落地了，知道是陈荫文引城里的敌人来的，自己的内部，没有出现叛徒，紧接着，杨正元昏迷过去了。

敌人在杨正元的家里搜查了半天，只是从谷子堆里掏出几本马克思主义的书，并没有宁洱地下党组织名单之类的重要文件。家里人把受伤后已无法行走的杨正元抱上担架。他被敌人抬着准备走的时候，天空突然下起星星点点的小雨，岳母从屋里找出他平时喜欢戴的毡帽，盖在他的脸上。这个心里装着家乡广大贫困群众的七尺男儿，就这样离开了家，永远离开了生养他的这片土地。

杨正元被关押在宁洱县的监狱里。一路上，他的家人始终跟着，他们要求找医生给杨正元包扎，看守不干，最后，给看守送了大洋，看守才同意让杨正元的侄子杨德新和李俊山进去，他们带了几个三七，嚼碎后敷在伤口上。可是，因为伤势严重，子弹还留在腿上，这点药根本起不到作用，杨正元连续不断地发起烧来。

张友仁和杨正元是同学，还拜过弟兄，凭借着这层关系，他胸有成竹地做起了杨正元的工作，"苦口婆心"地劝说，只要交出宁洱地下党组织的名单，并不再跟着共产党干，不仅可免一死，还可以得到高官厚禄。杨正元丝毫不为所动，痛斥了所有威逼利诱。

刘惠贞来看自己的丈夫，看守同样不让进去。听到妻子的声音，杨正元大声说："惠贞，你莫求他们了，你莫进来，赶紧回去，小永莲想你了，还有鸡鸭没人喂，特别是那些下蛋的母鸡，一定要照料好，不要让它们把蛋下在外面。"刘惠贞塞了大洋后，终于见到自己的丈夫，看到丈夫已经奄奄一息，却得不到医治，不禁失声痛哭。杨正元说："不用担心我，赶紧回去，回去照料好我们的下蛋母鸡，那是我们家的生活来源……"

刘惠贞回到家，从鸡窝下的稻草里翻出了机密文件和人员名单，她把这些东西藏到腌菜罐里，在竹篷树下挖了个坑，埋了起来。11天后，杨正元受伤不治英年早逝。①

思普英雄杨正元是第一个在思普区洒下热血、献出生命的共产党员。他在那迁村、思普大地上树立了可亲、英勇、奉献的优秀共产党人形象，他永远活在人们心中。今天杨正元故居经常举行入党宣誓，来这里学习的党员群众络绎不绝，杨正元的足迹和追求，赋予了宁洱这片土地更深沉厚重的红色文化基因，成为一座永久的丰碑，激励后来者前赴后继，继续前行。

四、云南名片宁洱"金花"

大美云南，它的美丽是缤纷灿烂的，也是充满乡愁古韵的。宁洱的美在它的自然风光，群山连绵，晚霞满天；也在于它的文化魅力。这里传承了普洱古府文化、茶文化、红色文化、民族团结文化，磨黑还是丽人故里——一个叫"金花"的宁洱姑娘杨丽坤的家乡。杨丽坤在银幕上塑造的"金花"形象，今天仍然是大美云南的亮丽名片。

杨丽坤故居与她的青春岁月

来到杨丽坤的旧居，映入眼帘的是一个漂亮的大宅子。杨丽坤出生

---

① 杨正元的英雄事迹由杨正元纪念馆提供。

于富庶之家，杨父是磨黑从事盐业生产的灶头，当地人富裕以后，就会造起大房子。杨丽坤故居占地面积 1 250 平方米，房屋为砖木结构，整幢建筑为"三房一照壁"风格。目前的建筑是在原址恢复重建的，完工于 2010 年 10 月 28 日，已被列为县级文物保护单位。

整个故居共有 6 个展室，正房第二层为整个展览的核心展区，分前言、花样年华、理想之路、艺术巅峰、艰难岁月、鲜花重放、美丽人生等七个章节，其中陈列着杨丽坤生前大量珍贵照片以及用过的一些物品，展示了杨丽坤传奇的一生——她的艺术成就、美丽绽放的青春与曾经蹉跎苦难的后半生。

图 15　位于磨黑古镇的杨丽坤故居

1941 年 4 月 27 日，杨丽坤出生于磨黑古镇的一个彝族家庭。她排行第九，也叫"小九儿"。幼年时，杨丽坤天真活泼、爱唱爱跳，四五岁时，母亲因病去世，杨丽坤遭遇人生重大不幸。

1952 年，11 岁的杨丽坤来到昆明与二姐一家共同生活。杨丽坤的二姐夫时任云南省委组织部部长。这个干部家庭，给予她良好的学习生活条件、如父母一般的关爱和良好的家庭教育，让她逐渐适应了大城市的生活。1954年，13岁的杨丽坤和二姐去看了一场演出，演出结束后，见到了云南省歌舞团胡宗林团长。胡团长认为杨丽坤很有舞蹈天分，招她进入省歌舞团当学员。1956年，杨丽坤开始在舞台上崭露头角，表演的《春江花月夜》深受好评；1959年，18岁的杨丽坤出演了《五朵金花》中女主角副社长"金花"，影片公映后引起轰动，并在46个国家发行。1960年，《五朵金花》在埃及举办的第二届亚非电影节上荣获"最佳电影银鹰奖"，杨丽坤也获得"最佳女演员银鹰奖"。其后几年，深受广大观众喜爱的杨丽坤受到毛泽东、周恩来、陈毅等领导人的接见，并多次随歌舞团出国演出。1964年，23岁的杨丽坤主演了根据云南彝族叙事长诗改编的电影《阿诗玛》，影片制作完成后，因当时的政治气候变化，不久"文革"开始，而被长久封存。

蹉跎与新生

1966年"文革"开始后，《五朵金花》《阿诗玛》被作为"大毒草"遭到批判，杨丽坤不仅受到精神迫害，还遭遇了肉体的摧残，她多次被拉出去公开批斗、当众被逼迫下跪，还被关在舞台的地下室里，终日不见阳光，只能睡在两条冰冷的木凳上。她的境遇在"文革"中并非个例，历经劫波，又有几人可以安然无恙？饱经残酷折磨，杨丽坤精神失常了。她的大姐写信向周恩来总理求助，在总理的关心下，她才得以住院治疗。

此后杨丽坤的病情时好时坏，后经人介绍与上海外国语学院毕业的上海人唐凤楼相识。他们第一次见面时，唐凤楼看到的杨丽坤脸色灰暗、目光呆滞、身材发胖，已不再是电影里那个美丽的少女了。1973年，两人成婚，1974年杨丽坤生下一对双胞胎男婴，在风雨飘摇中，所幸的是杨丽坤得到了来自家庭的温暖。

1976 年 10 月，粉碎"四人帮"，"文革"宣告结束，国家拨乱反正，杨丽坤的人生也掀开了新的一页，她被调到上海电影制片厂演员剧团。此时电影《阿诗玛》获得公映，轰动一时。1982 年，《阿诗玛》在西班牙桑坦德举办的第三届国际音乐舞蹈节上获得"最佳舞蹈片奖"。1979年，杨丽坤出席在北京召开的第九届全国文艺工作者代表会，当选为全国舞蹈家协会理事。《五朵金花》《阿诗玛》双双被评为中国百部经典电影，这也是中华人民共和国成立以来云南省的标志性艺术作品，"金花""阿诗玛"也成了大美云南最美丽的女性代表。

1997 年 12 月杨丽坤突发脑溢血入院，2000 年 7 月在上海病逝，享年 59 岁。在那个没有美颜相机、没有整容增色的年代，杨丽坤以她清水出芙蓉、浑然天成的美丽，清新自然的表演风格，塑造了打动亿万观众的银幕形象，"金花"和"阿诗玛"至今仍深深烙印在一代人的记忆里，成为人们心中永恒的经典。

杨丽坤质朴、明媚、阳光、健康、积极向上的形象，显示了打上新时代烙印的新的审美追求和偏好。对杨丽坤的追思，也总是和中华人民共和国成立后祖国欣欣向荣，人们生活整体改观的回忆相连。而杨丽坤所塑造的"金花"的形象之所以成为今天云南的文化名片，是因为其美丽的形象不仅蕴含着在修筑滇缅公路工地上，无数坚强女性的勇敢、坚贞的底色，还增添了满怀信心建设并享有新的幸福生活的"金花"们的底色。

古人讲家国情怀，国家的命运与个人的命运总是紧紧连接在一起的。中华人民共和国成立后，人们喜迎新生活，享受和平的阳光，国民经济快速恢复发展，文化事业也迎来了繁荣的局面，美丽的"金花"也在这一时期最美地绽放了。其后"文革"发生，历史的蹉跎不仅给经济社会发展造成巨大冲击，也深刻影响了个人命运、家庭生活。"文革"后，曾经封存未曾公映的《阿诗玛》得见天日，并获得国际大奖，杨丽坤在银幕上再一次和观众相见；中国走上改革开放之路，以时空压缩的速度实现赶超，文化艺术也空前繁荣、不断发展，在历史的蹉跎之中，孕育了新的希望和前行之路。杨丽坤的一生沉浮也是时代发展烙印在个体命运上鲜明而又集中的体现。

美丽是美好生活的应有之意

杨丽坤纪念馆的解说员指着其中的三张照片说，"你们注意到了吗……"一张照片是杨丽坤去昆明前所拍，此时她还是一个可爱的乡下小丫头；另一张是杨丽坤在昆明二姐家生活了一段时间后和姐姐一起拍的，这时她已经出落成一个亭亭玉立的少女了；第三张照片是杨丽坤在国外出访时所拍，解说员故意卖了个关子，指着这张照片问大家："你们在这张照片中有没有发现什么奇怪的地方？"原来照片中某国国王在和前排一个人握手的同时，目光明显越过第一排看向后排的杨丽坤。大家仔细看看，确实如此，都笑了起来。

美人是养成的。杨丽坤从可爱的乡下小丫头，长成惊艳了时光、定格在一代人记忆中的美好形象，不仅仅是天生丽质使然。她出生在富裕家庭，是家里人钟爱的小九儿，自幼就有良好的物质生活条件。长成少女时，到昆明姐姐家生活，从乡村来到大城市，自然受到城市文化熏陶。她姐姐家是干部家庭、氛围很好，而且对她关爱备至。杨丽坤夜里一个人睡觉害怕，姐姐、姐夫就把她的床搬到他们的房间。杨丽坤进入歌舞团后，接受严格的形体训练，团长着力培养她，她业务能力进步很快。有一次她姐姐来看演出，发现连续几个节目都由她主演，不免担心会影响学习，可以想见她已成团里主角。杨丽坤18岁时，出演《五朵金花》，即成为万众瞩目的明星。

人们盛赞杨丽坤的美丽，从其成长的道路可见，美丽的女子是如何养成的。苦难可能培养坚强，却很难与贫穷与痛苦结缘。后来的杨丽坤遭遇"文革"风暴的摧残，很快失去了美丽，以至于后来照片中的她，已经很难寻觅曾经的风华。

今天的中国女性越来越关注自身的美丽，白领丽人已成为大都市的一道风景，她们之中很多人重视健身、关注饮食、爱好广泛、才艺加身、工作出色，有学识、有见地，成为职场精英，定义了新时代女性美丽的内涵。

曾有一组对照中西物质文明差异的图片，把 20 世纪 50 年代西方女子穿着性感裙装的形象，与同时期中国女孩子欣喜地试穿布拉吉（俄语：连衣裙）的形象进行对比，不是也说明，女子的美丽也代表了物质文明、社会发展的进步程度吗？想象一下，有一天中国广大的乡村不仅到处可见美丽的姑娘，甚至中年农妇、年老的大妈都自有其风韵与美好，乡村的物质文明和精神文明也一定达到现代化程度了吧。

中华人民共和国成立后，中国对社会主要矛盾的认识经历了三个阶段。第一个阶段，中国致力于实现从农业国向工业国转型。1956 年，中国共产党第八次全国人民代表大会提出，国内的主要矛盾已经是人民对于建立先进的工业国的要求同落后的农业国的现实之间的矛盾，已经是人民对于经济文化迅速发展的需要同当前经济文化不能满足人民需要的状况之间的矛盾。第二个阶段，中国致力于满足人民日益增长的物质文化需要。1981 年，中国共产党党十一届六中全会提出，在现阶段，我国社会的主要矛盾是人民日益增长的物质文化需要同落后的社会生产之间的矛盾。人们常说 20 世纪 80 年代是一个激情燃烧的岁月，那时的中国，按照当时的世界标准，尚有 90% 以上的人口，生活在绝对贫困线之下，但相比从前，已经可以随意吃到大米、白面，不再局限于观赏几个样板戏，而是迎来了一些国内外优秀影片热映，很大程度上提高了人们的幸福生活的感知度。第三个阶段，中国已开始致力于实现更加美好的生活。2017年，中国共产党第十九次代表大会提出，我国社会主要矛盾已经转化为人民日益增长的美好生活需要和不平衡不充分的发展之间的矛盾。新时代解决新矛盾，重在乡村振兴，实现农村与城市的平衡发展。小康不小康，关键看老乡，全面建成小康社会和全面建设社会主义现代化强国，艰巨繁重的任务在农村、广泛深厚的基础在农村、充满潜力的后劲也在农村。

宁洱在向贫困宣战的历史大跨越中，涌现出很多美丽的女性形象，新时代的女性正在续写着"金花"的美丽传奇与感人故事。可以欣喜地在宁洱发现，今天发生在农村的精准扶贫不仅致力于解决物质生活的匮乏，改变经济发展的不平衡不充分的现状，还致力于打造美丽乡村，从整治脏乱差、不讲卫生的生活习惯入手，移风易俗，打造清洁美丽、绿水青山的家园；注重教育扶贫，推进美丽乡村建设，不仅在建设告别贫困走向富裕的新农村，而且在描绘着如诗如画的美丽家园、一个有乡愁味道的乡村生活场景，未来也一定会有更多杨丽坤一样的丽人从这里走出吧！

图16　杨丽坤剧照

图17　杨丽坤、唐凤楼夫妇

跨越时空的巨变

  反贫困是古今中外治国理政的重点，减贫也是一个历史性、世界性难题。打赢脱贫攻坚战，全面建成小康社会，寄托着中华民族几千年来的希冀，也浓缩着近百年来中国共产党人矢志不移的初心和使命。2020年是国家精准扶贫的收官之年，总结精准扶贫这段历史，对于凝聚中国精神、中国力量，动员社会各方面力量共同创造美好生活，讲好中国故事具有重要的意义。

  在出发去宁洱调研之前，我有意和朋友、同事聊起精准扶贫的话题，人们是怎么看待这一中国历史上甚至人类历史上都前所未有的历史大跨越？又该如何书写中国人彻底告别贫困的历史篇章？很多人给予了积极肯定的回答，相信这是社会主义制度打造公平正义社会的必然之举，但也存在着一些模糊认识。

  其一，对当下扶贫的必要性认识不够，质疑精准扶贫的资金使用回报问题。精准扶贫是人类历史上前所未有的减贫奇迹，很多人通过宣传报道对脱贫后人们的幸福生活有所了解，但还存在不少误解，如认为投资贫困地区的资金不如使用在发达地区产生的收益回报多，减贫扶贫国家投入很多，可能花了很多冤枉钱，造成巨额的资金浪费。

其二，对未来扶贫的远期效果信心不足，担心精准扶贫如何持续的问题。消灭贫困一直是人类发展历程中难解的问题，不少人认为农村和城市中的最贫困人口，很多是身体和智力存在缺陷，或有其他自身问题，国家下大决心、花大力气改变他们的贫困状态，一段时间可能成效明显，可以帮助贫困人口走出贫穷，但如何克服脱贫后的返贫现象，如何激发个体可持续发展的内生动力，必将成为将来的难解之题。

其三，对中国之治与社会主义价值追求的理解不深，忽视精准扶贫与每个人自身利益存在关联的问题。精准扶贫不仅解决局部地区和部分人群的贫困问题，而且事关中华民族共同体的共同发展、共同体意识的培养和认同。解决贫困问题也不仅仅是一部分人获益，而是关乎每个人的切身利益。目前少数人中存在着一种看法，认为扶贫是"他们的事"，而没有从"我们的事"的视角认识理解精准扶贫的伟大意义，从中国之治的成就中感受到欢欣鼓舞。

宁洱精准脱贫之路主要工作完成于 2016 年至 2017 年，在脱贫攻坚战最紧迫的两年时间里，奇迹是如何发生的？探究其背后的原因，不仅包含精准的制度设计、结合实际坚定地贯彻落实、通向未来可持续发展的布局，还有贯穿其中的初心、使命、信念、意志、坚韧、勇敢、热爱与奉献。

精准扶贫不仅关乎生活在贫困地区的"他们的收益"，还紧密联结着"我们的收获"。如果从权衡利弊的工具理性角度去思考和解读，精准扶贫也不仅是帮助少数人战胜贫困，只有少数人获益之事。从政治视域看，它关乎我们党的执政基础是否稳定；从经济视域看，它与社会经济整体发展密切相关；从社会稳定看，它更是事关社会和谐稳定；从社会主义国家的价值追求看，马克思认为每个人的自由发展是一切人自由发展的前提条件，只有让人人生活得更幸福，整个社会才能更美好。

宁洱的精准脱贫之路充分显现了社会主义的制度优势，从国家层面看改变贫困的决心和成效前所未有，从中国和西方国家改变贫困的决心和成效对比角度分析，总结中国和发展中国家应对贫困问题的不同道路，社会主义制度的优越性不言自明。从马克思的唯物史观、人民立场角度思考精准扶贫的理论和现实意义，从价值理性角度看精准扶贫才是人间最大的公平正义，是宣讲中国之治对人类文明伟大贡献的最好教材，也是激发凝聚中华民族蓬勃创造力的来源所在。

图 18 宁洱脱贫攻坚誓师大会

第三章　精准扶贫关键在精准

历史正在发生，历史又很容易被人遗忘。今天在宁洱，若问起精准扶贫前当地的贫困状况，以对比脱贫后取得的成绩，人们只能介绍一些精准扶贫前的乡村面貌和生活状况，提供几个脱贫前后的对比数字。回忆过去的生活，对于年长者来说似乎不值得一提，而年轻的一代则知之甚少。我追问了许多人也没有得到有关扶贫前的贫困状况详情，也没有找到详细的文字记录材料。

宁洱作为云南省第一批脱贫摘帽县，2016年打响精准脱贫决战，2017年年底完成脱贫预期目标，前后共有两年时间，今天在宁洱已经看不到破旧不堪的房屋，映入眼帘的是美丽乡村的面貌。我还是执着地追问2016年以前贫困农民的生活状况，走访了当初建档的黄卡户、红卡户，多次交谈之后，大抵可以勾勒出昔日这个国家级贫困县经济社会发展状况，以及贫困农民个体的生活困境。

精准扶贫前，宁洱县亟须解决的主要贫困问题如下：一是基础设施差，村级道路几乎未硬化，无村小组活动室，自来水管少，网络覆盖率低；二是产业品种少，且人均可耕地不足一亩，主要种植玉米等粮食作物，难以变现；三是住房不安全状况多；四是家庭收入低。此外政府对百姓需求情况了解少。

1949年以后，农村面貌与农民生活状况已有了很大改善，到2016年打响脱贫攻坚战之时，贫困户的主要特征是，收入达不到扶贫要求的标准，房屋比较破败。导致贫困的主要原因有缺少技术、缺少发展产业资金、遭遇各种灾祸、自身缺少发展动力、残疾以及教育的投入不足等。

以经济发展状况属于中游的德化镇窝拖村为例，其最主要的致贫原因是发展能力太弱，主要靠传统的种植粮食，养几头猪、几只鸡的生活方式过活，虽然有饭吃、有衣穿，但收入很低。

窝拖村进入脱贫攻坚决战后，成效显著，2016年年底就有59户226人脱贫，余下的1户2人也于2018年年底脱贫，从而实现贫困户全部脱贫。

一、木头做的枕头

精准扶贫要求精准，就是要解决一直存在的个别农民生活极端贫困问题。宁洱精准扶贫纪念馆里的照片墙，展示了大量从前破败的房屋、贫寒的家居生活场景，其中有一张照片令我印象深刻。照片上是一对夫妇及他们的家，夫妇俩年龄60多岁，体弱矮小。照片上他们家的房屋由简陋的杂木搭成，难以遮风挡雨，生活环境很恶劣，用当地老百姓的话说"如果扔了一块石头进去，什么也打不着"。他们连睡觉的枕头都是木头做的，由于长年累月使用，木枕头中间都形成了凹印，家里没有任何像样的物件。

图 19　贫困户精准脱贫前的生活场景

我特意去了梅子镇二老的新家，首先映入眼帘的是院子里停着一辆崭新的摩托车。进入屋子后，发现其家里床铺、被褥、座椅、电视等

图 20　精准脱贫后贫困户搬进新居

生活设施一应俱全，厨房中间还放着一个挺大的冰箱，冰箱里有冷冻肉，还有不少海鲜。听阿姨说，村里安排了老伴做保洁工作，儿子也从外地回来了，在附近工厂打工。他们家除了家里的经济状况获得了根本的改变外，生活环境也得到了很大的改观。有了稳固的住房，收入也达标了。这个曾经极度贫困的家庭，生活状况完全改变，过上了幸福生活。

二、安贫乐富的贫困户

建档立卡贫困户，一般来说温饱没有问题，只是收入没有达标，有的住房没有达到稳固标准。不少贫困户还很乐观，对生活现状比较满意，梅子镇的村民杜益光就是这样一个人。他60岁了，一直没有成家，上过初中，在那一辈农民中也算是有文化的人，平日里清心寡欲，吃饭不多，菜吃的也少，就爱喝点小酒；待人热情随和，谁家办红白喜事，都会叫他，凑凑人数，他也乐得帮人点小忙，和周边人关系处得很好，平日里想上哪家吃饭，到谁家去，人家都会乐于招待。

他家住的寨子离集镇很近，只有两三百米，寨子里村民总体生活状况横向比较还不算太差。扶贫攻坚战开始后，经寨子里众人评定，他因基本没有劳动能力了，收入也没有达标，特别是房子破旧，就把他评定为建档立卡户。大家帮他实现脱贫的重要任务是解决住房问题，虽然政府按照政策条件补助了3.5万元的盖房款，盖了两间住房，但厨房、厕所还没有着落。挂包单位县文联的几个同事一起凑了一万多元，帮他盖了厨房、厕所和太阳能淋浴房，完成了"稳固住房"的脱贫任务要求。

他的侄子是镇上的干部，每年过年都会给他点钱（大概百十块），或者一袋米，几瓶酒是一定要带的。他的精神面貌很好，穿得干干净净，家里收拾得井井有条，对目前生活特别满足。他说"有穿、有吃，住的地方也很好"。

为解决他的收入不足问题，村委会还把他纳入低保，一个月278元，买粮食也够了；身为红卡户（最贫困户），国家每年按人拨款的扶贫资金有5 000元，已入股养殖大户，每年可以分到1 200元，以5年为期，可以领5年；他还把田地租给别人种，也有一些收入。另外，他还养了约200只小坝子鸡，这种鸡个头比较小，有观赏价值，很多人当宠物养，市场价格按品相定价，每只100元到200元不等；早年他养的数量比较少，挂包帮扶干部鼓励他多养，养鸡数量上来了，零花钱多了，他的收入也达标了。

磨黑有养老院，他说能动还不想去。同去调研的人告诉我，养老院经费政府全包，年纪大了可以住进去。

我去老杜家时，看到他穿着迷彩装，说是县委党校组织学习时发的，电视机正播放着电视剧，听说电视机是挂包这个村的单位统一发的。同行的县文联徐培春老师笑着讲起一件趣事。杜大爷曾几次打电话给她说："夜里睡不着，你们给我这么多东西，我心里不踏实，你们可不能为了帮助我而犯错误啊。"徐老师告诉他说："不帮助你才是犯错误呢。"

挂包老杜家的干部是县文联的副主席罗香玲，现在已转到宁洱县委党校，任办公室主任，听说她还写了一篇与老杜交往的文章，我要来看看，文字间充满真情实感，其中挺有趣的一段，特此附上共赏——

会飞的鸡蛋

（罗香玲）

前几天突然收到了老杜带来的鸡蛋，整整一大箱。刚接到农村客运车师傅的电话时，我很震惊，不知住在梅子镇农村的谁会给我带鸡蛋，印象中不仅没有这样的亲戚，即使有也不会无缘无故给我带东西的，这一大箱土鸡蛋是从哪里飞来的呢？

第二天，我接到了老杜的电话，问我鸡蛋是否收到，我才恍然大悟，原来是他给我带的。老杜，我的挂包户，住梅子镇民乐村谦乐组，60岁，无儿无女，单身，身体瘦削单薄，常年喝酒，不做活，靠出租土地和亲戚接济度日。记得初次见面，他身着干净的半旧藏蓝色卡其布中山装，脚蹬黑色布鞋，头戴蓝色鸭嘴帽，身高不超过1.6米，略显苍白的脸上挂着微笑。知道他是我的挂包户，倍感亲切，原先担心挂包一个单身老男人有人身安全的顾虑瞬间秒失，真动起手来他还不是我一个小女子的对手。当问及为什么不做活养活自己时，他回答身体不好，太阳一晒，头就会疼，做不来。我瞬间又无语了，心想谁晒了太阳头都会疼的，不是只有你晒不了太阳。看着他白净的手脚，无疑是懒人一个，好感全无。

第二次去他家，我想动员他重拾生活勇气，靠双手勤劳致富，虽然他是60岁的老人，常年喝酒，手无缚鸡之力，让他干农活发家致富不现实，但道理要讲清楚。这次他非常热情地请我们在他家里吃饭，说隔壁家的挂包干部都在家里吃饭，我们为什么不和他吃。我一再推辞，他显得有些失望、落寞。

后来因我怀孕，一直未去看他，有一段时间，电话成了我们沟通的唯一方式。老杜为人处事，让我对他有了新的评价。不少贫困户没有电视，常常是等、靠、要。挂包单位要给老杜送电视，联系他时，他说看的电视虽然是兄弟家的，还可以看，不必再买新的，太浪费。

因脱贫摘帽，我和老杜结成了亲戚，因结对帮扶，我们走到了一起，让八竿子打不着的人因缘分生活在同一片蓝天下。老杜，虽然我不知道你为何不成家，为何整日喝酒不劳动，不知你六十年的风雨如何飘摇过来，但你有一颗善良的心、一颗感恩的心，它虽然掩盖在你懒散穷困的外衣下，但我们还是发现了你内心的美好。

三、扣好精准的纽扣

精准扶贫是中央的顶层设计。它从提出到完善，再到具体要求的细化经历了一个过程。2012 年年底，习近平到河北阜平老区考察时，提出扶贫工作不要用"手榴弹炸跳蚤"的方式进行。2013 年 11 月，习近平到湖南湘西考察时，首次提出要"精准扶贫"。2015 年 6 月，习近平到贵州考察时，提出了扶贫开发工作"六个精准"的基本要求，即扶持对象精准、项目安排精准、资金使用精准、措施到户精准、因村派人精准、脱贫成效精准。2015 年 12 月 15 日，国务院新闻办公室召开"十三五"脱贫攻坚工作有关情况新闻发布会。国务院扶贫开发领导小组办公室主任刘永富表示，精准扶贫、精准脱贫是脱贫攻坚的基本方略。精准扶贫和精准脱贫的基本要求与主要途径是"六个精准"和"五个一批"。由此中央关于精准扶贫的顶层设计，进一步细化，并正式予以发布。

落实中央精准扶贫的原则要求，各地在具体实施中，还要细化为符合当地实际的工作方案。精准扶贫能否切实做到精准，关系到脱贫攻坚总体战役能否真正完成拔掉"穷根"的艰巨任务、实现不让一个人掉队的决心誓言。

扶贫对象精准

扶贫对象精准就是要扣好精准扶贫的第一粒纽扣。宁洱人讲最初识别贫困户时也遇到过困难，也存在"争当贫困户的问题"。不过办法总比困难多，他们很好地解决了这个问题。怎么做到的呢？

宁洱县探索了确保扶贫对象精准的"七步工作法"，实行"组内最穷、村内平衡、乡（镇）把关、组内评议、村级审定、乡（镇）审核、县级确定"的贫困对象动态管理。首先由村民小组选出组内最穷的贫困户，然后再提交村里平衡，再把村里评定结果报到乡（镇）把关。乡镇通过后，再返回村子，重新经过村民小组评议，再报村级审定，再经乡（镇）审核，最后由县里确定。特点是充分发动群众、依靠群众，经过两次自下而上的推选、申报，充分听取多方意见，避免漏报、错报、瞒报、谎报的情况发生，真正做到扶贫对象精准，老百姓心平气顺。

随着精准扶贫工作的深入推进，一些贫困户实现脱贫，也有一些家庭因故致贫，精准识别工作进入第二阶段，强调对贫困户的动态管理。宁洱人提出守好"应纳尽纳、应退尽退、应扶尽扶"三条底线，下足"绣花"功夫，坚决杜绝"错评""漏评""错退"问题，在精准识别符合建档立卡标准的贫困人口方面，下足了功夫，真正做到了扣好精准扶贫"第一粒纽扣"。

脱贫攻坚以来，宁洱全县累计投入各类扶贫资金31.3亿元，围绕2020年全面建成小康社会的目标精准施策。到2017年底，累计实现了32

个贫困村出列、3 651 户 13 236 名贫困人口脱贫，贫困发生率降至 1.26%，成为全省首批脱贫摘帽县；2018—2020 年，脱贫 688 户 1 861 人。全县累计脱贫 4 312 户 15 029 人，实现了所有贫困人口全部脱贫，夺取了决战脱贫攻坚、决胜全面小康的决定性胜利。[①]

宁洱在精准扶贫识别的整个过程中，牢牢把握"遵循标准、逐户核查、公示公告、分级确认、动态调整"的原则，确保符合标准的一户不漏，不符合标准的一户不进，为精准脱贫提供了可靠依据。

项目安排精准

项目安排如何精准？宁洱的做法是在项目规划方面宏观谋划，"基础先行、规划到村、项目到户、责任到人"；在具体决策上因地制宜，"深入基层了解村情民意，确定项目"；在项目落实上精准执行，"项目跟着规划走，资金跟着项目走，监督跟着资金走"，严格按照精准扶贫的标准、程序实施项目，建好精准扶贫项目台账，实现全程监管。

政府规划项目瞄准改善基础设施，增强发展后劲，建设水、电、路、通信、广播电视、光纤宽带等基础设施。到 2017 年底，实现全县 9 个乡（镇）85 个村道路 100% 硬化到村，90% 以上村民小组公路硬化通达；所有行政村都通了 10 千伏以上的动力电，所辖自然村 100% 通 380 伏三相动力电，广播电视覆盖率达 100%；实现行政村、学校、村卫生室光纤宽带全覆盖；实现所有行政村农村人口饮水安全保障，所有行政村均有达标村卫生室、公共活动场所，并配备水冲式卫生厕所。

此外规划项目聚焦抓住贫困户增收的"牛鼻子"，实施"311"产业

---

① 脱贫人口数不是一年一年简单的户数与人数的累加，而是每年进行动态的数据更新，其中有自然增减，比如新出生及故去人口，婚嫁转入转出的人口等。

扶持、转移就业、旅游扶贫、电商扶贫、生态补偿等帮扶项目，所有建档立卡户均实现了产业扶贫措施精准到户，实现 11 840 人产业脱贫。

资金使用精准

宁洱如何使资金使用精准呢？首先是加大资金整合力度；其次是把扶贫资金与脱贫成效挂钩；最后是强化资金监督管理，提高资金使用效益，确保一分一厘、一丝一毫都用在扶贫开发上。宁洱人称之为"多个渠道引水、一个池子蓄水、一个龙头放水"。

何谓多个渠道引水？ 2014 年以来，宁洱筹集扶贫资金的做法是，财政扶贫资金"当引子"、金融帮扶资金"唱主角"、社会帮扶资金"补缺口"、扶贫到户资金"中靶心"。

何谓一个池子蓄水？就是把多方筹措的资金，统一规划使用。这一举措为脱贫攻坚各项措施得以落实提供了资金保障。

何谓一个龙头放水？宁洱出台资金使用规定——《宁洱县统筹整合使用财政涉农资金管理办法》《宁洱县财政涉农资金统筹整合使用方案》，强化扶贫资金监管，组建县脱贫摘帽指挥部报账中心，抽调专业人员统一管理，全程监管，实行专款专用，并将资金使用情况向社会进行公告、公示，切实保障扶贫资金安全、高效使用。

措施到户精准

农民持续增收是达成精准扶贫必须攻克的难关。宁洱县自 2016 年打响脱贫攻坚战后，探索出"一乡一品牌、一村一特色"的产业布局；实行"以短养长、长短结合"的举措及"提后增效、立体种养、错位发展"的模式，确保实现"四个一"增收途径。

"四个一"分别是:"一亩",即实现每户建档立卡户人均1亩中长期产业(1亩茶叶或1亩咖啡或1亩其他经济林果);"一项",即人均1项短平快产业(1亩烤烟或食用菌或蔬菜或生物药材或一群畜禽);"一金",即人均1份股金分红或户均享受1项产业资金扶持;"一力",即户均1个劳动力输出或1项技能培训。

宁洱人抓资金使用精准的经验是坚持调查研究、实事求是,从小处着手,抓住当前困难群众最急需、最直接、最迫切需要解决的热点、难点问题,采取多项举措,多管齐下、多方保障,实现贫困户持续稳定增收,狠抓扶贫举措精准落实到户,逐步帮助困难群众摆脱贫困。

因村派人精准

宁洱按照"中央统筹、省(自治区、直辖市)负总责、市(地)县抓落实"的工作要求,建立县、乡(镇)、村、组"四级联动"机制,把准因村派人,压实政治责任,确保驻村干部沉得下去、待得住、干得好。因村派人的方式有直接挂职、包村、包户三种。35名县处级领导挂乡包村,94家中央、省、市、县部门和85支驻村工作队、256名驻村工作队员共2 807名干部进村包户,成为脱贫攻坚的中坚力量。

脱贫成效精准

脱贫成效精准就是无论是贫困户脱贫还是贫困县摘帽,都要和脱贫攻坚总要求、总任务对标,和全面建成小康社会进程对标,每年退出多少要精准到乡(镇)、到村、到户、到人,成熟一个摘帽一个,脱贫一户销号一户。

2017 年年底，宁洱县累计实现了 32 个贫困村出列，3 651 户 13 236 名贫困人口脱贫，贫困发生率降到 1.26%，成为全省首批脱贫摘帽县，实现了县域经济发展与贫困群众脱贫致富的双丰收双促进。

图 21　农民领到仔猪乐呵呵

第四章　破解脱贫的难题

　　当我在宁洱乘车经过蜿蜒的山路前往各个村寨时，总会不由自主地感叹这些崇山峻岭之中完成的山路奇观。宁洱的公路，除了有一部分是国道外，大部分是在近年精准脱贫攻坚战中集中完成的工程。山路修筑与平原相比不仅施工难度高，而且造价也更贵，这些修路的资金来自哪里？车子行进中，每每会经过山道转弯之处，城里来的人常常胆战心惊，行车尚且如此惊险，修路之难可想而知。精准扶贫达标要求高，时间紧，任务重，作为被列入云南第一批脱贫县试点的宁洱，面临的最大的困难是什么？他们又是如何破解的？

　　在交通普遍落后的旧中国，宁洱是茶马古道起始之地，对外交通总体上处于优势地位。宁洱从前有五条茶马古道通向四方，其中包括直通京城的"官马大道"。茶马古道向西北通向西藏，向南通向国外，运送茶叶、盐巴以及各种当地物产到达四面八方，古道上众多商旅来来往往，充满了艰辛的古道，承载了当时大量的商品流通需求，宁洱的交通在当时可说是相对便利的。

　　中华民国以后，汽车开始投入使用，茶马古道以马驮为主的交通方式逐渐被取代，茶马古道也日渐衰落。中华人民共和国成立之时，宁洱的公路还处在"0"的状态。1953年1月1日昆洛公路宁洱段建成通车，结束了宁洱没有公路的历史。1978年3月黎明公路建成通车实现了乡乡通公路目标，1998年5月曼芽村公路通车完成了村村通公路的梦想。2003年12月元磨高速公路建成，实现了宁洱高速公路零的突破。

2016年开始决战脱贫攻坚以后，宁洱县下大决心，花大力气，战胜脱贫的拦路虎，彻底改变交通的落后面貌。他们对原有公路进行了改造提升，弯路修整、道路加宽、路面修缮；着力加强了村内道路建设。过去宁洱县各村的村内道路比较少，只有一些便道，晴通雨阻，到2020年，实现了村组内道路90.67%建成并硬化。

截至2018年末，依托完善的农村公路网，宁洱县共建成客运站点11个，开通农村客运班线35条，全县9个乡镇100%通班车，投入使用营运客车共有201辆、出租汽车103辆，完成城乡公交一体化整合工作，公交营运线路达6条，公交营运车辆11辆，望山兴叹、出行困难的状况从根本上得到了改变。

图22 "晴通雨阻"的乡间道路　　图23 硬化之后的通畅道路

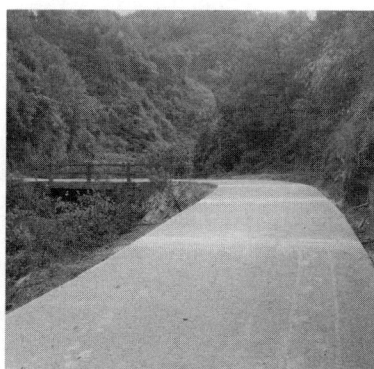

一、"九个一点"筹措资金

很多"老、少、边、山、穷"贫困县的形成，往往都受困于交通不便的难题。解决交通不便难就难在耗资巨大，资金投入一直是制约贫困地区发展的重要因素，拔掉穷根必须从根本上解决交通等基础设施问题，此外还要筹措住房建设、发展产业、扶贫款发放等众多工作所需的资金。扶贫资金问题成为扶贫开发工作中必须解决的关键问题。

宁洱主要用"九个一点"的资金筹措方式来解决巨额资金难题。围绕"钱从哪里来"这一核心问题，宁洱创新了"九个一点"的资金筹措方式，累计投入脱贫攻坚资金23.33亿元（截至2017年），保障了脱贫攻坚各项举措落实到位。

一是向上级争取一点。积极加强与省市有关部门汇报对接，2014年至2017年国家、省、市级财政资金共到位3.78亿元，确保了各项强农惠农政策措施得以落实。

二是县级配套一点。县财政积极开源节流，努力增收节支，大幅压缩"三公"经费支出，争取把更多经费投入脱贫摘帽，确保教育、医疗、社会保障等扶贫刚需支出和项目配套建设。至今县级财政已累计配套资金1.59亿元，大大提高了贫困群众就医、就学、养老等民生保障水平。

三是政策性借款一点。扶贫是一项资金需求浩大的系统性工程，仅靠政府财政资金的力量远远不够，必须充分发挥政策性借款的作用。为此，宁洱县充分发挥银行政策性金融扶贫的主角作用，立足于开发式扶贫，坚持可持续原则，积极争取各类政策性金融借款，已到位13.44亿元。有赖银行巨额政策性借款支持，切实改善了全县农村基础设施，增强了发展后劲。

四是金融资本运作一点。充分发挥合作性金融、小微金融在扶贫工作中的"互助""灵活"优势，获建档立卡户专项扶贫贷款1.6亿元，增强了扶贫对象的自我发展能力。

五是帮扶单位支持一点。在宁洱共有98家省、市、县挂包单位，这些单位不仅深入一线脱贫工作，做好宣传落实扶贫政策、量身定做帮扶计划、精准到户落实帮扶措施等基础工作，还发挥各自优势，投入大量人力、物力、财力，共筹措帮扶资金0.2亿元，营造了各级各部门齐心协力脱贫攻坚的良好氛围。

六是群众自筹一点。采取"以奖代补""先建后补"等方式，发动群众在住房建设、产业建设等方面共自筹资金0.39亿元，充分调动群众参与脱贫的积极主动性，激发内生动力。

七是企业垫支一点。加强与参与脱贫摘帽重点项目的企业沟通、协商，引导企业主动承担社会扶贫责任。按照项目建设企业先行垫支，并按工程进度验收拨付的方式，争取企业垫付资金参与脱贫摘帽。如鼓励企业投资较大规模的道路、饮水、卫生室、文体活动场所等基础设施建设项目，企业共垫资0.5亿元，加快了各项基础设施项目建设进度，尽快改善了贫困群众生产生活条件。

八是保险分担一点。实施倾斜性农业保险保费补贴政策，引导贫困户踊跃投保，减少农业灾害损失。按照《普洱市政策性咖啡价格保险试点方案》，2016年和2017年全县完成咖啡价格保险1.5万亩，每亩咖啡地（园）保险费220元，两年保额达662.92万元，给予建档立卡咖啡种植户补贴90%，给予咖啡种植企业、合作社和种植大户补贴70%；加大烟叶保险覆盖面，全县烟叶投保面积达1.8万亩，按照烟草公司补助35元/亩、农户10元/亩、县财政5元/亩的标准，两年保额达184万元；2017年全县完成橡胶价格保险6173亩，每亩橡胶地（园）保险费48.6

元，保额达 30 万元。通过实施农业保险保费补贴政策，增强了投保人应对市场价格波动风险和抵抗自然灾害风险的能力。

九是社会捐赠一点。健全完善社会帮扶体系，引导社会力量在贫困地区开展爱心帮扶，扎实推进"扶真贫、真扶贫、献爱心"活动，获得东西部协作扶持资金 1.12 亿元，其他省内外社会帮扶资金 0.62 亿元，形成了全社会关注扶贫、重视扶贫、参与扶贫的浓厚氛围。

二、"五清一库"破解执行难题

在宁洱多次去贫困户家调研，刚开始，我常常对一件事感到惊讶，即问贫困户收入情况、产业发展情况，他们常常说不清楚，甚至一问三不知，而陪同的扶贫工作队长，或村小组的负责人等却如数家珍，说起来头头是道。我在想，幸亏村干部知道，否则大家都稀里糊涂，怎么有的放矢地帮扶？扶贫任务如何完成呢？曾经与扶贫干部聊起完成脱贫任务最大的困难是什么，很多人认为是时间太紧了，如期完成扶贫任务，迫切需要精准的时间表和路线图。

2016 年，宁洱宣告打响脱贫攻坚决战，2017 年年底要实现脱贫预期目标，时间确实紧，发展产业、养猪、养鸡，甚至种植烤烟及各种水果都需要提前布局，没有精细化、彻底的数字统计工作，以及制作简便易行的便携式记忆卡，确保各级了解贫困户基本情况、具体要完成的任务等信息，真正做到了解情况五级清，精准扶贫将是不可能完成的任务。宁洱县制作的便携式记忆卡是确保扶贫成效"五级清"的基础工作。此外"五清一库"制度，使各级领导抓脱贫有抓手，压实责任有方向，党建扶贫有重点，精准施策落实到位。

便携式记忆卡是宁洱县一项创新举措。县、乡（镇）、村、户及行业部门在脱贫攻坚中，使用便携式记忆卡，逐级开展"县清、乡（镇）清、村清、户户清、行业清"的"五清"行动，逐一盘点脱贫攻坚工作成效、查找存在的困难和问题，精准制定了村级项目施工图和乡级项目路线图，建好县级项目库，为坚决打赢精准脱贫攻坚战奠定了坚实基础。

宁洱县脱贫攻坚便携式记忆卡来之不易。宁洱县按照实现"一个目标"即"两不愁三保障"，达到"两个水平"①，实现"六个精准"，以及"五个一批"方式及脱贫攻坚"三落实"的总要求，紧紧围绕基本情况、贫困状况、基本公共服务、健康扶贫、教育扶贫、产业扶贫、民房保障、生态补偿、社会兜底、党建扶贫双推进10个方面，以村级为基数，乡（镇）、县级逐级汇总，将2016年以来各项数据变化情况纳入表格，通过前后数据对比，形成宁洱县脱贫攻坚便携式记忆卡。有此卡助力，保障了宁洱驻村工作队、村干部、"两代表一委员"②、挂包部门对本村情况清，乡（镇）党政班子成员及挂包处级领导对本乡（镇）情况清，县处级领导及县人大代表、县政协委员对全县情况清。

宁洱县还推出了行业便携式记忆卡，确保行业清。15个主要指标行业部门（教育、卫生、住建、农科、林业、民政、残联等），紧紧围绕贫困县退出需完成的各项指标，将各行业基本情况、落实政策情况、指标完成情况和今后发展情况等方面数据制作成行业便携式记忆卡，并不断细化各项数据内容，通过对比数据变化，切实保障各相关职能部门做到行业扶贫清。

宁洱县建档立卡户便携式记忆卡用于确保户户清。宁洱县按照认真落实脱贫措施户户清行动要求，将贫困户家庭情况、生产生活状况、健

---

① "两个水平"是指农村常住居民可支配收入水平和农村基本公共服务水平，这两个水平都要高于全国平均水平。
② 两代表一委员是指县、乡（镇）两级人大代表和政协委员。

康扶贫、就业扶贫、教育扶贫、民房改造、易地搬迁、金融扶贫、养老保障、低保、五保、残疾、收入产出和产业发展情况，统一制作成宁洱县建档立卡户便携式记忆卡，进一步压实基层帮扶干部责任。他们反复进村入户认真对照，并重点围绕低保户、五保户、危房户、重病户、残疾户、无劳力户6种人员进行多重分析，在一户一策上下足功夫，确保帮扶责任人和建档立卡户对贫困户家底清、致贫原因清、帮扶措施清、投入产出清、帮扶责任清、脱贫时序清。

脱贫攻坚项目库致力于尽快实现从"资金等项目"到"项目等资金"的转变。宁洱县按照"精准扶贫、精准脱贫"的基本方略和"目标、任务、资金、权责"四到县原则，采取自上而下和自下而上相结合的方式，县建立"项目库"，乡（镇）确定"路线图"，村制定"施工图"，户明白"作业点"，进一步巩固提升脱贫成果，打牢脱贫致富基础。

第一，"三步走"制定村级"施工图"。第一步，成立工作组、拟定项目清单。各村结合实际，成立脱贫攻坚项目库建设工作组，针对建档立卡贫困户和贫困村召开项目规划分析会议，拟定到村到户项目清单。第二步，小组讨论表决。根据拟定项目清单情况，召开由工作组、党员、户代表参加的小组大会进行讨论表决。第三步，村级议定。召开村民代表大会对各村民小组讨论表决的项目清单进行议定。村级汇总公示无异议后上报乡（镇）审核。

第二，统筹确定乡（镇）路线图。乡（镇）将各村的项目需求进行汇总，加上乡（镇）区域内的项目需求，形成乡（镇）项目清单，提交乡（镇）扶贫开发领导小组会议审核，公示无异议后上报县级部门复审。

第三，汇总形成县级项目库。各部门开展复审工作，县扶贫开发领导小组将各乡（镇）的项目需求进行汇总，加上区域内的需求项目，提交扶贫开发领导小组会议审定。对项目实行动态管理，有进有出，适时更新，成熟一批入库一批，并及时录入省精准扶贫大数据管理平台。

三、"四好精神"解决交通问题

宁洱这片土地四季如春、物产丰富，有上树鸡（即土鸡，因当地土鸡总是飞到树上而得名）、小黄牛肉及各种菌菇，蔬菜种类也很多，还有多种鲜花可入菜，又是世界闻名的茶乡。这里贫困的最主要的根源是什么呢？问起当地老百姓，他们告诉我，主要因为交通不便，运输困难，东西再好也难以运输出去。连绵大山组成重重叠叠的山之门，阻碍了交通、物流，阻挡了宁洱人世世代代摆脱贫困的梦想。修筑通往每个村寨的公路，是精准扶贫攻坚战的伟大壮举。道路修好后，接下来的问题就是如何把道路维护好，让致富路能够四通八达、畅行无阻。

宁洱当地干部告诉我，近年来，宁洱贯彻落实习近平总书记"建好、管好、护好、运营好"农村公路的指示精神，建设"四好"公路。主要措施从注重连通向提升质量及安全水平转变，从以建设为主向建管养运、协调发展转变，让纵横交错的交通运输网络成为群众奔向小康的快速通道。

建好路主要是通过以奖代补，全面提升建设标准。宁洱县将农村公路建设作为打赢脱贫攻坚战和实施乡村振兴战略的"先手棋"，充分整合乡村公路项目、美丽宜居乡村项目、财政"一事一议"奖补项目资金，并通过融资筹措资金，积极打通"毛细血管"，激活"末梢神经"。鼓励乡（镇）政府、村委会、村民自建委员会根据需要，按照县交通运输部门的技术规范先行组织建设农村道路，建设完工后经相关部门验收合格，再由县财政实行奖励补助，如对村组道路、组内主道路，每千米奖补45万元，串户路每千米奖补15万元等。

为确保道路工程质量，宁洱强化项目监督管理，建立了地方政府、工程监理、交通部门、村民自建监督委员会四级质量监控体系。作为施工质量监管的独立一方，村民自建监督委员会拥有一票否决权，未经村民自建监督委员会初验合格，一律不予拨付补助资金。同时，严格实行项目法人制、招投标制、合同管理制和工程监理制，使用财政补助资金的农村公路建设项目都严格实行"七公开"制度。采取"民办公助、以奖代补、先建后补"政策，既保障了公路质量，又降低了修路成本，彻底改变了农村公路"晴通雨阻"和"晴天一身灰、雨天一身泥"的局面。

2013 年以来，全县共投入 15.16 亿元资金，实施村组公路硬化 151 条 723 千米，组内道路硬化 588 条 955 千米。全县境内公路通车里程达 4 088 千米，公路密度达 111.23 千米/百平方千米，每万人拥有公路 213.5 千米，9 个乡（镇）和 85 个建制村 100% 通硬化路，村组道路硬化率超过 90.67%。

管好路就是要落实权责一致，全面提升管理水平。为了"让公路更安全、群众出行更放心"，宁洱明确县、乡、村分别作为县道、乡道、村道的管理责任主体，构建了"县级路政管理员、乡级专职交管员、村级交通协管员、组级公路管理员"四位一体的管理体系，由县交通运输局统筹管理。各乡（镇）设立了村镇规划建设服务中心，设置至少 1 名公路专职管理人员，85 个村各设置 1 名交通协管员，并结合脱贫攻坚工作，优先从具备条件的建档立卡贫困户家庭成员中选聘了 81 名村组公路管理员，全面落实农村道路交通主体责任和安全监管责任。

宁洱县按照依法治路的总要求，加大农村公路超限超载车辆的治理力度，全面清理路域范围内的草堆、垃圾堆和非公路标识，划定农村公路土地和控制区，大力整治农村公路路域环境。同时，实施好乡村公路安全生命防护工程，重点对临崖邻水、急弯陡坡、视距不良、连续弯道等问题进行综合处置，在交通事故多发地段装上安全标识，最大限度消除了交通安全隐患，提高了通行速度、运行质量和效率。

护好路就是要坚持有路必养，全面提升养护质量。公路基础在建，关键在养。为了巩固建设成果，宁洱建立健全了"县为主体、行业指导、部门协作、社会参与"的养护工作机制，实现了公路养护的规范化、常态化、社会化。第一，推进规范化养护。县、乡、村三级明确管理养护工作目标、签订管养工作目标责任书、实施第三方专项检测、科学编制年度养护计划、合理安排养护工程、实行工程综合验收。同时，加强农村公路日常性养护，在汛期前等重要时间节点进行重点排查养护，有效保障农村公路路况质量水平。目前，全县农村公路管养里程已达 910 千米。第二，落实常态化投入。全面建立以公共财政投入为主的农村公路养护资金保障机制，将农村公路管理机构运行经费、人员基本支出以及建设养护资金纳入同级财政预算，在省级财政每年补助养护资金 440 万元的基础上，县财政每年配套养护资金 220 万元，保障了农村公路管养工作常态化、规范化。第三，推进市场化改革。宁洱县作为普洱市第一家进入农村公路市场化管养分离的县，于 2007 年实行了农村公路养护体制改革，采取政府购买服务的方式，县道由宁洱陆通公路工程养护有限公司、普洱康发水利水电建筑有限公司进行市场化和竞争性养护；对农村公路小修保养则推行群众性养护模式，采用定额管理、计量支付等方式，择优委托承包人实施；涉及日常保洁、绿化等非专业项目，则鼓励采取分段承包、定额包干等办法，吸收沿线群众参与。同时，建立爱路护路的村规民约，形成自己的路自己走、自己的路自己养的主人翁意识。

运营好就是要保证路通车通、全面提升营运能力。为着力提高农村客运服务水平，宁洱县形成了以县城为中心、以乡（镇）为站点、以行政村为支线、覆盖各村民小组的"路通车通、物畅其流、安全便捷"的农村客运网络。加快整合城乡客运资源，引导农村客运班线采取区域经营、循环运行、设置临时发车点等灵活方式运营；支持乡村旅游发展，开通磨黑古镇、那柯里等乡村旅游客运线路，积极拓展"运游一体"服务；逐步统一和落实公交化运行的农村客运与城市公共交通在税费、补贴等方面的政策，实现服务标准和政策保障的有效衔接；统筹规划建设农村客运站场设施，推进农村客运站牌与农村公路同步规划、同步设计、同步建设、同步交付使用，确保"路通车通"。同时，完善县、乡、村三级农村物流服务体系，充分发挥农村客运场站、车辆在服务农村物流、小件快运和农村邮政等方面的组合效应，推广定时、定点、定线的农村物流"货运班线"模式，开展县至乡（镇）、沿途村组的双向货物运输配送服务，推进城乡交通运输"路、站、运、邮"协调发展，提高了农村物资运输的时效性和便捷性。目前，全县9个乡（镇）都建有农村客运站，有农村客运班线35条、农村客运车辆129辆，全县行政村客车通达率达100%，农民群众实现了"出家门、上车门、进城门"的愿望。

脱贫攻坚，交通先行。今天在宁洱，可见柏油路通往每一个村子，村村内部都修了硬化路，有个村民小组住在大山深处，只有两户人家，路还是修到了他们的家门口。党校的胡光有副校长讲，从前年轻姑娘进城必须带两套衣服备用，因山路难走，晴天一身土，雨天一身泥。有个嫁到山里的小媳妇，去县城走亲戚，打扮好出门，走了大半天，好不容易走到了县城，小媳妇却说要回家，亲戚家不想去了。一问为什么，原来小媳妇爱漂亮，浑身是土，不好意思见人了。

农村"四好"公路的打造，彻底解决了老百姓"行路难"问题，改善了老百姓的生产、生活、生存环境。今天"四好"公路已成为百姓的致富之路、希望之路。驱车行驶在山林之间，一幅"车在路上走，人在画中行"的美丽画卷正在徐徐展开，俯瞰美丽的宁洱大地，一条条公路盘旋在莽莽苍苍的群山之间，仿佛缠绕在山间河谷的白色巨龙，承载着宁洱广大人民群众创造更加美好生活的梦想。

图 24　曾经艰难的交通隔绝了走向富裕的道路

第五章　创造性贯彻落实

2018 年 12 月 15 日，中央政治局会议强调要"创造性贯彻落实党中央方针政策和工作部署"。"创造性贯彻落实"出现在高层会议的通稿中，与以往我们耳熟能详的"严格贯彻落实""坚决贯彻落实""不折不扣贯彻落实"不同，此次对贯彻落实提出了"创造性的要求"，引发了许多关注。

创造性贯彻落实要求领导干部落实中央决策部署必须深入调查研究、结合实际、有的放矢，避免生搬硬套，以免政策效应大打折扣。坚决杜绝形式主义、"一刀切"，要站在以人民为中心的立场思考问题，创新方式方法，确保党的方针政策落实到位，为民造福。

马克思说："辩证法不崇拜任何东西，按其本质来说，它是批判的和革命的。""批判的和革命的"道出了创新的本质，熊彼特（美籍奥地利政治经济学家）自称受到了马克思的启发，创立了现代创新理论，提出创新的本质是"创造性毁灭"。所谓创造性毁灭就是，结合现有条件，充分发挥优势，释放发掘潜力，实现新的创造；毁灭落后的腐朽的阻碍力量，从而创新符合实际要求的新产品、运用新技术、开辟新市场、发现新原材料、提供新供给、建立新的组织形式。

熊彼特所说的创新还主要是经济学概念，21 世纪以来，创新的内涵不断扩大，已从单纯的经济学概念演变为含义宽广的社会概念，包括思想理论创新、科学技术创新、管理创新、经营创新、机制创新、制度创新、知识创新等，无论创新的领域如何扩展，创新的方法如何丰富，其中最关键的仍然是对创新本质的把握。创造性贯彻落实的新要求，也是对实际工作中搞形式主义、生搬硬套、敷衍塞责的鞭策和警醒。

几年前媒体报道过《半月谈》记者的一段见闻。他们曾经在一个偏远的村屯采访，这里背靠草木丰茂的大山，适合发展养殖。帮扶单位给屯里贫困群众每户送来 1 公 4 母"一窝羊"。正常情况下，每只母羊 2 年后能生几只羊羔，养殖规模会逐渐扩大。过了一段时间，帮扶单位回访时，发现不少羊被吃掉了。类似的给贫困户送猪、送鸡、送鸭，结果被吃掉的报道，通过各种渠道传到人们耳中，听到的人往往会长叹道，救急不救穷，国家的想法是好的，但是钱投到穷人那里，没有效益的，甚至质疑精准扶贫会不会有结果。

宁洱当地领导谈起扶贫模式问题，他们总会自豪地讲起，他们的方式是"311"产业扶持模式，这是宁洱人颇为自豪的创新举措。

一、授人以渔的"311"模式

在村里如果看到谁家的房子气派，谁家的日子必定过得好，问起致富原因，多半是家里干了什么副业。"无产业不富"，是人人都知道的简单道理，但是这又是怎么做到的呢？如何让广大农民，特别是农村贫困人口也可以获得产业支撑，实现持续稳定的脱贫增收呢？破解这一难题是巩固脱贫成果的关键之举。

历史上宁洱县主要靠天吃饭，全县产业不多，大都陷于小、散、弱状况，企业原材料供应不足、市场竞争力不强，产品很难变成商品。为推进致富产业发展，宁洱县坚持思路创新、积极探索，结合自身资源禀赋和特色产业优势，创新实施了"311"产业扶持措施，致力于从源头上解决贫困问题。通过建立贫困户、农民专业合作社和龙头企业之间的利益联结和共享机制，让贫困人口共享产业融合发展的增值收益，实现共享发展、持续增收、脱贫致富。

"311"模式探索

2016 年，按照习近平总书记的要求，"要改进工作方式方法，改变简单给钱、给物、给牛羊的做法"，宁洱县开始采取"党组织＋龙头企业＋专业合作社＋农户"的方式，实施"311"产业扶持措施，即对带动建档立卡贫困户发展产业脱贫的龙头企业，按带动人口人均 3 000 元标准，给予企业资金扶持；对组织贫困农户发展产业的专业合作社，按带动脱贫人口人均 1 000 元予以补助；对产业脱贫的农户则给予人均 1 000 元实物补助。政府扶持企业的资金一部分用来为贫困户提供种苗、物资和技术指导，一部分用来开拓市场；补助专业合作社的资金主要用于支持专业合作社推广实用技术、开展技术培训、搞活市场营销等；对脱贫户的实物补助，主要采取农户缺什么补什么的方式来开展，以看得

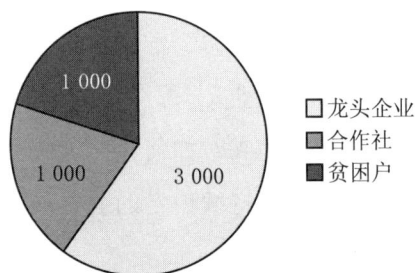

图 25 "311"模式示意图（单位：元）

见、摸得着的实物奖励来激励农民脱贫致富的积极性。

2017年，宁洱进一步优化"311"产业扶持措施，调整"党组织＋龙头企业（能人大户）＋专业合作社＋贫困户"的利益分配方式，将原扶持企业的3 000元转变为贫困人口的资产收益金，入股龙头企业（能人大户）或专业合作社，按年不低于资产收益金的12%进行分红，以资产收益扶贫；把原扶持专业合作社的人均1 000元转变为按户均1 000元，补助专业合作社作为综合管理费使用；把原脱贫人口人均1 000元的实物补助转变为后续产业发展基金入股。鼓励贫困户以土地或林地流转入股，开创了"资源变资产、资产变资本、资本变资金、资金变股金、农民变股民"的多元化增收之路。

"311"模式的成效与经验

"311"模式从2016年开始到2018年走过了三年的实践之路。这一产业扶持模式致力于促进"输血式"扶贫向"造血式"扶贫转变，创新了扶贫资金的投放方式，具有一举三得之效。其一，较好地发挥了财政资金的杠杆作用，有利企业扩大再生产；其二，支持专业合作社发挥农户与市场之间的连接作用，有效地帮助农户对接市场；其三，激发了群众脱贫致富内生动力，从而达成扶强企业、壮大产业、激活市场、促进增收的效果。产生这些成效的原因主要有以下三个方面。

第一，建立了新型经营主体之间利益连接机制。"党组织＋龙头企业（能人大户）＋专业合作社＋贫困户"的连接模式，主要特征是发挥党组织的引领作用，保证经营方向，协调各方利益，促进多方利益主体有效合作，构建信任连接、利益连接、发展连接。此外，充分发挥"龙头企业"开拓市场、引导生产、深化加工和配套服务的功能和作用，以市场的力量带动农户发展产业，使贫困户有机会直接参与市场活动，真正得到实惠。通过"专业合作社"来内联千家万户，外联龙头企业，可以引导、带动、辐射农业产业化发展，从而建设一批有主导产品的产业基地。分段实施"311模式"成效显著，最大限度地提高了土地产出率和农产品商品转化率，有效地把农产品的生产与市场流通结合起来。以2016年为例，全县共有27家龙头企业和73个专业合作社参与产业脱贫，县财政投入产业发展资金4 635.36万元（其中兑现龙头企业扶持资金3 100万元、专业合作社扶持资金713.76万元、脱贫人口实物补助折资821.6万元），撬动企业扩大生产投入1.5亿元，带动建档立卡贫困户脱贫8 216人。2017年脱贫户稳定实现了人均可支配收入3 200元以上，部分脱贫户走上了致富路。

第二，丰富了对无劳动能力或弱劳动能力贫困户的精准扶持措施。随着脱贫攻坚的不断深入，贫困人口总数不断下降，因病、因残致贫的占比呈现上升趋势。对这部分贫困人口，区域发展、基础设施投入的边际减贫效果呈现减弱趋势，他们参与产业扶贫的效果也不太理想。资产收益扶贫不仅让无劳动能力或弱劳动能力的贫困人口分享财政支持、产业发展带来的红利，而且实行收益分配时优先保障其收益的措施，也确保了对深度贫困人口的有效精准扶持，弥补了脱贫攻坚的薄弱环节。

资产收益扶贫将财政投入形成的资产量化折股，配置给贫困户，实现了精准到户到人的目标，密切了产业发展和贫困群众的利益连接。当地群众除直接分享红利外，还可以土地入股形式获得地租，有劳动能力的可以就近通过产业项目务工获得劳务收入。以2017年为例，宁洱引导254户建档立卡户将自有资产投资入股农业经营主体，分红资金76.2万元，户均收益3 000元；县级财政共安排资产收益1 358万元，实现年分红162.96万元，共1 424户4 258人获得收益。

第三，夯实了长期稳定增收的特色优势产业。以"311"产业扶持措施助推"四个一"产业精准到户、"一乡一品牌、一村一特色"的产业布局，落实了"以短养长、长短结合"的思路和"提质增效、立体种养、错位发展"的模式。自脱贫攻坚以来，累计投入产业扶持资金 3.13 亿元，建设现代生态茶园 20.48 万亩、生态咖啡园立体种养 10.35 万亩，种植烤烟 3.69 万亩，冬农开发 11.5 万亩，年生猪出栏 29.8 万头、大牲畜出栏 4.1 万头、畜禽出栏 110 万余头（只、羽），培育新兴产业核桃 10.4 万亩、澳洲坚果 10.75 万亩，橡胶、晚熟杧果、甜棕、中药材等 9.39 万余亩，确保群众收入更加持续稳定。

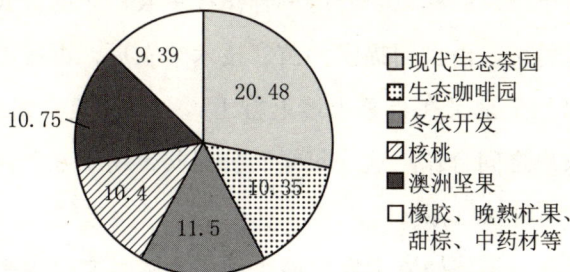

图 26　宁洱县部分产业扶贫投入金额（单位：万元）

二、绿润公司与"311"模式

宁洱县年平均气温 18.2 ℃，降水量 1 398 毫米，日照 1 920 小时，冬无严寒、夏无酷暑、四季如春，宁洱的气候条件很适合发展菌菇产业。全县耕地面积 30.04 万亩，热区土地面积 240 万亩，林地面积 431 万亩，森林覆盖率 77.37%，活立木蓄积量 2 464 万立方米。

2016 年，宁洱县脱贫攻坚决战开启。县委县政府积极招商，联系了 27 家企业参与"311"模式，包括绿润公司、漫崖咖啡等企业，致力于种植竹荪、木耳、荷兰豆、小雀辣、菜椒、西蓝花，并养鸡、养鸭、养猪，开展茶叶提质增效等。其中经营菌菇产业的绿润公司，成为实践"311"模式的先进典型。

说起绿润公司的成立，还要追溯到 2007 年春。那一年程承武与朋友到宁洱旅游，感觉这里的地理环境很适合发展蘑菇种植业，就想把家乡福建省宁德市古田镇非常兴盛的菌菇产业引入宁洱。同年 11 月，云南绿润食用菌有限公司在宁洱县宁洱镇新塘村挂牌成立，经过几年的发展，该公司已成为宁洱当地以食用菌种植、加工、销售为一体的龙头企业。2016 年，绿润公司积极参与"311"模式，投入 305 万，政府投入 207 万，率先在梅子镇民胜村以"公司+合作社+农户"的方式，带动建档立卡农户种植竹荪。由公司提供种苗、技术给农户，再按市场价回收产品，老百姓出租土地又在自家土地上打工，合作社负责组织管理农户，协调公司与农户之间合作。这一年绿润公司共带动了 6 个村 214 户建档立卡贫困户参与种植竹荪。

合作初年，由于建档立卡农户内生动力不强、文化水平不高、接受新技术有一定困难，影响了竹荪种植效果。绿润公司没有气馁，2017 年，绿润公司继续推进"311"模式，先后在梅子镇民胜村、宁洱镇硝井村、般海村、政合村，普义乡普治村建立了香菇基地，扩大了与贫困户合作的规模。

绿润公司总结摸索出一套激发贫困群众积极性的好办法：一是将公司种好的菌包按照户均 1 500 个左右的规模分到建档立卡户手中进行管理，公司负责技术指导和产品回收。不愿意承包管理的，就招聘到公司打工获得报酬。确实无劳力的，由政府安排产业资金入股公司，公司每年按不低于入股资金 5% 的资产受益金给予分红。

2017 年，绿润公司参与的"311"模式推进顺利，公司共为 5 个村、129 户建档立卡贫困户 442 人发放分红资金 175 000 元；以打工方式参与劳动的建档立卡贫困人口，收入也有了保障。[①]

民胜村平掌组建档立卡贫困人口毕仕鲁是个 42 岁的中年妇女，一天能喝 3 斤酒，常常睡得昏天黑地，做不了重活。刚开始到基地打工只能做一小时，后来两小时……渐渐拿到现钱的她尝到了甜头，二十多天后，彻底戒了酒，还把醉在家里的丈夫拖来一起做，一来二去，夫妻俩成为脱贫模范户。

硝井村 22 岁的小青年王小强对生活没有盼头，整天无所事事，日子得过且过，还常常喝酒打架。后来他担任了 4 户农户 4 万个菌包的小组长，除工资以外，每个月还有 100 元的管理费。他感到自己受到重视，激发了劳动积极性，一改往日习气，变得踏实上进，现已成为绿润公司很能干的管理人员。

2016 年初，因玉磨铁路从宁洱县穿过，绿润公司基地被征用。2017 年，公司搬迁到宁洱镇般海村。在县里的支持下，公司借搬迁之机，扩大了规模，新建了"绿润食用菌庄园"。庄园占地 400 亩，投资 3 715 万元（其中，上海金山区东西部扶贫资金投入 200 万元），现已建成办公室、员工宿舍、生产车间、菌种培育中心、冷库等生产、生活设施，共 8 000 多平方米，建成钢架大棚 450 多个，共 120 亩，还添置了大量的食用菌加工设备，年产菌棒达 300 万包。目前，在庄园务工人员日均 130 余人，其中，建档立卡贫困人口 32 名，月发放务工工资 17 万余元。

绿润公司计划未来发展食用菌深加工，扩大食用菌经营范围，延长产业链，继续以"公司＋合作社＋农户"的模式实现企业与 30 个合作社及相关农户的深度融合，建设 30 个以上示范基地，辐射全县各乡

---

① 程承武说，打工以小时计算，每小时支付 11 元现金。有些喜欢喝酒、体弱多病和好吃懒做的人，最初来干一个小时就领了钱走人，后来慢慢地会做到两个小时、三个小时、一天，甚至连续做十几天，最后有的人成为公司固定的务工人员。

（镇），带动 1 500 户农户 5 000 多人从事食用菌种植，预计菌农每年每户可增收 2 万元以上。

图 27　参加"311"模式的农户喜获丰收

三、打造特色文化村

如果你来到宁洱，问问当地人最有特色的风景在哪里，他们多半会提到那柯里。那柯里是古普洱府茶马古道上的一个重要驿站，是唱响中央电视台的《马帮情歌》的诞生地，位于宁洱县南部，与思茅区接壤，国道 213 线、磨思二级公路、磨思高速公路穿境而过，距离普洱主城区 24 千米，宁洱县城 22 千米，是宁洱县境内保存较为完好的古驿站之一。今天的那柯里为宁洱县同心镇的一个村民小组，现有农户 476 户，共 1 649 人，村内生活着哈尼、彝、傣、白、汉等多个民族。两条小河盘旋相汇于此，依山傍水，生态环境良好，保存有较为完好的茶马古道遗址、百年荣发老店、当年马帮用的马饮水石槽等历史遗迹。那柯里虽历经时间的风霜，今天来到这里依然可以感受到悠久的茶马古道文化、独特的马帮文化、深厚的茶文化的传承和魅力。

那柯里巨变之始

那柯里，原名"马哭里"。相传无论从磨黑孔雀坪下来走夷方，还是从思茅上来，经官府大道入京的马帮，都须在那柯里"荣发马店"歇脚过夜。进出"荣发马店"的马帮须涉水蹚过马店前的一条小河，劳累或睡眼惺忪的马儿面对清凉的河水，往往会流下伤心的泪，因而得名"马哭里"。可见当年的茶马古道曾书写的不是浪漫之旅，而是艰辛的历程。传说有一位视马儿为生命的马锅头几次上书官府，官府遂了马锅头的心愿，修建了一座长 20 余米、规格为五格的"风雨桥"，从此，"马哭里"更名为"那柯里"。今天当地人已经不愿提起"马哭里"这个有点悲伤的地名了。你问他们这里地名的含义，他们多半会告诉你，"那柯里"为傣语发音，"那"为田，"柯"为桥，"里"为好，"那柯里"的意思就是桥旁的好田地，意为这个村庄小桥流水、沃土肥田，是理想的人居之地。

村里发展旅游业的契机是 2008 年 11 月 18 日，时任国家副主席的习近平来到那柯里，此行的直接目的是看望慰问宁洱"6·3"地震灾民。习近平主席和当地干部群众交谈时提道："我相信，有了党的好政策和你们自己的努力，你们的生活会越来越好，希望你们抓住茶马古道这条线，把握机遇，把握未来，发展旅游业！"我去那柯里时，当地人兴奋地把我带到当年习近平主席来过的农家小院。小院在荣发马店，院里挂着当年习近平主席落座在石榴树旁，与村民代表围桌交谈的照片，并留下民族团结要像石榴籽一样的佳话。此后，那柯里开始发掘村中遗存的

87

茶马古道历史古迹，着力发展乡村旅游的规划与行动，这里也变得越来越美好，被赞誉为"一个可以让人记得住乡愁的地方"。

今天，当你来到这个小院听村民讲那年的故事，当你站在风雨桥上回望历史的云烟，细细品味可以让心安静下来的山村风情，会不会追问，那柯里让人记得住的乡愁味道是什么？那柯里循着什么思路变成今天的模样？它的特色在哪里？未来又会发生怎样的变化呢？

那柯里的特色

其一，规划先行，把美丽乡村建设与脱贫攻坚结合起来。基础设施建设需要大量资金，怎么解决呢？宁洱的做法首先是借助政府多个项目基金，包括新农村建设、美丽乡村建设、传统村落项目、四位一体项目、风情谷一期二期项目、上海市金山区援建项目、少数民族特色旅游村寨建设项目、脱贫摘帽基础设施建设项目和旅游产业发展项目等，总资金数额共计8500多万元。其次是尽量节约使用资金，采用整合恢复重建的方式，整合原有旅游资源，对可以修缮的建筑，以恢复为主，对必须重建的部分按原貌重建。总体上对那柯里村庄全貌、茶马驿站等多处遗迹和景点，进行提升式打造。

在2007年"6·3"地震恢复重建项目中，宁洱秉承规划先行、统筹建设的原则，从村庄规划入手，采取"统一规划，分户自建"的重建模式，在充分尊重群众意愿，发挥群众主体作用的基础上，按照"坡屋面、灰色瓦"等当地民族民居风格对村民住宅进行品质提升、恢复重建，打造那柯里村"茶马驿站"特色杆栏（又名美人靠）式建筑风情民居46间，完成门窗改造43户。重建后，那柯里恢复了独具民族特色的房屋建筑形式，此外还增强民居的庭院特色，集中力量实施了道路硬化、亮化、美化等民心工程，进一步提升了那柯里整体村庄风貌，改善了村民生产生活条件，并不断完善那柯里的公共服务能力，逐步把那柯里建成了"宜居宜游"的美丽乡村。

为重现当年那柯里茶马驿站兴盛繁荣的景致，恢复完成了那柯里至思茅区坡脚 4.4 千米的茶马古道，修缮了实心树连心桥，建成驿站广场、马鞍人行桥、马鞍风雨桥、马鞍吊桥、水动助力水车和碾子房、马掌铺、马跳崖、同心亭、寨门、游客入村栈道等沿河风景，打造了 17 个人文景观旅游景点。

一个一个项目做下来以后，那柯里由一个破旧的村庄变成道路宽敞整洁、屋舍古朴和谐，小桥流水、鸟语花香，游客流连忘返，国内外越来越有名气的特色山村。

其二，突出文化特色，打造富有地方特色的文化村。在依托当地优势，寻求发展机遇的脱贫攻坚战斗中，那柯里的历史文化优势，成为当地人摆脱贫困、争取发展机遇的必然选项。

那柯里的文化味道来自弘扬传统文化。打造那柯里主要依托茶马古道做文章，发掘这里具有深厚历史底蕴的普洱茶文化、茶马古道文化和马帮文化。马帮文化也是这里最具特色，也最不为外人熟知的特色文化。旅游的魅力不仅来自风景，还需要有"味道"。那柯里策划的味道有"趣味""果味""美味""土味""茶味""野味""寨味""节味"八种味道、八大产品类型。

那柯里着力将当地自然资源与文化资源充分应用到旅游产业之中，打造出独具本地特色的旅游产品。历史上流传下来的那柯里《马帮情歌》，更多地被人传唱，被赞誉为"云南省第二首《小河流淌》"。此外，还有新推出的歌曲《普洱之恋》《普洱魂》《起点》《爱如普洱》和《天下普洱》等富有地方特色的音乐作品。

那柯里的文化魅力少不了特色文化体验。那柯里有不少富有地方风格的民族文化体验馆。有松多乐驿站、瓦渣兄弟哈尼土陶体验馆和高老庄普洱茶制作手工技艺体验中心等，让来往游客可以有机会体验感受当地原汁原味的马帮文化、哈尼族土陶制作工艺、传统茶叶制作技艺等少数民族传统特色文化。

那柯里的文化风情借力少数民族文化。那柯里是一个主要有哈尼族、彝族等民族杂居的村落，哈尼族、彝族等风俗民情一直传承至今。每年矻扎扎节、火把节等民族传统节日，村民们都会穿上民族服饰聚集在寨门前，跳起欢快的民族舞蹈，并向来访的客人捧上自己亲手制作的大碗茶。

那柯里的多彩文化嫁接新潮文化。它筑巢引凤，引文化人下乡。2012 年，普洱艺术村在那柯里开工建设。这个艺术村是由当地出身、全国知名的音乐制作人陈越投资建设的，整个建筑包括一个主楼，还有一个院子。主楼设有录音棚、艺术品展览、书画室、星光音乐厅等。我去那柯里时，看到院门关着，不知内部有何光景，听说主人有时会回来，想必是希望这里可以成为艺术展览、名人聚会、文艺创作、学术研讨的交流活动空间吧。

那柯里的风景也吸引了前来采风的大学生们。普洱市委决定用当地特有的绝版木刻艺术提升那柯里文化品质，以普洱茶马文化为基础、以茶马古道历史文化为元素，发展和丰富普洱"绝版木刻"① 品牌形象的文化内涵。2015 年 12 月 25 日，在宁洱县同心镇那柯里特色小镇挂牌成立了"普洱学院·那柯里绝版木刻教学学生创业创新教学实践基地"。

---

① 20 世纪 80 年代，绝版木刻发源于云南普洱，历经 30 余年发展，现已成为中国四大版画流派之一。绝版木刻是一种套色木刻，在同一块板上完成几次套色。先刻最大面积的淡色版，印出来后再在这块板上刻次深的色版，套印后再在原板上继续刻作，继续套印就成了三套色的木刻作品。这种方法的优点是省板，缺点是作品完成后原版已毁，就成了绝版作品。

2016年，"刘海粟写生创作普洱培训基地"也落户此地。那柯里的风韵美丽也更多地以绝版木刻、绘画等艺术形式展现出来。

图28　普洱学院·那柯里绝版木刻教学学生创业创新教学实践基地

那柯里的和谐文化传承民族团结精神。那柯里人很会讲故事。在那柯里，每一个景点的背后都蕴藏着一个或凄美，或浪漫，或励志的故事，每一个人文景观无不在向来访的客人诉说着那柯里茶马驿站曾经的繁华与热闹。那柯里有一座桥称作连心桥，桥上的铁锁挂满了一串串同心锁。那柯里有一种结锁成婚的习俗，村里热恋中的男女，相信只要在一个充满灵气的地方结一把刻有双方姓名的同心锁，就能心心相印，相爱到老。

相传连心桥连接的是桥两端隔溪相望的两棵千年古榕树相守相望的心。相传这两棵树是一对夫妻树，因母榕树逝去，对岸的公榕树悲伤欲绝，很快也枝枯叶黄、奄奄一息，后一名道士路过那柯里，在母榕树遗址上用泥塑了一棵古榕树，又在树杈上吊了一个心形石，再在河面上架了一座连心桥，在心形石上书写"石心树连心桥"的字样，然后焚香祈福，让公榕树重获生机，繁衍至今。

"连心桥上同心锁，石心树上连理枝。"类似连心锁象征忠贞爱情的传说和景点，全国各地数不胜数，但在那柯里却有着特别的意义，这个多民族聚居的村落，少数民族之间通婚率达100%，有的家庭甚至由3个不同民族组成。同在一片屋檐下，家庭间的亲情就是民族团结的诠释，家人间的相互理解包容也是民族融合的象征。亲情让民族团结的基础更加牢固，让民族团结的美德世代相传。这也是云南各民族大团结的重要原因之一吧。

其三，产业富民，大力发展文化旅游产业。那柯里秉承绿色理念，"生态立村，绿色发展"。充分利用依山傍水的特色资源，将清新的自然风光和人文历史文化结合，紧紧围绕"吃、住、行、游、购、娱"旅游六要素，把民居建筑、民宿客栈、人文景点、风味小吃等与"山、水、林、田"融为一体，打造出"小桥流水人家"的田园式旅游村庄。

那柯里打造农业观光体验，充分展示那柯里特色旅游文化的魅力。主要活动有，举办"亲近自然、感悟山水""亲近田园、感悟民俗""亲近马帮、感悟文化"为主题的乡村文化旅游节；利用农家庭院，以"吃农家饭、住农家屋、干农家活、享农家乐"为内容，请游客参加农家活动，感受民俗风情、体验乡村文化；如果游客停留时间长，可以参加体验乡村农事、品尝乡村风味美食、参观农业和手工作坊等乡村民俗文化游活动。游客来了，农产品的销路也来了。旅游产业成为那柯里主要致富渠道。

那柯里结合脱贫攻坚进行乡村整体改造提升，打造了一个特色文化村，成为带动农民致富的重要平台。宁洱很注重提炼那柯里建设的典型经验，提出了那柯里脱贫攻坚模式，即"结合＋整合＋提升＝品牌"。

那柯里特色文化村建设，改善了村容村貌，彰显了乡村旅游文化魅力，带动了各项产业发展，提高了群众生活质量，闯出了一条发展乡村旅游促进群众脱贫致富的成功路子。

去那柯里与我们同行的当地县委党校张文彬老师，穿着出自那柯里小店的民族风格手绣旗袍，样式、颜色都很美。她说她最喜欢这里，经常会来逛逛。我问她："那柯里与其他美丽乡村建设最大的不同是什么？"她沉吟了一下，慢慢道来："那柯里位于茶马古道上，就是这里最大的优势。那柯里就在茶马古道途中，茶马古道穿寨而过，这里曾经是茶马古道上的一个重要驿站，今天整个寨子依然有浓厚的茶马驿站的韵味，拥有传承百年的荣发老马店，也就是当年马帮中途休息的食宿店。这里还能吃到地道的马帮菜，此外还有历经风霜洗礼的百年风雨桥。"

那柯里的特色风情，吸引很多海内外游客，有的来过后，念念不忘，多次往返，还有的来过后，就选择扎根生活在这里。那柯里有家晓明茶店，女店主卜晓明来自黑龙江省牡丹江市，2015年，晓明一人一狗一车第一次到云南，2016年至2019年多次云游那柯里，2019年开始定居在那柯里。她以热情的笑脸、陪伴在侧的叫妞妞的松狮犬、新鲜的水果、招待远方游客的纯正普洱茶，让她的小店成为那柯里让人难忘的一景。晓明说，她被那柯里纯纯的、原汁原味的、土土的味道征服，她决定要一直生活在这里。晓明发给我一段富有诗意的文字："我喜欢那柯里的山，我喜欢那柯里的水，我喜欢那柯里的人，因为他们淳朴，他们善良，他们的笑容是我一生都在寻找的、渴望的，还不一定能得到的；我也喜欢那柯里的石板路，因为它无时不在提醒着人们，马帮曾从这里高调地行走过；我喜欢那柯里的青苔，因为摸到闻到它的时候，马帮的铃铛会在耳边响起；我喜欢那柯里天空自由自在飞翔的鸟，看着它们飞翔在碧蓝的天空，我也仿佛长出了鸟的翅膀，随时随地感受路过的

图 29　那柯里民宿

风……"

今天的那柯里店铺林立，有旅店、饭店、商铺、手工艺品店、茶庄等。以餐饮业为例，"农家乐"由 2007 年前的 3 家发展到如今的 26 家，此外还有特色舂粑粑店、小吃店、烧烤店等。现在年均接待游客 60 余万人次，农民人均可支配收入达 12 000 元。

那柯里的未来

那柯里未来将如何发展呢？宁洱县规划将在这里建设特色小镇，范围 2.37 平方千米，计划总投资 13.5 亿元，覆盖 10 个村民小组，可实现上万人在此就业创业，预计年可接待游客 80 万人次以上，辐射带动周边群众发展壮大旅游服务业、餐饮业、特色种养殖业等产业。

那柯里是新农村建设中以现代理念恢复传统文化村落的典范，它的古风古韵一定会吸引更多的游客流连忘返。这里没有搞大拆大建，而是整旧如旧，在充分保留原有建筑风格的基础上，加以修缮恢复，无法复原的部分才进行重建，如新修了磨坊、重建了一些建筑。如此既节省了经费，也使那柯里更加具有古风古韵，让人流连忘返，久久难忘。此外今天的那柯里还可看到不少体验项目，如做陶器、制茶、画画等，让人惊讶小村落也玩起了城里这几年时兴的体验活动。问起创意来源，原来是上海市金山区与宁洱结对帮扶，不但直接投资，还出谋划策，可谓资金支援，理念支援，果然效果不凡。

　　在那柯里，如果你想和村民讨论一下这里的变化，他们多数会从习近平主席来这里讲起。事实上那柯里的变化，确实是从 2008 年开始的。去宁洱的很多村子，村民常常会主动夸赞他们的带头人，据说每逢村里有重要的事，村书记都会约上村里很受大家尊敬的人一同商量，众人商定后，再向村民宣布，大家都很拥护，很少会有异议。这种民风乡情在精准脱贫的推进落实中，发挥了高效的执行力。这其中，蕴含着怎样的社会意识？是经济发展缓慢，才得以保存久远的古风传承吗？不少人因为太爱那柯里不免担心，这里摆脱贫困后是否也会发生个体自我意识高涨，乡规民情也随之改变，所谓市场意识浓厚了，淳朴的乡情却淡了的情况呢？

第六章　绿水青山就是金山银山

　　宁洱县勐先乡和平村东洒组立有一处护林约禁碑，碑立于清乾隆六十年（1795年），碑高0.9米、宽0.3米、厚0.3米，红砂石材质，碑文为繁体字，右起横刻"永远遵守"四个大字，右起直刻"为公禁、箐养树木，以厚水源，灌荫田亩事，凡东洒人户，共同约禁。各宜遵守，毋许越界砍伐树木，若有违禁不遵者，罚银三两，祭神公费，箐中育树，前止秧田，后至山梁止；箐右育树，前至神庙，后至山冈止；箐左育树，齐界石内止　乾隆六十年二月初一日"。以立碑形式记载"护林公约"保护森林，还是第一次见到，此碑是宁洱县目前发现的第一块护林约禁碑，也成为宁洱县各族人民护林爱林的重要历史物证，列为县级文物保护单位。

　　当地村领导指着石碑四周的林地介绍，历史上这里林木茂盛，后来因为粮食不够吃，毁林开荒，大片植被遭破坏，以致接连发生泥石流滑坡。后来，实行退耕还林，山重新绿了，环境越来越好，生活也越来越富裕，再也没有发生泥石流灾害。这里从不珍惜绿水青山，为了短期收益选择毁林种田，遭到大自然的惩罚，到实施精准脱贫的富民政策后，更注重保护生态、退耕还林，重新恢复绿水青山，再到认识到绿水青山就是金山银山，随着精准脱贫的富民政策深入落实，在理念不断进步、行为方式不断改变的过程中，农民的生活改变了，山林村落变美了，人们的环境保护意识也增强了。这一切的发生，既归功于中央的顶层设计推动，也植根于当地敬天与热爱大自然的传统，还与宁洱县干部群众的决心、努力与奋斗相连。在这场绿了青山富了民的生活巨变中，涌现出很多典型，许多让人感动的真实故事。

图 30　乾隆年间所立的护林碑

一、哈尼族的竜林与祭竜

"竜（lóng）林"是哈尼村寨旁一处被神圣化了的森林，也就是寨神林，寨神林中有一株"竜神"，即"寨神树"。哈尼人信奉竜树，也赋予竜林一种神圣崇高、凛然不可侵犯的地位和权利，把竜树奉为寨子的守护神。

从哈尼族地区传唱的史诗资料看，关于"寨神"的由来有不同的传说。

其中最广为流传的是，古时候有一个魔王叫策德阿窝，专以吃人为生，它要人们每年二月杀两个青年供奉他，也就是砍头献祭，否则将无休止地吃人，百姓忍痛献贡。几年后，轮到寡妇艾玛的两个儿子要被砍头献祭了，为了保护儿子，艾玛妈妈决定想办法抗争。她叫两个儿子穿上长袍，半夜时分到寨边高喊："人肉苦，牛肉甜，不能杀人祭，只准杀牛祭！"人们以为这是神意，于是这次就改杀人为杀牛了。为彻底免除后患，艾玛妈妈又请通达鬼神的主祭摩批（巫师）去与策德阿窝订立盟约，许诺若不再吃人，就送它两个漂亮的姑娘为妻，魔王欣然同意。二月来临时节，艾玛妈妈将自己的两个儿子装扮成漂亮的美女，暗藏利刀，前去"婚嫁"。趁魔王喝醉，两个"新娘"探听出魔王致命的秘密在胸前的白毛之下，他们勇敢地杀死了魔王。从此，所有的鬼怪都再也不敢侵扰哈尼人了，哈尼山寨从此告别了灾难。人们感怀艾玛妈妈，在她去世后，尊其为村寨守护神，以寨头茂密的神林为其居所，以林间一棵标直的大树为其象征，在二月"嫁女杀魔王"的日子隆重祭祀，举行盛大的祭竜活动。

祭竜的日子，整个村子都行动起来，本寨祭竜，除特邀德高望重的老人和外寨老摩批外，各家还派一名代表入竜林参加祭祀。全寨杀大、小猪各一口，各家各户编"竜笆"插在自家大门上。竜林四周，砍来"香芝麻稞"和竹叶扎成扫帚打扫卫生，平整地基道路。

祭竜时间一半选在过完大年（白宏、腊米人过"十月年"）后的第二个月或第三个月、属竜的日子，全寨人举行庄严、隆重的"祭竜"活动，哈尼人称"夫卯兔"。所谓"夫卯兔"，就是祭寨神。哈尼族认为竜神是寨子最大的保护神，所以在祭祀活动中，以祭竜活动最为隆重。在哈尼山寨流传着这样一种说法，如果一个人能在一年里参加三个寨子的祭竜，就是最有福气的了。

"寨神"是哈尼族先民历史上，在长期与各种自然现象做斗争的过程中塑造的保护神，专门保护村社及其成员。它是哈尼族的主要象征物。哈尼族最早建村立寨时就有"寨神"的概念，每当哈尼族建立一个新的居住点，必先将"寨神"的居住点定下来。

祭祀寨神的活动由竜头负责，竜头由群众推荐，根据寨子规模大小，挑选出三家（规模小的村寨）或五家、七家（规模中、大的村寨）男性户主，从这些人中选出候选人，条件是50岁以上，夫妻正常婚配、一夫一妇，没有二次婚史，不讨小老婆、不赌博嫖娼、不吃不过刀的肉、不吃没有胡子的肉、不钻风倒树下，全家各代人正常发育生长，有儿有女，不残疾，勤劳致富，没做过罗别（贼），历代无非正常死亡，最好为四代同堂；没有不光彩的历史，能说公道话，能断公道事，有组织能力。如选上竜头，就不能参与办丧事了。

符合竜头条件的候选人推荐出来后，能否当竜头，还要看鸡卦，通过占卜决定由谁家男户主担任本届竜头。

竜头是寨子的"形象代言人"，在寨子威望很高，受到全寨人的尊重，其主要职责是承担各种村寨活动的主持，主要是主持各种祭祀活动，参与商定村规民约，研究本寨生产发展，祈望村寨在新的一年里，五谷丰登、六畜兴旺、百姓安康、村寨发达。

竜树和竜林在哈尼人心目中十分神圣。竜树的选材要求很高，哈尼人一般会选择枝叶茂盛、生命力强的万年青树或株栗树或阿木玛塔（灯塔树）为竜神树、寨神树。它是象征本村寨人和人们所需一切生物兴旺发达的保护神灵。哈尼族村村寨寨都有竜树。

竜林，严禁砍伐，即使自然倒下的枯枝败叶，也不能随意拣回家去烧，撒尿拉屎不能朝竜林方向。随意进入竜林，随意折断竜林中的草木，都被视为对寨神的不敬，认为这会给全寨带来厄运。因此，若有人触犯了竜林，全寨人将对他按传统礼仪进行惩罚，要他杀牲向寨神请罪，否则将其赶出寨子。至今，很多村寨还沿袭这种习俗。这种习俗会深深影响人们的行为与选择，因此爱护自然、保护森林的传统深深地根植于哈尼人的心中。

祭竜仪式是哈尼人"天人合一"的哲学思想、"万物有灵"的宗教意识在漫长的迁徙和农耕文明中逐渐形成的相对固定的重大的宗教祭祀活动。它已成为哈尼人世代传袭的一种习俗，代代传承演变着，虽然随着社会的变迁形式上也会有一些不同和变化，但万变不离其宗的是那种铭刻于心、深藏在哈尼人骨子里的对森林的虔诚与敬畏。

祭竜对保护生态环境具有极其重要的意义。从哈尼人祭竜活动中所表现出来对自然的崇拜可以看出，对于哈尼人来说，他们的神是自然神，人与神之间的关系就是人与自然之间的关系。从某种意义上讲，哈尼人很早以前就认识到了人与自然和谐的意义，形成热爱大自然、保护生态的传统。

二、哈尼山寨德蚌扎

我们来到宣德村德蚌扎小组，这里是宁洱哈尼族的核心区。村支部书记方强介绍了寨子的情况。自 2013 年以后，政府着力打造哈尼寨子，共投资 700 万元，全面进行了基础设施建设，修建了活动场、长廊、栈道、展室、休息凉亭等，实施了道路硬化、安全饮水、公厕建设等，寨子的面貌上了个台阶。后来寨子又落地一个美丽乡村建设项目，实施了环保污水处理，人畜分离建设（寨外集中建猪圈养猪）。这个山村在整体升级改造中，特别注重保护寨子的原有风貌，只有 4 户危房进行了重建，加固修建了 68 户房屋。哈尼山寨实现了时空压缩式的发展，从一个环境脏乱、比较落后的山寨，发展为村庄整洁、房舍井然、富有哈尼特色的美丽山村。

同去的几个人笑着聊起哈尼族以前的生活，提到以前农户刷碗不用洗涤剂，水冲一下，草叶擦了就好，如今村庄美丽了，农户精气神提高了，环境卫生、生活习惯也改变了。

德蚌扎村旁有一处很繁茂的树林，叫竜林。竜是树神、山林之神。这是一片神秘的、神圣的森林，哈尼族世世代代，年年都要在此祭拜，在哈尼族人心目中，没有这片森林就没有哈尼族世代的生息繁衍。我们经过这里，因被告之不能进入，只能在林外观望，油然而生几分神秘色彩。

党校胡光有副校长介绍，举行祭竜仪式时，人们分不同的层级进入竜林，只有七个巫师可以走到最靠近竜树的地方祭拜。当地政府正在策划大办祭竜节，这个节日的文化含义是哈尼族对自然的敬畏和保护，与习近平总书记所说的"绿水青山就是金山银山"的理念是一致的。为什么宁洱森林覆盖率可以达到 70% 以上？这是与少数民族爱护山林的传统密切相关的。策划祭竜节的目的，就是要在脱贫攻坚中发展乡村旅游文化，弘扬少数民族传统特色文化，发展乡村旅游，带动山寨致富，让绿水青山常在，美丽乡村更美。

胡校长讲："如果这个节日做起来，一定比红蛋节 [①] 更有影响力，红蛋节可以成为祭竜节中的一个点。之所以要做祭竜节，是因为旅游文化如果没有少数民族文化，就没有生命力了。乡村特色必须从民族风这个角度思考。"关于祭竜节的设想是，祭竜之时，山上举行祭龙的仪式，山下杀猪、宰羊，表演民族歌、民族舞，开展各种活动，还会有各种美食销售、多种物品交易。胡校长对正在酝酿的节日信心满满，他相信祭竜节搞起来，一定可以吸引四面八方的人前来，这个节日也一定可以做强、做大。他还强调这个节日一定要有哈尼特色，希望以后可以多培养

---

① 红蛋节在哈尼族语称为"普玛图"，是哈尼族的传统节日。详细介绍见后文。

一些哈尼族人才，如果他们去外面上大学，学习了染印、绘画等专业，回来后可以做老板、艺术家。胡校长算了一笔账，现在哈尼人织的土布，做成服装要 1 000 多元一套，以后一套可以卖到 300～400 元，有 100 个人买和有几个人买，收益肯定不同。

祭竜节已在准备中，县宣传部长和胡校长受邀各写一首歌词，主题是没有森林就没有水源，没有水源就不能种田，不种田就要饿肚子。胡校长说："歌词不要大牌人士来做，我们要有哈尼人真情实感的、原始的歌词。我想了几天，写出来了，我是哈尼人，歌词不代表我自己，就是要写出哈尼人自己的感受。"歌词如下：

竜林之歌
（胡光有）

这片悠久神秘的竜林

哈尼人祖祖辈辈把它敬仰

这里是水的源头

云的故乡

这里是风的依恋

梦的摇篮

这片日月相映的竜林

哈尼人世世代代把它守望

这里是生命的起点

幸福的港湾

这里能通往圣洁的诺玛阿美（哈尼先祖居住的美丽地方）

养育生命的阿庇阿巴的天堂（哈尼先辈的天堂）

啊嘿……啊嘿……

这片天人合一的竜林

山水林田，命脉相连

这里是水的源头

云的故乡

风的依恋

梦的摇篮

这里是生命的起点

幸福的港湾

这里能通往圣洁的诺玛阿美

养育生命的阿庇阿巴的天堂

（2019 年 6 月作于德蚌扎）

图 31　哈尼山寨德蚌扎的祭竜活动

三、今朝的绿水青山

今天的宁洱到处是绿水青山，宁洱县委县政府树立保护环境为民的理念，立足为民，努力惠民，也实现了富民。

保护生态环境"为民"如何转化为行动？宁洱县的做法是，针对贫困人口主要分布在山区，山区又是生态建设主战场的实际情况，在安排国家重点生态工程任务和造林补贴、森林抚育等项目资金时，重点向贫困地区倾斜，在有效改善当地生产生活条件的同时，吸纳更多有劳动能力的贫困人口通过参与生态保护建设获得收入，帮助贫困人口实现"到山上就业、在家门口脱贫"。以 2017 年为例，通过选聘生态护林员、巡河员、卫生保洁员、道路管护员，共配齐各类生态环境管护人员 888 人，其中建档立卡人口 384 人，每人每月可获得 300 元的劳务报酬。宁洱县在进一步加强生态环境保护和提升人居环境的同时，多渠道、多层次、多方面提升贫困群众收入，达到了精准带动贫困人口脱贫的目的。

落实补偿"惠民"政策，惠及全县农民。宁洱县认真贯彻落实退耕还林（草）、生态公益林补偿、森林生态效益补偿、天然林停伐保护、农村能源建设等各项生态补偿惠民政策，把深入实施重点生态工程建设作为脱贫攻坚的有效途径抓紧抓好，让群众真正受益和增收。近年来，宁洱县退耕还林面积达 6.96 万亩，完善退耕还林补助 1 806.89 万元，其中建档立卡户中，885 户通过新一轮退耕还林、木本油料建设项目实施发展特色经济林种植享受补助 125.25 万元，带动 2 971 人脱贫；1 583 户享受太阳能热水器补助，339 户享受病旧沼气池改造补助，695 户享受节煤炉灶补助；1 711 人次参与森林资源管护，发放管护工资 1 225.2 万元；1 118人次参与森林生态效益管护、1 745人次参与天然林停伐管护、1 251人次参与天保工程管护，共兑付管护费3 262万元，涉及建档立卡户576人次，兑付管护费402.82万元；落实森林生态效益补偿1 871.72万元、天然林停伐补偿6 978.92万元，完善退耕还林补助1 806.89万元；其中1 006户次建档立卡户获得森林生态效益补偿资金72.1万元，2 510户次获得天然林停伐补偿资金422.15万元。各项惠民政策在帮助全县农民群众增收的同时，给建档立卡户带来了实实在在的实惠，生态补偿"惠民"效应明显体现，贫困群众收入大幅增加，真正实现了"靠山吃山"。

德化镇勐泗村白寨组白玉周自2013年建档以来，已经享受到多项生态补偿政策。白玉周通过实施新一轮退耕还林项目种植了4.7亩核桃，当年获得政策补助3 760元；每年可以领到森林生态效益补偿和天然林停伐补助244元；家里享受政策补助改造了病旧沼气池，用上了太阳能热水器，生产生活条件进一步改善；儿子白海林自2016年起连续两年被聘用为生态护林员，共领到工资补助16 000元。通过享受各项生态补偿政策带来的实惠，白玉周于2016年年底顺利脱贫，家里的日子也越过越好。

做强绿色产业"富民"，着力打造绿色银行。宁洱县紧紧围绕乡村振兴战略，结合实际，坚持走"以短养长、长短结合"和"提质增效、立体种养、错位发展"的路子，大力发展绿色林产业、特色经济林果产业及林下经济，确保建档立卡户收入有保障可持续。

第一，蓄势绿色林产业。立足资源优势，加快绿色林产业发展。全县共种植人工经济林66万亩，2016年以来实现林产工业总产值16.5亿元，有力推动了宁洱经济社会发展。

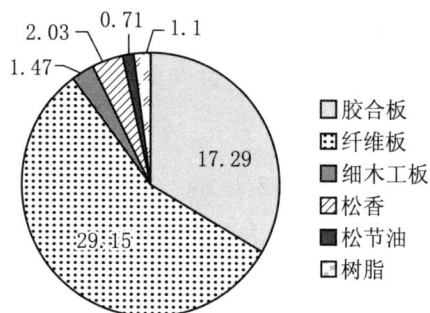

图 32　2016 年以来宁洱县林产工业生产状况（单位：万立方米）

第二，布局特色经济林果产业。精心编制发展规划，引导广大农民群众，特别是贫困群众，大力发展经济林果产业。在巩固提升有机生态茶园 20.48 万亩、生态咖啡园 10.35 万亩的基础上，培育新兴产业核桃 10.4 万亩、澳洲坚果 10.75 万亩。目前，全县共培育形成中长期特色产业 40 余万亩，全县农村人口人均达 3 亩以上，切实解决了贫困群众经济收入不稳定的后顾之忧。

第三，深耕林下经济。通过出台政策、制定规划、培育大户、引进公司、普及科技等措施，大力推动林下经济发展。全县成立林农专业合作社 34 家，建立"国家绿色示范基地"两个，扶持壮大两家省级林下经济专业合作社和一家野生动物驯养繁殖户，带动贫困群众发展林下土鸡养殖、中药材种植、野生食用菌采摘、野生动物驯养繁殖等林下经济项目。2016 年以来，全县实现林下经济总产值达 10.54 亿元，其中，林下种养殖 2.23 亿元、野生食用菌 1.87 亿元、生物药业 2.26 亿元、其他产业 4.61 亿元，建档立卡户人均林下经济收入每年增收近 500 元。

宁洱县共有林业用地面积 431 万亩，全县森林覆盖率达 77.37%，活立木蓄积 2 464 万立方米。丰富的林地林木资源是山区最重要的生产资料和林农最丰厚的家产，也是实现脱贫致富的重要支撑。一直以来，宁洱县落实"生态补偿脱贫一批"的路径，坚持生态补偿脱贫与特色产业脱贫并重，念好"山"字经、唱好"林草"戏、打好生态牌、走出特色路，多措并举实现生态保护与脱贫攻坚"双赢"，以实际行动践行习近平总书记"守着绿水青山一定能收获金山银山"的发展理念，让"绿水青山就是金山银山"的生态理念在边疆少数民族群众中生根、开花、结果，为子孙后代留下了可持续发展的"绿色银行"。

四、绿了青山富了民

上胜村距磨黑镇人民政府驻地约 49.8 千米，地理位置偏远，2016年脱贫攻坚之前道路没有打通，产业单一，以传统农业为主，曾是宁洱县 32 个贫困村之一，全村辖 11 个村民小组，共有户籍人口 290 户 948人，其中，常住人口 140 户 467 人，有耕地 1 834 亩，人均 1.9 亩；林地 65 571 亩，人均达 66.7 亩。老百姓"捧着金饭碗、过着穷日子"，人均纯收入仅 1 311 元，一半以上的农户都长期外出务工，贫困发生率高达 9.11%。村级基础设施薄弱，集体经济一片空白，一部分群众家庭还没有通电、通水、通路，运输靠人背驴驮，交通主要靠步行，晚上无电照明，更不要说看电视了。谈起上胜村绿水青山变成金山银山的故事，人们总会讲起村子里的女干部张会芝。

张会芝，1975 年出生，曾当过村计划生育宣传员，2007 年当选为村委会副主任兼文书，2010 年当选为村委会主任，同年当选为县第十四届人民代表。2020 年初上胜村党支部被县级评定为软弱涣散党支部，2020 年 3 月张会芝担任了上胜村党支部书记兼村委会主任。

她说："群众让我当领头雁，压在我肩上的担子是很沉很重的，但是我并没有因肩上的担子重，更没有因我家乡所处的生活环境差而辜负群众的信任，放弃自己改变家乡面貌的决心与信心，更没有因自己是一名妇女而有任何懈怠的理由，而是一定要证明我们妇女能顶半边天。"

2015年，国家实施退耕还林还草的惠农政策，上胜村村干部开会讨论，上胜村有大片林地，总面积达65 571亩，但因毁林开荒，林地遭到破坏。退耕还草既可以改善生态环境，又能领取还林补助，让农民获得收益，真是一举两得的事情。村"两委"班子集体讨论决定，种植皇竹草，实施退耕还草。

上胜村申报并获得200亩的退耕还草项目后，在动员农户种植皇竹草时，没想到这么好的事情却遭遇村民的反对。村民议论纷纷，说这些草种下去了，以后可能就难以恢复成耕地了，本来大家就是广种薄收，再失去一部分耕地，就怕过日子也成问题了。不管村干部们怎么做工作，大家思想就是转变不过来。当时任村委会副主任的张会芝和书记陈绍武商量后，决定他们两家带头示范种植皇竹草，打消老百姓顾虑。2015年张会芝家种了160亩，陈绍武家种了40亩，退耕还草项目在上胜村得以落地。

大片皇竹草播种后，长势良好，张会芝琢磨着怎么让这些草成为上胜村的富民产业。有一天，她无意中在手机上看到一条信息，提到"我国海关每年查获的走私品牛肉超过100万吨"，感觉豁然开朗，十分兴奋。她想：把草种出来，拿来养牛再合适不过了，这一定是一个很好的商机。

在拿定主意之后，张会芝带队外出学习，考察"311"模式，村"两委"决定采取"党支部＋专业合作社（能人大户）＋养殖大户＋农户"的发展模式，让农户自筹一点，争取贷款扶持一点，退耕还草资金补助一点，以"三个一点"方式来解决农户种草养牛困难问题。这回思路有了，模式也定了，村干部们再次动员农户参与，要大量种植皇竹草，发展种草养牛产业。大家一致认为这是个不错的发展思路，同意参加。外出打工的老百姓也纷纷把耕地流转出来，积极参与种植皇竹草。截至2016年年底全村种植皇竹草达800亩，获得退耕还草的项目补助资金80万元。

上胜村的王曾林，原是一个贫困户，2015年他种了80亩皇竹草，养了30多头肉牛，这些肉牛育肥3个月就可以出栏了，算下来平均一头牛一个月可以获得1 000块钱收入。他通过种草养牛实现了脱贫，从一个贫困户成为带动全村人致富的领头羊。

上胜村经过几年的努力，生态效益不断显现，他们优先从建档立卡贫困户中选聘公益林管护员，设置巡河员、卫生保洁员、公路管护员公益岗位12个，发放管护工资43 200元，充分发挥森林生态效益。2018年兑付退耕还林补助资金、省级公益林森林生态效益补偿资金、非天保工程区天然林停伐补助资金、中央财政造林补贴等资金655 710元。其中建档立卡贫困户10户34人次享受退耕还草工程项目、森林生态效益补偿，兑现补偿资金54 229.8元；216户983人享受了草原生态奖补款，兑现奖补资金54 229.8元。

到2020年止，上胜村已种植了皇竹草2 000多亩，规模种植农户达24户，种植薄壳山核桃840亩、鹰嘴桃400亩、坚果390亩。从事生态肉牛养殖的共33户，牛存栏达361头，带动32户建档立卡户实现户均增收6 000元以上，全村贫困发生率下降到0.24%。如今全村群众种草养牛热情高涨，形成了群众人人"想致富、敢致富、能致富"的良好氛围，在绿水青山之间探寻出了一条致富新路，成为一个产业兴旺、生态宜居、乡风文明、生活富裕的美丽山村。

张会芝在谈到这几年的工作体会时说："叫群众干不如干给群众看。我们紧紧抓住精准脱贫机遇，下足绣花功夫，摆脱了贫困落后的局面。现在上胜村山清水秀，产业发展了，老百姓的腰包鼓起来了，日子越来越好过了，这些都得益于党的好政策，得益于村党组织的坚强领导，得益于党员干部的示范带头作用。"

是不是先污染后治理是发展的必然代价，如同以健康换钱，再以钱来买健康的悖论难以克服一样，以牺牲绿色为代价换取发展的行为往往被归结为经济社会落后不得已而为之，或受思想观念所困，只关注短期利益，缺乏长远思考。

美国著名管理学家迈克尔·波特提出创新驱动理论，认为国家经济发展都要经历资源驱动、资本驱动、创新驱动三个阶段，在人均国内生产总值（GDP）小于 1 000 美元时，会选择资源驱动，人均 GDP 大于 1 000 美元小于 10 000 美元时，则常常靠资本驱动，人均 GDP 大于 10 000 美元时，则必须进入创新驱动阶段。资源驱动主要依靠诸如土地、矿产、劳动力等生产要素的投入来获得发展动力和竞争优势，但由于过分依赖资源要素，这种比较原始、粗放的发展方式，对资源的索取和破坏也很严重，因而发展缺乏可持续性。资本驱动则是以资本投资作为经济社会发展的主要推动力，竞争优势的获得主要依靠投资供给的推动，从而迅速形成规模化经济，国家也因此进入快速增长的"赶超期"，但是，在这个阶段也会出现产能过剩和资源紧张等问题，最终出现财富积累缓慢、投资效益递减的趋势。创新驱动并不排斥和摒弃资源驱动和资本驱动的作用，而是整合不同的要素和投资，更好地发挥要素和投资的效能，逐步降低对自然资源等初级要素的依赖程度，依靠技术、知识、组织、制度、人才、学习能力等"软实力"获取竞争优势，从而转变经济增长方式，实现科学发展。

宁洱这片土地在 1949 年之前社会发展相对比较落后，一些大山里的村寨还处于原始公社阶段，人们敬畏自然，至今哈尼族还沿袭着祭竜节，把神树敬为寨子保护神的传统。不能说这里的人们没有爱护森林的

图33 上胜村的养牛场

意识，但是毁林开荒、砍掉茶树种庄稼也还是令人遗憾地发生过。今天宁洱正在大踏步摆脱贫困的历史进程中，是否还要完整地走完从资源驱动，再到资本驱动阶段，然后进入创新驱动，还是实现跨越式发展，直接跳过资本驱动进入创新发展阶段？对这个问题如何回答？面临的考验是如何在短期收益和长远发展之间做出选择，这不仅取决于主观思想意识的转变和选择，更重要的是能否获得持续的外部支持，克服长远收益的时间成本，放弃当下收益的实际损失。精准扶贫中的绿色发展问题，期待更多先进的典型和成功的探索，宁洱已经给出了一个令人感到欣慰的答案。

第七章　告别贫困的昨天

2020年8月25日，普洱市召开了决战决胜脱贫攻坚系列新闻发布会。在宁洱专场中，县委书记罗东保介绍了宁洱县决战决胜脱贫攻坚成效和经验，从六个方面总结了从2016年开始脱贫攻坚，到2017年完成脱贫预期目标，2018年宣布脱贫摘帽，再到2020年迎接国家普查，完成建档立卡户全部脱贫的任务，宣告宁洱哈尼族彝族自治县达成跨越时空的历史巨变。宁洱脱贫攻坚的主要成就如下：

其一，通过脱贫攻坚，夯实了乡村产业发展。通过大力实施产业扶贫，逐步构建了以茶叶、咖啡、烤烟和畜牧业为主导，以核桃、澳洲坚果、橡胶、杧果、香橼、百香果为辅助，以林下种养、生物药业为补充的农特产品发展体系，形成了"长短结合、立体种养、错位发展、优势互补"的产业发展新格局，确保了贫困群众收入稳定可持续。

其二，通过脱贫攻坚，完善了乡村基础设施。乡到村的道路实现100%硬化，村内小组之间的道路90%以上完成硬化。所有行政村通10千伏以上动力电，广播电视覆盖率达100%；行政村、学校、村卫生室实现光纤宽带全覆盖；所有行政村均有达标村卫生室、公共活动场所；

农村饮水保障率达 100%；农村无害化卫生厕所覆盖率达 75.41%；实现了农村人居环境达 I 档标准以上，乡村基础设施发生了天翻地覆的变化，人民群众的获得感、幸福感得到极大提升。

其三，通过脱贫攻坚，实现了乡村美丽宜居。人民群众不愁吃不愁穿，人人都住上了安全稳固的住房，实现了村庄绿化、道路硬化、路灯亮化、乡风文化、环境美化，村容村貌干净整洁，群众生产生活秩序井然有序，乡村文明程度大幅提升。

其四，通过脱贫攻坚，转变了群众思想观念。长期存在的陈规陋习向新时代新风新俗转变，传统的生产生活方式向绿色健康生产生活方式转变，内生动力进一步激发，人民群众的发展愿望更加迫切，感党恩、听党话、跟党走的氛围更加浓厚。

其五，通过脱贫攻坚，密切了党群干群关系。各级党员干部俯下身子、深入一线、贴近群众，真扶贫、扶真贫，以心换心，以情动情，赢得了群众信任、增进了彼此感情，党群干群关系亲如鱼水。

其六，通过脱贫攻坚，锤炼了干部过硬作风。广大党员干部以时不我待的紧迫感和只争朝夕的责任感，以开局就是决战、起步就要冲刺的劲头，不分周末和节假日、不分白天黑夜奋战在脱贫攻坚一线，担当作为、狠抓落实，在脱贫攻坚战场上涌现出了一大批扶贫先进集体、扶贫先进工作者、最美党员、致富带头人、光荣脱贫户，基层党组织组织力、凝聚力、战斗力得到全面提升。[1]

在宁洱，当我们与当地干部群众讨论关于脱贫攻坚这几年，宁洱最大的变化是什么，取得的主要成绩有哪些时，有几件事毫无争议地得到所有人的认同：一是基层党建明显增强，党组织带领大家齐心奔小康，

---

[1] 普洱市召开决战决胜脱贫攻坚系列新闻发布会（宁洱专场），人民网，http://yn.people.com.cn/news/yunnan/BIG5/n2/2020/0828/c384614-34258128.html。

影响力不断增强。二是农村的基础设施大为改善，如道路、村委会建设、小组活动室、小广场等活动场所都建起来了，还普及了网络、落实了安全饮水等。三是大力整修建设民房，彻底消除了农村危房。四是富民产业得以发展，为农户持续增收打开了通路。五是精神文明建设成效明显，村庄美丽整洁了，村图书馆建起来了，人们在小广场唱歌跳舞，精气神也上来了。

图 34　窝拖糯玉米节

一、顶层设计的精准落实

2020 年 10 月，我与科社部同仁在上海市委党校会议室与非洲智库学者召开网上视频会议交流精准扶贫问题时，有非洲专家问，在全国范围内如何实现彻底脱贫，不让一个人掉队？这是宣传口号还是真的现实？确实，不让一个人掉队意味着脱贫的目标必须精准，可操作、可量化、可考察、可追问难度很大。为落实瞄准贫困的靶子，从扣好第一粒纽扣，到规划今后的可持续发展之路，中央出台了很多精准扶贫的顶层设计，其中最核心的部分，也是扶贫干部心心念念的工作目标，就是实现"两不愁三保障"，这是贫困人口脱贫的基本要求和核心指标。此外还要实现精准扶贫的具体措施"五个一批"等。精准扶贫的目标要求和政策措施是全国统一的，在具体落实中，又体现出各地的创新精神和地方特色。

中央的顶层设计

"两不愁三保障"见于《中国农村扶贫开发纲要（2011—2020年）》，简言之，针对扶贫对象，要求"稳定实现扶贫对象不愁吃、不愁穿，保障其义务教育、基本医疗和住房"。两不愁还有具体要求：贫困户人均可支配收入稳定超过国家扶贫标准（宁洱2017年脱贫要求人均年纯收入3 200元），达到不愁吃不愁穿。① 三保障的具体要求为：

（一）义务教育有保障。原则上义务教育阶段无辍学，初中毕业后不因贫困影响继续接受高中或职业院校教育，高中毕业后不因贫困影响继续接受大学或职业院校教育，义务教育发展基本均衡，通过国家评估验收。

（二）基本医疗有保障。基本医保、大病保险和重特大疾病医疗救助三项制度对农村贫困人口实现全覆盖；基本医保、大病保险对农村贫困人口实行政策倾斜；商业健康保险和临时救助对农村贫困人口的支持力

---

① 宁洱县历年脱贫标准，人均年纯收入为：2011年2 536元，2012年2 673元，2013年2 736元，2014年2 800元，2015年2 855元，2016年2 962元，2017年3 200元，2018年3 500元，2019年3 750元，2020年4 000元。

度加大；定点医疗机构设立一站式综合服务窗口。

（三）住房安全有保障。住房遮风避雨，房屋结构体系整体基本安全。

"两不愁三保障"精准地瞄准摆脱贫困的靶子，不仅要解决绝对贫困的最基本问题——"吃穿"问题，更要在此基础上，实现"义务教育、基本医疗和住房安全"的"保障"问题，进而规划了具体落实的战略举措。

2015年10月16日，习近平总书记在减贫与发展高层论坛上首次提出"五个一批"的脱贫措施，为打通脱贫"最后一千米"开出破题药方。随后，"五个一批"的脱贫措施被写入《中共中央国务院关于打赢脱贫攻坚战的决定》，"五个一批"是指发展生产脱贫一批、易地搬迁脱贫一批、生态补偿脱贫一批、发展教育脱贫一批、社会保障兜底一批。针对精准扶贫"怎么扶"的问题，从宏观视角规划了根本解决贫困地区和贫困人口问题的路线图。

发展生产脱贫一批：引导和支持所有具备劳动能力的人依靠自己的双手开创美好明天，立足当地资源，实现就地脱贫。

易地搬迁脱贫一批：对贫困人口很难实现就地脱贫的要实施易地搬迁，按规划、分年度、有计划地组织实施，还要确保搬得出、稳得住、能致富。

生态补偿脱贫一批：生态受益地区向生态价值提供地区给予补偿，包括资金项目、人才各方面的补偿，让这些生态保护地区或者生态价值提供地区有积极性，减少污染破坏，同时拓宽了农牧民收入的来源渠道，使贫困地区摆脱贫困。

发展教育脱贫一批：治贫先治愚，扶贫先扶智，国家教育经费要继续向贫困地区倾斜、向基础教育倾斜、向职业教育倾斜，帮助贫困地区改善办学条件，对农村贫困家庭幼儿特别是留守儿童给予特殊关爱。

社会保障兜底一批：对贫困人口中完全或部分丧失劳动能力的人，由社会保障来兜底，统筹协调农村扶贫标准和农村低保标准，加大其他形式的社会救助力度。要加强医疗保险和医疗救助，新型农村合作医疗和大病保险政策要对贫困人口倾斜。

宁洱的创造性落实

宁洱全面贯彻落实党中央国务院、省委省政府和市委市政府对脱贫攻坚工作的部署和要求。首先积极动员，扎实开展"转作风、大调研、抓精准、促落实"专项行动；其次做细做实脱贫措施"户户清"工作，以便有的放矢；再次是全面布局，围绕"扶持谁、谁来扶、怎么扶、如何退"等主要问题，精心设计脱贫攻坚路线图、施工图，出台了《中共宁洱县委宁洱县人民政府关于打赢脱贫攻坚战的实施意见》《宁洱县"十三五"脱贫攻坚规划（2016—2020年）》《宁洱县脱贫摘帽工作实施方案》《宁洱县脱贫攻坚巩固提升计划》和《宁洱县脱贫攻坚产业发展规划（2018—2020）》，建立了县级项目库，健全了一系列因村、因户、因人帮扶措施，为脱贫攻坚工作提供了全面规划和政策制度保障。在宁洱县域全面实施了"八大工程"，创造性贯彻落实党中央精准扶贫顶层设计，走出一条富有地方特色的宁洱精准脱贫之路。

"八大工程"是宁洱致力于落实中央精准扶贫的顶层设计，而着力开展的重点工作。首先把脉如何精准问题，在精准识别贫困户基础上，有针对性地根据建档立卡贫困户的贫困原因、家庭致富条件，采取系列扶贫措施进行帮扶，全面实施了八大工程，即推进产业扶贫、住房保障、教育扶贫、健康扶贫、社会保障、基础建设、生态补偿、素质提升，脱贫攻坚工作取得了显著成效。

八大工程之一，实施产业扶贫工程，实现持续稳定增收。产业扶贫是促进贫困地区发展、增加贫困农户收入的有效途径，是"造血"式扶贫的重要举措。2016年以来，为解决好贫困群众持续增收问题，宁洱县按照"一乡一品牌、一村一特色"的产业布局，"以短养长、长短结合"的思路和"提质增效、立体种养、错位发展"的模式，确保实现"四个一"增收途径，探索实施了一系列产业扶贫措施，实现了扶贫工作由"输血型"向"造血型"转变。

第一，创新实施"311"产业扶贫措施。采取"党组织+龙头企业（能人大户）+专业合作社+贫困户"的组织模式和利益联结机制，引导254户建档立卡户将自有资产投资入股农业经营主体，实现分红资金76.2万元，户均收益3 000元；县级财政共安排资产收益金1 358万元，实现年分红162.96万元，受益1 424户4 258人。详细情况见下图：

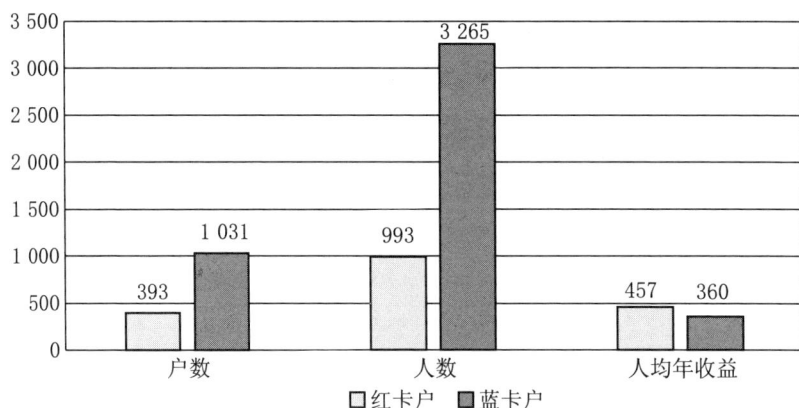

图35 建档立卡户分红收入一览

鼓励贫困户以土地或林地流转入股，开辟了"资源变资产、资产变资本、资本变资金、资金变股金、农民变股民"的多元化增收之路。

第二，发展乡村旅游，拓宽脱贫渠道。为拓宽贫困群众的增收渠道，立足交通区位、生态资源、民族文化优势，按照"一轴三环一廊一带"思路打造全域旅游，实施乡村旅游富民工程9个，打造了那柯里、绿荫塘等乡村旅游示范点10个，创建特色民宿客栈64家，温泉哈尼红蛋节、窝拖糯玉米节、电商香橼节、谦岗向日葵节、磨黑烧烤节等节庆经济助力脱贫攻坚。通过旅游扶贫，带动建档立卡人口4 000余人增收。

第三，搭建电商平台，拓宽销售渠道。着力推进农村电商孵化运营中心和宁洱电子商务服务中心建设，打通农产品进城、工业产品进村便捷通道，不断繁荣城乡市场，拓宽农产品销售渠道。目前，全县共有从事电子商务经营主体100余户、9个乡（镇）电商服务站、69个农村电商服务点，贫困村电商公共服务点全覆盖；培育了一支以大学生村官、农村致富带头人、农产品购销商为骨干的电商队伍，五年来，实现销售总额1.84亿元，有效带动建档立卡户873户3 026人增收。

八大工程之二，实施住房保障工程，确保民房安全稳固。为确保农村群众住房达到"遮风避雨，房屋结构体系整体基本安全"标准，坚持政府引导、农户自建、量力而行、控制成本的原则，突出地方和民族特色，做好分类指导，大力推进住房保障工程，切实改善广大群众的居住条件。一是购买服务，全面认定。为做到公平公正，避免厚此薄彼，通过政府购买第三方专业机构认定服务，对全县境内常住农户住房安全等级进行了全面普查认定，摸清全县农村住房安全状况，并按照A、B级住房科学维护使用，C级住房修缮加固，D级住房拆除重建的要求予以保障。二是严格标准，分级补助。对认定为D级危房的拆除重建，建档立卡贫困户和分散供养特困户县财政给予每户6万元的建房补助（一户一人的每户补助3.5万元），其他农户给予每户4万元的补助（一户一人的每户补助3.5万元）；认定为C0级的，按照住建部门的意见进行修复加固，县财政给予每户 0.4 万元的补助；认定为 C1 级的，按照住建部门的意见进行修复加固，县财政给予每户 1 万元的补助；认定为 C2 级的，按照住建部门的意见进行修复加固，建档立卡贫困户和分散供养特困户县财政给予每户 4 万元的补助，其余每户补助 3.5 万元。三是严控面积，减轻负担。为了最大限度减少贫困户建房负债，在确保建房质量的基础上严控建房面积，明确规定家庭人口 1～3 人户控制在 40～60 平方米内，且 1 人户不低于 20 平方米、2 人户不低于 30 平方米、3 人户不低于 40 平方米；3 人以上户人均建筑面积不超过 18 平方米，不得低于 13 平方米。四是精准易地，分类安置。充分考虑易地扶贫搬迁对象个人能力、经济状况和本人意愿，在坚持"四避开"、做到"三靠近"、实现"三达到"的基础上①，采取集中与分散相结合的安置方式，做到大点建设与小点安置、集镇安置与流域安置、有土安置与有业安置"三个相结合"。对易地扶贫搬迁建房的按人均 2 万元给予补助，拆除旧房退耕的按人均 0.6 万元给予补助，建房面积控制在人均 25 平方米之内；每户建房负债资金不超过 1 万元，确保贫困群众不因建房致贫、返贫；对符合条件有意愿进入城镇的搬迁农户，鼓励其在城镇购房安置。

八大工程之三，实施教育扶贫工程，阻断贫困代际传递。为让农村孩子接受教育，拔掉穷根，在全面落实国家教育扶贫相关政策的基础上，县级出台了保障学生就学、保障家庭减负的"两个保障"教育扶贫措施。对就读于不同级别学校的学生给予相应补助。在保障学生就学方面，具体补助措施见下图：

---

① 四避开：一避开地质灾害易发区、洪涝灾害威胁区、生态保护区和永久基本农田区。
三靠近：靠近城镇、中心村和景区。
三达到：达到增收有保障，基础配套强、公共服务好。

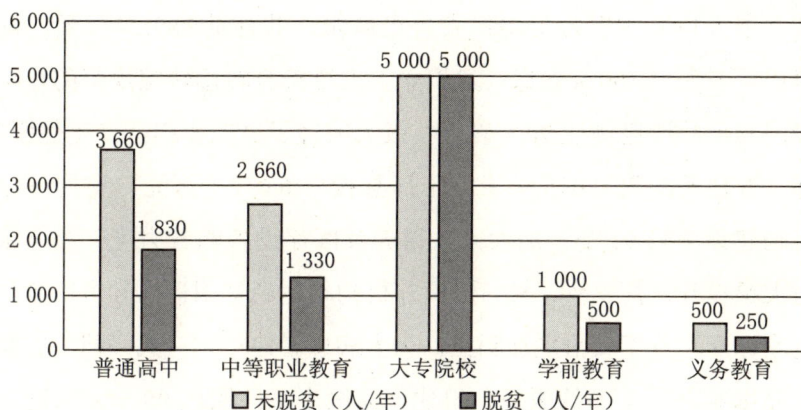

图 36　学生就学补助一览（单位：元）

在保障家庭减负方面：建档立卡户有学生在各大专院校就读的，其家庭成员男 65 岁以上（含 65 岁）、女 60 岁以上（含 60 岁）和鉴定为一至四级残疾人的人员也给予补助。详见下图：

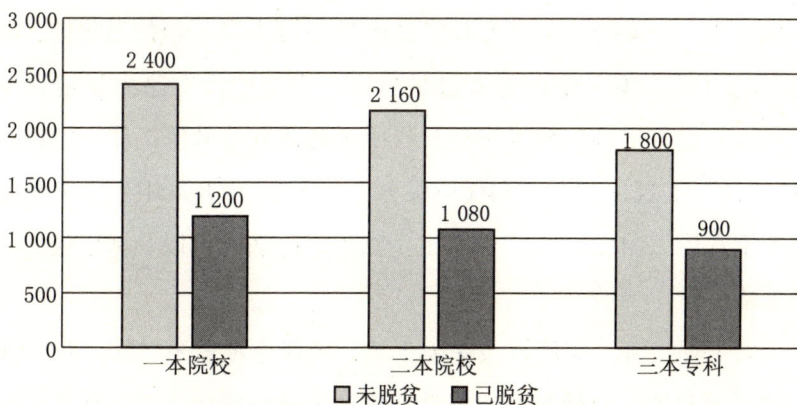

图 37　家庭减负教育补助一览（单位：元）

八大工程之四，实施健康扶贫工程，发展全民健康事业。围绕建档立卡人口"看得起病、方便看病、看得好病、尽量少生病"目标，全面落实云南省健康扶贫 30 条措施。一是强保障，确保"看得起病"。实施建档立卡人口基本医疗保险缴费补助政策，共补助889.24万元，确保了建档立卡人口100%参保。建档立卡人口符合转诊转院规范的住院治疗费用实际补偿比例达90%以上，极大减轻了群众负担。二是优服务，确保"方便看病"。2015年来，宁洱县投入6612.5万元，支持医疗卫生机构建设项目91个，加大人才培养及医疗设备购置力度，综合服务能力大幅提升，县、乡、村三级医疗机构均达到贫困退出和巩固脱贫成果基本标准。分类救治更加到位，为大病患者建立"一人一档一方案"。做实做细家庭医生签约服务，组建家庭医生签约团队95个，家庭医生264人，建档立卡贫困人口4种慢性病签完服务率达100%。三是强医技，确保"看得好病"。探索实施"医联体＋远程医疗体系"推进分级诊疗模式，医联体试点建设实现城市三级医院对宁洱县级医院、县级医院对基层的纵向联合全覆盖。县人民医院与北京、上海相关医疗机构开通了远程医疗支持服务，共有9个乡（镇）卫生院与上海金山区5个医疗机构合作，开展跨区域远程医疗服务12.3万人次。四是强防控，确保"尽量少生病"。推进中医专家进村坐诊，组织中医专家力量定期进行中医药远程教育培训、现场指导开展中医药适宜技术等工作，门诊就诊4035人次，实现优质资源和优质服务"双下沉"。开展卫生知识和健康扶贫政策宣传23462人次，群众卫生意识、防病能力以及基层疾病防控水平大幅提升。

八大工程之五，实施社会保障工程，确保全覆盖不掉队。进一步加强扶贫开发和社会救助制度的有效衔接，充分发挥社会养老和救助制度兜底功能，有效保障困难群众基本生活，通过实施社会养老保障措施，实现建档立卡人口老有所养。其一，对建档立卡户符合参保条件的家庭成员参保缴费给予补助。红卡户补助100元／人，蓝卡户补助50元／人，黄卡户补助30元／人。其二，对当年到龄领取待遇的建档立卡参保人员实行差额年数补助。其三，从2019年起，对全县未标注脱贫的建档立卡户、低保对象、特困人员符合参保条件的家庭成员给予100元/人的城乡居民养老保险缴费补助。2016年以来，对建档立卡户符合参保条件的家庭成员参保缴费给予财政补助207.479万元；符合养老参保条件的12 113名建档立卡人口实现100%参保（其中：参加城乡居民养老保险的11 907人，参加城镇职工养老保险的206人），符合领取养老保险待遇3 041人100%领取待遇，切实做到脱贫路上不漏一人，人人共享成果。其四，实施临时困难救助。救助8 274人次发放资金1 014.84万元，其中对建档立卡人口实施临时救助883人次147.37万元。严格落实残疾人两项补贴制度和扶老救孤行动，发放残疾人两项补贴资金168 154人次1 332.85万元，发放困境儿童生活补助1 418人次249.07万元，落实高龄老人福利待遇，发放高龄津贴1 958.11万元。截至2020年10月，全县农村低保对象2 773户6 595人（覆盖率4.66%），领取低保金1 505.91万元；建档立卡人口纳入低保1 459户3 705人（占低保人口的56.18%），农村特困供养955人（建档人口134人），领取低保金862.25万元；实施临时救助863户198.08万元（建档立卡人口75人次15.6万元）。

八大工程之六，实施基础建设工程，提升改善人居环境。补齐经济社会发展的基础设施短板，突出水、电、路、通信、网络"五网"建设，确保农村群众出行、用电、饮水、通信、广播电视有保障。充分整合扶贫涉农资金和政策性金融资金，采取民办公助、以奖代补的方式，政府引导、技术支撑、群众主体，成立自建委员会和监督委员会，集中实施了通水通路、通电通信、活动场所、垃圾处理、人畜分离、改厕、污水处理、村庄绿化美化亮化等工程。修建乡村公路157条458.7千米，村组公路硬化151条723千米，组内道路硬化588条955千米，9个乡

（镇）85 个村道路 100% 硬化，90.67% 以上村民小组公路实现硬化；完成 10 千伏以上线路 1 699.94 千米；400 伏线路 1 642.58 千米，所有行政村通 10 千伏以上的动力电，所辖自然村 100% 通 380 伏三相动力电；累计建成农村集中式供水工程 883 处，农村自来水普及率 99.85%，集中式供水率达 99.85%，水质抽样检测合格率达 94.2%；完成 943 个村组活动场所建设或提升改造，实现村民小组活动场所全覆盖；新建标准化卫生室 31 个，所有行政村均有达标村卫生室；新建公厕 172 间，改造无害化卫生户厕 25 082 户，垃圾池 485 个，所有行政村有水冲式卫生厕所、农村无害化卫生厕所覆盖率达 75.41%；建设 4G 基站 325 个，完成 510 千米光纤宽带网络建设，所有行政村、学校、村卫生室光纤宽带全覆盖，广播电视覆盖率达 100%。

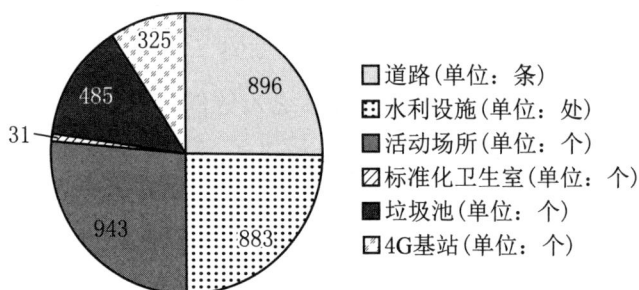

图 38 部分美化基础设施数量一览

八大工程之七，实施生态补偿工程，铺设绿色脱贫道路。牢固树立"绿水青山就是金山银山"的发展理念，围绕"生态补偿脱贫一批"的要求，因地制宜以生态补偿助推脱贫。其一，落实农村能源建设项目补助政策。2 617 户享受太阳能热水器、省柴节煤炉灶等农村能源建设项目补助，补助实物折资 150.78 万元。其二，从建档立卡人员中选聘生态管护员。通过政府购买服务的方式，优先从建档立卡人员中选聘生态护林员、巡河员、保洁员等生态管护员，全县从建档立卡人员中共选聘 1 711 人直接参与森林资源管护，发放管护工资 1 225.2 万元。其三，发挥森林生态效益，促进群众稳定增收。全县有林地 431 万亩，人均 33.92 亩，人均林下经济收入每年增收近 500 元（松脂、野生菌、中药材等）。

八大工程之八，实施素质提升工程，增强脱贫致富技能。紧紧围绕增加农民收入这个中心，充分发挥"职能部门行业培训、挂包单位联动培训、龙头企业定向培训"的重要作用，突出技能培训和扶贫引导性培训，大力开展农村劳动力素质提升工程。各级各部门通过开展培训意向调查，梳理出农民有意愿培训的专业、工种。同时结合产业发展需要、新农村建设人才和企业用工市场需求，确定培训专业、工种和数量，制订年度培训项目计划，有针对性地开展农业专业技能培训。重点开展了茶叶、咖啡、蔬菜、果树、中药材、畜禽等产业种养殖培训；加强农民创业引导，以政策法规、创业理念、创业技巧、农产品品牌创建、农产品质量安全、农产品经销、计算机应用等内容为培训重点，采取集中培训和分散培训相结合的方式，深入田间地头、农户家中、生产一线，手把手传授劳动技能，强化参训人员的实际操作能力，努力培养出更多的农村创业致富带头人，发挥示范引领作用。2016 年以来全县共投入培训经费 1 386.44 万元，完成贫困劳动力实用技能培训 37 957 人次，实现建档立卡人口转移就业 23 806 人次。

2020 年决胜全面建成小康社会，摆脱贫困是一场深刻的社会革命，宁洱脱贫得以成功推进，首先得益于中央精准的顶层设计，其次归功于富有创造性的地方实践，贯穿其中的理想之光、现实之路、初心使命之力，铸就了宁洱彻底告别贫困的历史篇章。

图 39　建档立卡户旧居

图 40　建档立卡户新居

二、"两不愁三保障"完成情况

2017年，宁洱作为云南省首批精准脱贫县，完成脱贫摘帽任务，申请出列，2018年7月，经第三方评估合格，宣告实现脱贫。截至2019年，脱贫成效总体的统计数字如下：2019年地方生产总值由2013年的35.7亿元增长到61.3亿元，年均增长9.42%；农村常住居民人均可支配收入由5 928元增长到12 044元，年均增长13.06%，比2018年增长10.5%，增幅高于全国、全省平均水平。全县基础设施得到了夯实改善，基本公共服务主要领域指标接近全国平均水平。2020年动态管理贫困人口减少到75户199人（2014年全县农业户籍人口141 676人，含纳入建档立卡管理的农转城贫困人口1 855人），贫困发生率由2013年末的8.22%降至0.14%，2020年，通过落实产业扶贫、扶贫小额信贷（脱贫不稳定户享受扶贫小额信贷128户530.1万元，边缘易致贫户60户251万元）、社会保障托底、劳动力转移就业等帮扶措施，稳定实现了剩余75户199人贫困人口全部脱贫出列，消除风险户892户（脱贫不稳定户348户994人，边缘易致贫户544户1 600人），贫困人口全部实现脱贫，实现了县域经济发展与贫困群众脱贫致富双丰收双促进。

落实中央顶层设计，抓"五个一批"，实现"两不愁三保障"脱贫成果如下：

解决"两不愁"，收入稳定可持续。扭住贫困户增收"牛鼻子"，多方努力，多项举措协作发力，推进"311"产业扶持、转移就业、旅游扶贫、电商扶贫、生态补偿等行之有效的做法，做到产业扶贫措施精准到户，惠及所有建档立卡户，实现8 216人产业脱贫。所有脱贫人口人均纯收入由 2014 年的 3 523.69 元增长到 2017 年的 7 111.88 元，增长 101.83%。

扩大发展有前景的原有产业，截至 2020 年年底，宁洱全县共培育形成有机生态茶园 20.48 万亩、生态咖啡园 10.35 万亩、冬农开发种植面积稳定在 11.5 万亩，培育新兴产业核桃 10.4 万亩、澳洲坚果 10.75 万亩，橡胶、晚熟杧果、甜棕、中药材等 9.39 万余亩。2019 年大量的核桃等坚果种下去了，橙子等水果已经开始收获，未来丰收可期，确保了贫困户的收入可持续、生活有保障。

住房安全有保障。主要抓危旧房改造和易地扶贫搬迁，不仅确保了宁洱全县所有住房稳固安全，而且整体改变了农村面貌，村庄整治一新，易地搬迁之后的美丽乡村更是风景独好。2013 年以来，全县共投入民房建设资金 5.56 亿元，实施民房改造 15 705 户。其中，危旧房拆除重建 8 005 户，修复加固 7 360 户，易地扶贫搬迁 340 户 1 203 人（任务为 1 167 人）。

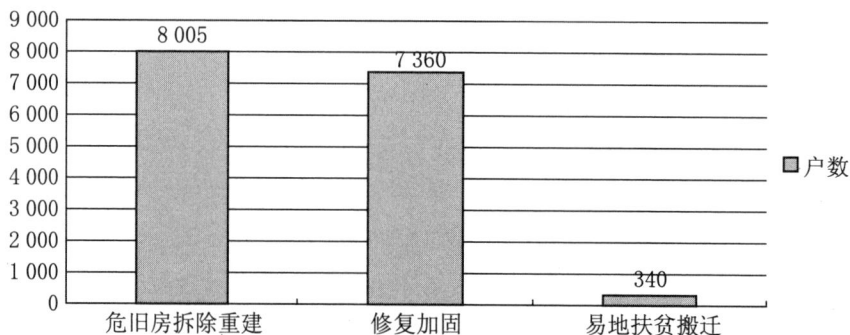

图 41　住房安全保障分类一览（单位：户）

义务教育有保障。开展教育扶贫，提升人口素质。2016 年义务教育发展基本均衡通过国家评估验收，2017 年被国家认定为义务教育基本均衡县。2018年起，在巩固提升义务教育基本均衡发展的基础上，稳步推进义务教育向优质均衡发展。五年来，全县发放义务教育阶段国家"两免一补"政策补助资金4 490.17万元，受益学生59 261人次，农村义务教育学生营养改善计划补助5 892.34万元、受益学生89 099人次，切实解决了学生上学的后顾之忧。县财政共补助建档立卡户在校学生5 331人次，补助学生家庭成员301人次，补助资金638.42万元。全县建档立卡户子女义务教育阶段应入学1 568人全部入学，无因贫辍学情况。

基本医疗有保障。宁洱倾力解决贫困户的医疗保障问题，围绕让建档立卡人口"看得起病、方便看病、看得好病、尽量少生病"的工作目标，全面落实云南省健康扶贫30条措施，实现县、乡、村三级医疗卫生服务体系建设全面达标，县财政缴费补助6 612.5万元，切实降低贫困人口就医负担，所有建档立卡人口100%参加了基本医疗保险和大病保险。兑现建档立卡人口住院再次补偿900人次，补偿金额83.57万元；为建档立卡人口43 935人次支付基本医疗保险报销费用981.7万元；共210人次分享了大病医疗保险报销，共计79.25万元；为建档立卡人口基层医疗机构门诊就诊免收一般诊疗费回补29 271人次，回补资金4.38万元；28种特慢病门诊及住院"一站式"回补兑现2 476人次，回补资金258.49万元；符合条件的2 776人参加政府扶贫救助保险，共救助15.33万元；家庭医生签约率100%，服务补助17.39万元；9类15种大病救治达100%；全县实行先诊疗后付费和"一站式"结报医疗机构15家；医疗救助549人次，45.5万元。

社会保障更加完善。贫困人口的社会保障全覆盖是确保脱贫路上不漏一人的最后一道防线。宁洱按照"兜准、兜住、兜牢"的要求精准施保，符合纳入低保的家庭全部享受社会保障政策。全县有农村低保对象2 773户6 595人（建档立卡1 459户3 705人，占比56.18%），累计发放农村低保金 638 611 人次 1.23 亿元；有农村特困供养人员 918 户 955 人（集中供养 209 人，分散供养 746 人），累计发放农村特困人员供养金 41 069 人次 2 781.41 万元，其中建档立卡人口纳入特困供养 134 人；充分发挥临时救助"救急难"和社会救助体系最后一道防线作用，临时救助 8 274 人次，发放资金 1 014.84 万元，其中对建档立卡人口实施临时救助 883 人次，发放资金 147.37 万元；严格落实残疾人两项补贴制度和扶老救孤行动，发放残疾人两项补贴资金 168 154 人次 1 332.85 万元，发放困境儿童生活补助 1 418 人次 249.07 万元；落实高龄老人福利待遇，发放高龄津贴 1 958.11 万元，切实做到人人共享发展成果。

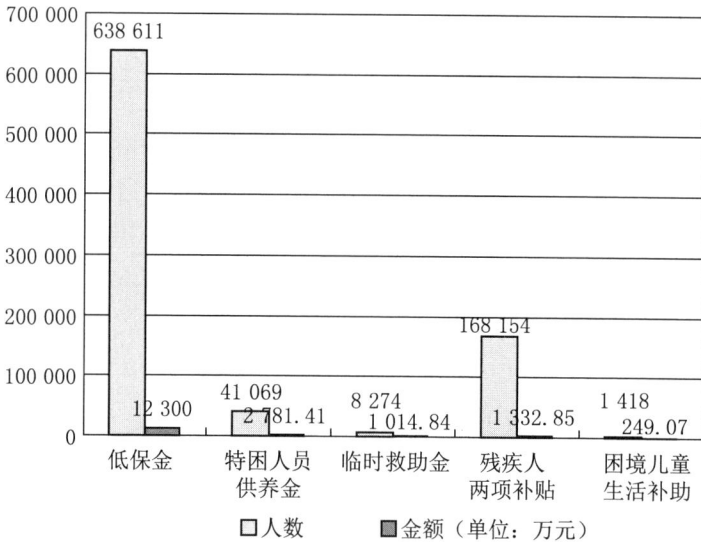

图 42　宁洱县贫困人口保障资金数额一览

　　基础设施明显改善。围绕水、电、路、通信、广播电视、光纤宽带等基础保障要求，切实改善基础设施，增强发展后劲。2014 年以来，投入基础设施建设资金 15.16 亿元，9 个乡（镇）85 个村道路 100% 硬化到村，90% 以上村民小组公路实现硬化通达；所有行政村通 10 千伏以上

图 43 为了孩子的笑容

图 44 小女孩的丰收日

的动力电，所辖自然村 100% 通 380 伏三相动力电，广播电视覆盖率达 100%；实现行政村、学校、村卫生室光纤宽带全覆盖；实现所有行政村农村人口饮水安全保障，所有行政村均有达标村卫生室、公共活动场所和水冲式卫生厕所。基础设施、人居环境和公共服务水平明显提升，村村走硬化路、户户上卫生厕、人人喝干净水的目标正在快速实现。

三、建设村全面改造升级

2016 年前的梅子镇建设村还是一个基础设施落后、民房破烂的少数民族村庄，在宁洱县属于比较贫困的村子，想致富但苦于没有合适的产业能够支撑。2016 年脱贫攻坚战役打响后，短短两年时间，村容村貌焕然一新、产业蓬勃发展、群众生活蒸蒸日上，建设村脱贫后的巨变，正是宁洱众多村庄的一个缩影。

基层党建进一步加强

脱贫攻坚，党建先行。2016 年正是宁洱被列为普洱市第一批脱贫出列县，打响脱贫攻坚战役的首战之年。扶贫要赢，党建先行。梅子镇建设村调整了领导班子，王刚这个在藏区磨炼了两年、荣立过三等功的退伍老兵，就是在这个时候被推选为村支部书记。

新书记上任后，首先抓班子建设，针对班子涣散、人心不稳、工作积极性不高等问题，王刚组织村"两委"多次召开会议，整顿工作作风，查找思想原因，努力对症破解。大家通过会上讨论、会下谈心、书面交心的方式充分沟通，解决了思想疙瘩，统一了认识，明确了责任。村"两委"的工作作风转变了，大家心往一处想，劲往一处使，工作中大事集体研究、小事征求意见，求大同、存小异，各项重点工作都能做到民主决策，心理隔阂解除了，心气顺了，工作起来积极性也高了，村党组织在接下来的脱贫攻坚、村级工作中真正发挥了战斗堡垒作用。

2016 年由各机关选派干部组成的扶贫工作队也来到建设村，村"两委"和扶贫工作队积极配合，统筹协调形成合力。他们每周统一安排工作任务，进村入户开展调查研究，详细了解困难群众的基本情况，弄清村民们目前亟待解决的热点、难点问题，深入了解村情民意。在大量调查研究的基础上，结合本村实际，明确工作思路，制定工作计划，为脱贫工作的顺利开展做好了前期规划。

宁洱从县委到各级组织都非常重视发展集体经济，他们认为党组织联系群众，不仅要靠思想连接、感情连接，还应进行物质连接。脱贫攻坚不仅要让贫困户脱贫，更要让村集体经济强起来。近年来，梅子镇的大树茶、摆尾箐茶价格一路飙升，这让王刚看到了生态大树茶良好的发展前景。村里 20 世纪 60 年代就在小陆箐种植了 50 亩茶树，因荒置多年已经长成大树，且枝蔓相连、密不可分，不利于采摘。王刚几次到小陆箐，实地了解情况，谋划发展路径，组织成立了茶叶初制所，对茶园进行管理改造；又移植了 2 000 多株茶树，分给 6 个村民小组 51 家农户种植；还从林业局请了两名技术人员，从开挖到种植管理全程指导，确保了成活率。茶地里还套种棕树、重楼、黄精等经济作物和珍稀药材，提高了茶地整体经济效益。目前，小陆箐采取"支部 + 合作社 + 农户"的模式运作，带动全村及周边 100 余家农户增收，发展壮大了村集体经济。

基础设施大为改善

建设村原来基础设施薄弱，村组道路状况恶劣，村民活动场所建设滞后，部分偏远的山寨如岩洞、光山、饶家寨，人畜饮水困难，还在用原始的竹子引水进家。村支书王刚带领群众牢牢抓住脱贫攻坚的契机，多方争取项目资金，投入资金 650.4 万元，建设乡村公路 15 千米、村组道路 39.74 千米、组内（串户）道路 18.2 千米，大大改善了交通条件。此外投入资金 81.2 万元，建设村级活动场所、村卫生室和 8 个小组的活动场所，实现了村小组活动场所全覆盖。又投入资金 110.97 万元，实施了 7 项饮水工程，解决了 766 人的饮水安全问题。

建设村房屋全部进行了建设整修。让老百姓都能住上安全稳固的住房，是国家脱贫攻坚的硬性指标要求，建设村严格落实，决不让一户掉队。目前，建设村投入房屋维修建设的资金共491万元，实施民房改造96户，全面消除了C、D级危房。建设村小陆箐的建档立卡户李国荣家早年搬到景洪居住，后因意外中年丧子，六十多岁了又从景洪搬回小陆箐。当他们回到老家时，除了土地还在，住房和产业都已荡然无存，最后只能在荒地边搭了间窝棚暂时居住。王刚掌握情况后把李国荣家定为重点关注户，为他家找了施工队，用国家补助的6万元资金帮他家盖起了60平方米的新房。住房有了，但建设厨房、卫生间、猪圈的资金成了问题，王刚又与帮扶单位积极联系，做通小组党员干部和施工方的工作，争取到物资支持和人力支持，把厨房、卫生间、猪圈都建了起来。李国荣老两口深切感受到了党和政府的温暖，内生动力被激发出来，一改消极状态，积极发展产业，已有核桃20亩、茶叶7亩，养殖了鸡猪，重拾希望信心，开始了新的生活。

大力发展富民产业

建设村处于高海拔山区，过去产业一直呈单一薄弱状态，主要以茶叶、烤烟和传统发展的养殖业为主。如何打造富民产业？王刚带领大家全面分析研究建设村产业地理环境条件和发展现状，决定充分利用现有资源和优势，对全村未来的产业发展进行总体规划布局，确立了"短期抓烤烟、油辣，中期抓生物药材、养殖业，长期抓茶叶、甜棕、核桃等经济林果"的发展路径。

2016年以来，建设村积极争取项目资金支持，获得来自各方的扶持资金84.2万元，种植了甜棕700亩、油辣120亩、烤烟398亩、核桃6 800亩，移栽大茶树22亩，扶持养猪272头、鸡1 200只，2017年末，建设村农村常住居民可支配收入达5 619元，22户57人获得资产收益分红扶持，共入股 18.5 万元，获得分红 2.22 万元，人均约 389.47 元。

农村新风尚正在形成

王刚带领村"两委"与扶贫工作队在改变了建设村的硬件设施、完成了环境再造后，着力提升村庄的精神文明风貌，打造农村新风尚。

建设村各个小组或自然村都订立了村规民约，规范管理道路、饮水、活动场所等基础设施，确保道路有人护、设施有人管、卫生有人负责、人畜分离、垃圾集中焚烧。在整治一新的家园中，新的乡风民俗形成了，沿袭千百年的乡村生活场景彻底改变。

四、厂洞的全面搬迁

厂洞小组位于德化镇东部，共有农户 52 户 160 人。厂洞之名来自这里的一个铅锌矿。四百年前，英国人在这里开采矿石，炼好后，运到缅甸，再通过港口运回英国，形成前有厂后有洞的格局。1949 年前，英国人撤走了，现在矿山由普洱飞龙矿业公司经营。提起德化镇勐泗村厂洞小组的整体搬迁，人们总会提到老段书记的搬迁梦。

段国兴，德化镇勐泗村党总支书记，土生土长的德化镇勐泗村厂洞人，村里男女老少都叫他"老段"，是一个把大半辈子的时光、精力都奉献给父老乡亲的老村干部。

老段还是小段的时候，脑子灵活，帅哥一个，认识了一个家住镇上的漂亮女子，相互都看上了，女方却放出话来："人是瞧得着，就是地方太穷，不想嫁过去。"老段便成了一个倒插门女婿。他说，离开家那会儿，心里就在默念："这该死的穷窝窝，哪天我一定要把它挪一挪。"以后小段慢慢变成了老段，但心底始终不忘那个搬迁梦。可是整村搬迁怎么可能呢？没想到，这个梦想居然在老段手里实现了，因为老段的梦恰恰遇上了"中国梦"。

从1983年成为村干部算起，老段在村上已经工作了三十多年，从普通办事员开始，干到村支书这个村子里最大的"官"，支书的担子也挑了二十多年。我们问乡亲们："老段当了这么多年书记，你们怎么评价？"听到的各种说法表达的是一个意思，说他心里装着老百姓。老段是宁洱县屈指可数的优秀村党组织书记，讲起厂洞整体搬迁的经历，老段书记自豪之情溢于言表。

2016年，脱贫攻坚工作在宁洱县全面推开，德化镇位列宁洱县唯一一个贫困乡（镇），按照县级美丽乡村、全域旅游发展规划，经县、镇领导研究决定，对厂洞52户农户进行整体搬迁，并把厂洞列为县级易地扶贫搬迁示范点。眼看多年的心愿就要实现，老段甭提多开心了。

整体搬迁的原因

厂洞小组原居住点生存条件极其恶劣。其一，交通不便，居住村和田地距离很远，种粮食要到5千米以外的龙树河边，收获的粮食人背马驮才能运回；此外对外交通也很困难，厂洞离镇上直线距离只有4千米左右，但是因为没有路，要从另外一个村绕过去，距离达17千米。其二，生产用水很困难，原来的村子地势比较高，在海拔1 500米的山上，很难把水引上去。其三，原居住点山体滑坡严重，为了控制滑坡，村民在自家房前屋后修建了许多挡墙，很多挡墙都已经严重变形了。小组52户人家，20年间，只有3户人家建起了砖混结构的房屋，其他农户仍住在有着安全隐患的老旧房屋之中，村民搬迁的意愿很强烈。

解决选址问题

搬迁首先要解决选址问题。为了选定符合村民意愿的搬迁点，村干

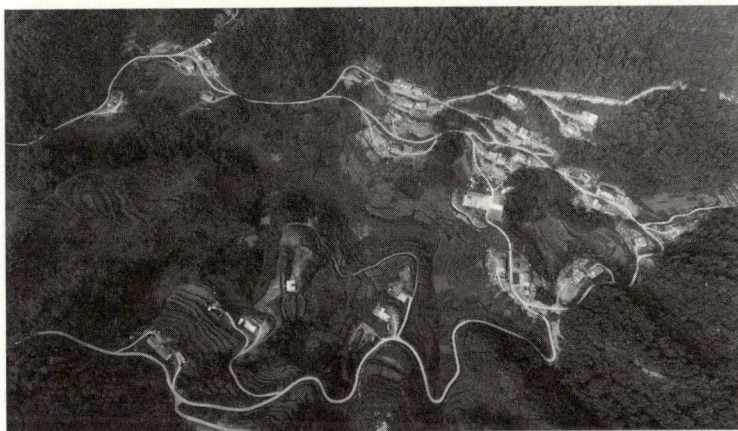

图 45　德化厂洞新居

部召集社员开会，专门商讨选址问题，充分尊重农户的选择权，大家集体商定了搬迁点，也降低了说服农户尽快集体搬迁的难度。新的居住点在原有的小水库边上，地势比原来下降了 100 米，便于引水进村，且离生产用地比较近，风景秀丽。厂洞虽然是整体搬迁，但并没有要求整齐划一集中居住，而是由农户自行选择，只是把建房的规划范围向农户公布，他们可以自由选择，还可以互相调换，于是就有了今天新房散落在青山绿水之间、农户错落而居的山村面貌。

建房准备工作

　　新的居住点没有任何基础设施，没有路、没有水，也没有电，当地干部把需要完成的项目列了一个清单，画了一个效果图。首先跟采矿企业协商，先推一条便道进去，然后动员农户选择自家的宅基地，然后边盖房子，边进行综合性基础设施建设。2016 年 2 月 9 日，大年初二，便道推进了新的居住点，整体搬迁开始实施。

　　为保障搬迁顺利推进，村里召开了动员会，事前言明寨子内部问题要由寨子来解决，老段书记牵头成立由勐泗村党总支班子、驻村干部及村里有威望党员组成的 13 人项目协调组，为老百姓宣讲扶贫政策、负责协调搬迁中发生的所有矛盾纠纷。

建房过程充分尊重民意，总体上实行统规自建，也就是统一规划、自行建设。搬迁领导引入一家施工单位，推荐给农户选择，但并不进行强制要求。便道推进去的一个星期后，宅基地就选好了。按照当时搬迁的补助标准每一家建档立卡户补给 6 万元，一般农户补给 4 万元，每家还可以获得贷款 6 万元。在充分动员以及很多利好措施的激励之下，大家积极性很高，到 2016 年 2 月底已经有好几家打好了建房地基。

浩大的地基工程

建房之初大家都比较乐观，看来万事俱备，只等建房完工了。但是到 3 月初就遇到了很大的难题。很多农户挖宅基地时，发现地面挖开之后下边全是石头。52 家农户中，有 36 家农户遭遇这个难题。石头不是零星分布，很多两三百平方米、三四百平方米的整块宅基地，地下密密麻麻全是石头。石头小的大概直径五六十厘米，大的有一两米，最大的甚至达到直径五六米、高四米左右。这些石头不仅又大又多，而且质地非常坚硬，大家满怀的热情与希望一下子凉了下来，说："看来不能搬了，石头太多了。"村领导向县领导汇报，罗县长（后任县委书记）说："放心，有困难，由政府来解决，我们协调帮忙，你们负责老百姓工作，石头的问题由政府来想办法。"

此后县里从搬迁项目资金里边协调了一部分资金用于平整地基，当时预算大概每户需要几千元，总费用近 30 万元。一开始采用机器碎石的方式，在挖掘机上装上破碎用的钻头，进行碎石作业，但第三天就弄坏了一个钻头，挖掘机也发生损坏，换了两台新的机器后继续作业，几天之后又无法操作了。村干部说之所以采用破碎钻头作业而没有爆破碎石是因为尊重民间风俗习惯，建宅基地大家都想图个吉利，村民们不愿意放炮，但实际操作证明机器碎石无效。为按时完成搬迁任务、脱贫出列，必须争取群众支持。协调小组一家一家做工作，群众也非常理解，纷纷表示其他方法不行就炸吧。

做通了群众的工作，搬迁领导向公安局申请爆破许可，联系了当地铅锌矿厂提供炸药。做炮眼的工程十分浩大，不仅炸药需要炮眼，装炮也需要挖开石头，有的大石头要爆破两三处之多，炮眼的深度也有要求，不能太深，也不能太浅，否则后续就难以施工，为此他们专门请了专业人士帮助施工，仅做炮眼就用了将近40天的时间。准备工作完成后，开始实施爆破，爆破进行了十来天。当地百姓感叹，工程太大了。爆破之后又用破碎机找平，平整地基又用了一个多月的时间，到最后一个宅基地平整完毕，时间已到6月24日了。

基础设施建设

通电工程用了一个星期就完成了，当时县委刘书记要求先把工程全做完，把电架起来，后面再付钱。县里的供电公司非常支持，一个星期就做好了通电工程。通水工程是当地一个寨子的小老板负责的，水管等材料由县里提供，也是先施工后付施工费，大概用了一个月的时间就把水架通了。

水电都通了后，老百姓就开始轰轰烈烈地建房子了，建房中出现的所有困难，都是老段书记带领领导班子协调解决的。四支工作队，有原来的村委会"两委"，有驻村工作队，还有扶贫工作队，加上搬迁协调小组，四支队伍共同行动，为百姓排忧解难，调解矛盾纠纷，直到老百姓全部搬进新居，没有一起矛盾纠纷上交到镇里。

布局致富产业

厂洞的整体搬迁是把美丽村庄建设和产业发展结合在一起的，德化镇党委政府按照"以短养长、长短结合"的产业发展思路，结合厂洞的自然风貌优势，致力于发展"一村一品、一村一景"的致富产业，引导群众开发集观光、休闲、体验于一体的乡村旅游产品。未来厂洞发展乡村旅游，将成为宁洱一个乡村旅游点，也是长期产业。厂洞还布局了种水果、蔬菜、烤烟等产业，鼓励农民养殖生态猪、牛、羊，确保群众不仅住进新居，还要确保群众脱贫致富和可持续发展。

追梦的老段书记

2017年4月，厂洞小组全部入住新居，老段书记终于可以安心回家了。从搬迁工作开始，老段就带领工作队员全身心投入，"一袋饼干一壶水，四个砖头一块木板"是老段他们日常工作的常态。2016年老段主抓整体搬迁工作后，就吃住在率先完成的厂洞小组活动室里，这里距他家有六七千米，1个小时车程，老段驻扎这里两年，难得回去一次，这里也就成了搬迁工作的指挥中心。他不仅要做协调工作，解决难题，还要亲力亲为督促建房进度，确保如期完成脱贫攻坚任务。

有几家盖房子农户，没有选择老段他们推荐的施工单位，自己联系的施工方欺骗了他们，活没干好，老板跑了。老段书记帮助他们解决了问题，保障了每家农户如期住进新居。养殖小区、活动场所、水库等设施需要公共用地60亩，老段发动老百姓顺利完成无偿提供土地的任务。联想当年修筑滇缅公路时，云南人民无偿提供土地作修路之用的历史，让人感叹云南当地干部的奉献精神和百姓的淳朴可敬。

老段书记自己也是致富能人，他们家种烤烟，一年收入最少4万元，好的时候达 8 万元以上。2016 年，老段一心扑在搬迁上，家里一直种植的烤烟也放弃了。老段没日没夜地工作，一段时间下来，身体一向硬朗的他，健康状况大不如前。这一年他多次肾绞痛发作，直到 7 月，老段才到昆明做了肾结石手术，休息没几天，老段就接到电话了，工作队盼着他快点回来解决棘手的问题。当时恰逢雨季，刚修的毛路坑坑洼洼、崎岖难行，多家建房农户和施工队都因为成本增加而停工，工作队怎么努力也无济于事，再拖下去，眼看着就无法按期完成脱贫攻坚任务。老段心急火燎，在医院熬了 15 天，就直接从医院赶到了厂洞，一下车就带着工作队员一家家去做工作，动员施工方轮流修路。看着身体还很虚弱、苦口婆心的老书记，乡亲们沉默了，再不推进，怎么对得起老书记？工地里又热火朝天地干了起来……一个涉及 52 户搬迁户的寨子在不到一年的时间全部建成完工，这里面包含着多少老段和工作队的心血，老百姓心里都揣着一本明白账。

老段说："要说家里人一点意见没有，那是没说实话。先为大家再为

图 46　追梦的老段书记

小家，大家都富裕了，自己再慢慢致富吧。政府支持的项目，有时间限制的，拖不得。牺牲小家先把大家弄好，这些道理和家里人讲清楚，他们也支持了。"

如今的厂洞新寨，一幢幢小楼房收拾得干净整洁，家家房前小院里果蔬满园，寨内平坦的水泥路串联起家家户户，直接通往集镇的3千米水泥路面也修好了，解决了交通问题，新建的坝塘水库解决了几十年的用水难题，有线电视、网络宽带已全覆盖。果树大片种植下去，2020年已经开始有了收获。

老段对厂洞的未来充满信心，他说，再过几年厂洞将是德化东线旅游线路"绿荫潭—厂洞—窝拖"上的一个体验式农村休闲游景点，将来大家可以经营民宿客栈、果园农庄、农家乐来增加收入，厂洞人一定会过上人人羡慕的幸福生活。

第八章　今朝的美丽乡村

　　曾经有一位日本专家来上海开会，我去接他，当汽车驶出浦东机场，经过上海高楼鳞次栉比、灯火璀璨的繁华街道时，他不断赞叹，说："这是发展中国家吗？在发达国家中也是好样的。"我连忙说："东京也很美丽。"他说："相对于上海，东京已经陈旧了。"上海的夜色的确很美丽，而且具有崭新的特征，但要成为具有更大的世界影响力的一流城市，上海还有很长的路要走。2016年，决战脱贫攻坚，中国乡村面貌已经发生了令人欣喜的根本改观，但与发达国家的城乡均质化相比，中国的乡村还有更长的路要走。

　　有人说海外游客初次到中国，如果来到上海、北京等一线城市，他们会惊叹中国的发展超出他们的预期，认为中国是一个发达国家。如果他们去了河南、山西、陕西等地的城市或县城，他们会认为中国是一个中等收入的国家。如果他们待在中国的时间较长，去过甘肃、青海、内蒙古、云南、贵州等地的农村，有过一段乡村生活体验，他们可能会认为中国是一个很落后的发展中国家。

　　2011年，时任广东省委书记的汪洋，在做省委全会工作报告时说：

"广东城市很漂亮，但很多农村几乎没有一处像样的房子，面貌不行。"他希望各地把农村建得像新汶川一样漂亮，"不能城市像欧洲，农村像非洲。"[①]一时间，"城市像欧洲，农村像非洲"成为人们评价乡村面貌的流行语。2000年，李昌平上书温家宝总理："农民真苦、农村真穷、农业真危险！"当时很多人在问："农村贫困的面貌何时才能改观？"2020年是决胜全面建成小康社会的收官之年，中国农村彻底告别了贫困。建设美丽乡村的过程，也是中国农村从解决有没有，到实现好不好，再到追求美不美的转变历程。

"美丽乡村"建设是升级版的新农村建设。"美丽乡村"涵盖农业、农村和农民人文活动特征，既要表现自然之美，也要具备社会之美。建设"美丽乡村"，代表了我国未来乡村的发展形态，符合社会发展规律，符合农业农村实际，符合广大民众期盼，是建设美好生活不可或缺的重要方面。

2015年6月，由国家质检总局、国家标准委制定的《美丽乡村建设指南》（GB/T 32000-2015）正式实施，为美丽乡村建设提出了"国家标准"，这对推动各地美丽乡村实践具有重要指导意义。此后美丽乡村建设从方向性概念转化为定性、定量、可操作的工作实践。

中央建设美丽乡村的顶层设计，可追溯到2012年党的十八大报告，报告首次提出"努力建设美丽中国，实现中华民族永续发展"，将生态文明建设作为"五位一体"总体布局的组成部分。2013年，中央一号文件指出要加强农村生态建设、环境保护和综合整治，努力建设美丽乡村。2015年2月1日，中央一号文件《关于加大改革创新力度加快农业现代化建设的若干意见》正式发布。提出的目标和口号是"中国要强，农业必须强""中国要美，农村必须美""中国要富，农民必须富"。明确

---

① 新浪新闻：http://news.sina.com.cn/o/2011-01-07/083021775608.shtml。

提出"扶持建设一批具有历史、地域、民族特点的特色景观旅游村镇，打造形式多样、特色鲜明的乡村旅游休闲产品。加大对乡村旅游休闲基础设施建设的投入，增强线上线下营销能力，提高管理水平和服务质量"。

2015 年 5 月，习近平总书记在考察美丽浙江建设新成果时，指出："美丽中国要靠美丽乡村打基础。"2015 年 10 月 17 日，全国旅游规划扶贫公益行动动员培训会在张家界召开。会上提出了 2015 至 2020 年全国旅游扶贫工作目标：通过发展旅游带动全国 17% 约 1 200 万贫困人口实现脱贫。

习近平总书记在十九大报告中进一步提出实施乡村振兴战略，要坚持农业、农村优先发展，加快推进农业、农村现代化；要坚定走"生产发展、生活富裕、生态良好"的文明发展道路，建设美丽中国。近年来，各地加强新农村建设，建设美丽乡村，让环境更好、乡村更美、村民更富。习近平总书记强调：小康不小康，关键看老乡。中国要强，农业必须强；中国要美，农村必须美；中国要富，农民必须富。强调实现城乡一体化，建设美丽乡村，是要给乡亲们造福，不要把钱花在不必要的事情上，不能大拆大建，特别是要保护好古村落。强调乡村文明是中华民族文明史的主体，村庄是这种文明的载体，耕读文明是我们的软实力。强调农村是我国传统文明的发源地，乡土文化的根不能断，农村不能成为荒芜的农村、留守的农村、记忆中的故园。强调搞新农村建设要注意生态环境保护，注意乡土味道，体现农村特点，保留乡村风貌，坚持传承文化，发展有历史记忆、地域特色、民族特点的美丽城镇。①

曾经有城里的大学生来宁洱红色基地学习，看到农家的房屋，惊叹不已，他们讲："你们住的都是千万豪宅啊！"这些话当地人听了很开心："原来农村也有让城里人艳羡之处呢。"

---

① 央视网新闻：http://news.cctv.com/2017/02/28/ARTI4YhHZTSsgi6OvCSkeZlP170228.shtml。

　　精准脱贫不仅整体上改变了宁洱的贫困状况，而且促进社会主义新农村建设取得重大的阶段性成果；不仅建成了美丽乡村，而且打造了幸福家园、富裕村庄。

　　美丽乡村建设是传统农村向现代化转型的必经阶段。如果追问乡村因何美丽，答案可能并不复杂，但是为了乡村的这份美丽，当地干部群众所付出的艰辛和感受的欢乐却不是一两句话就说得清楚的。脱贫攻坚不仅是要完成"两不愁三保障"的目标任务，还包括要重视乡村基础设施的完善和环境的清洁美丽；规划先行的理念、对生态景观的重视贯穿于乡村建设的全过程；宁洱的乡村彻底摆脱贫困的过程，伴随着乡村面貌一新、彻底改观的过程。各方力量共行动、移风易俗提高乡村精神文明程度，更是建设美丽乡村的关键所在。如果从历史发展的视角观察，宁洱的美丽乡村建设还处于转型发展阶段，但仍会给我们很多欣喜和感动。

图 47　那柯里风雨桥

一、脱贫攻坚是一场大考

2020 年是中国决胜全面建成小康社会的收官之年，这一年也注定成为中华民族伟大复兴历史进程中具有重要意义的里程碑。按照既定计划，到 2020 年年末中国要确保贫困县全部摘帽，农村贫困人口尽数脱贫。

2020 年 3 月 6 日，习近平总书记在决战决胜脱贫攻坚座谈会上的讲话中提到，"要严格考核开展普查。要严把退出关，坚决杜绝数字脱贫、虚假脱贫。国务院扶贫开发领导小组要开展督查巡查，加强常态化督促指导，今年中央将继续开展脱贫攻坚成效考核。从下半年开始，国家要组织开展脱贫攻坚普查，对各地脱贫攻坚成效进行全面检验。这是一件大事。要为党中央适时宣布打赢脱贫攻坚战、全面建成小康社会提供数据支撑，确保经得起历史和人民检验"①。

2016 年是全国脱贫攻坚、决胜全面建成小康社会的首战之年，距预定计划 2020 年完成全部脱贫任务，只有四年时间，可谓时间紧、任务重。如何确保脱贫的目标切实完成，如何防止数字脱贫等虚假脱贫，如何让这场具有深远历史意义、划时代的反贫困行动经得起历史的检验？对贫困县以及贫困人口的脱贫摘帽成果进行评估，是检验评估脱贫成效的关键一步。

宁洱迎接第三方评估

我们在宁洱调研期间，曾问询当地的干部和群众，宁洱脱贫工作是

---

① 人民网：http://cpc.people.com.cn/n1/2020/0306/c64094-31621137.html。

如何考核通过的。他们讲是由第三方评估单位——来自广西师范大学的师生团队进行评估。很多人都回忆起准备迎评过程中、迎接评估时的紧张与期待，以及评估结束后，得到好消息的兴奋与忘情。他们说，评估时由第三方自由抽签选择前往的村子和家庭，一般是当天早上出发之前一个半小时才告诉县里评估选定的村子，到了村子之后，带队评审的老师会有一个助手配合，两个人独立工作，村干部不能参与（村干部只需提供花名册，然后提供一张地图）。他们抽取选择几个村民小组，然后入户完成问卷调查。确实是丝毫也马虎不得的严格评估。

我们到曾经的贫困户家询问评估方登门调查的情况，他们说评估方自己来的，有两个人，来了后问了一些问题，关心他们的住房、收入等生活情况，还会问挂包干部是否常来，以及帮了他们什么忙、他们满意与否等问题。

每个建档立卡的贫困户，至今还完好保存着评估考核时留下的文字记录。这些材料装在一个带拉链的塑料文件袋里，包含家庭收入、住房安全、义务教育、医疗养老保障、饮水安全等方面的详细认定材料，以及最终贫困户退出的申请书、告知书和脱贫销号的"双认定"表。贫困户如果要脱贫，必须通过入户调查，对照几项指标，确认到底达不达标，核定完以后，还要按照当初评定贫困户时的"三评四定"程序走一遍，全部通过了，贫困户才算是脱贫出列了。

贫困户脱贫之后，在他家门口会贴上一个明白卡，上面标明贫困户退出时，在收入"两不愁"，住房、医疗、教育"三保障"方面的帮扶措施与实施效果等详细情况，并留有农户和帮扶责任人、驻村工作队长、村干部的确认签字，这是该户退出的最终结论。

按说脱贫评估工作是检验精准脱贫成效的关键一步，这件事在脱贫攻坚中的重要性不言而喻，但是当地干部群众对这件事反而很难分享详细具体的信息。或许当所有的努力都聚焦于真脱贫、脱真贫的奋斗之中，当地干部群众最关注的是脱贫的标准，以及如何在规定时间里一丝不苟地予以落实完成，坚信目标导向必然通往必然结果，而脱贫标准出台的过程、检验脱贫政策的相关安排，并不在他们思考的范围之内。后来我从云南省扶贫办获得了介绍评估考核过程的完整资料，才知晓了相关问题的答案。

禄劝的前车之鉴

禄劝彝族苗族自治县位于云南省北部，是昆明市下辖的三个国家级贫困县之一，虽然隶属于昆明市，但位于大山深处，最远的乡镇距离昆明市区需要5个多小时的车程，山区面积达98%，交通运输十分困难，一直是乌蒙山集中连片特困地区重点县。过去村民想要出山，只能走狭窄泥泞的山路或滑溜索、走吊桥。交通运输困难不仅是禄劝的致贫原因，也是整个云南贫困根源的缩影。

2016年，正值全国脱贫攻坚战的首战之年，禄劝被列为云南省第一个、全国第一批参加贫困县退出评估的试点县，禄劝县打出"首战用我，用我必胜"的标语口号，显示了必胜的信心。

禄劝县的脱贫攻坚行动，首先瞄准最大的致贫原因，集中力量突破交通难题，把县域内的道路全部打通，各个行政村内部道路也全部实现硬化。此外，集中帮扶最贫困的群体，确保建档立卡贫困户全部脱贫，特别是精准解决了建档立卡户最突出的贫困问题，如住房问题、收入问题。禄劝县干部群众奋战一年，确保了所有的建档立卡户住房安全，收入达到标准。2017年1月，禄劝县领导干部信心满满地提交申请，迎接国务院扶贫办委托的第三方评估组、来自云南财经大学的评估团队。

此后禄劝县干部见证了从未经历过的最严格的考核过程。首先是考核标准严、考核范围超出预期。评估组把"三率一度"作为考核标准，"三率"即漏评率、错退率、综合贫困发生率，"一度"为群众认可度；考核"三率"完成情况，意味着不仅评估现有的建档立卡户，还要评估非建档立卡户以及从建档立卡户中脱贫退出的农户。其次是考核方式严。评估组进村入户不让任何人跟着，村干部最多把评估组带到村里。最后是抽查全面。评估组选定了一个小自然村，就会一家不漏地全部核实，按"两不愁三保障"的标准严格审核。建档立卡贫困户没有达到标准和非建档立卡户没有达到标准，都判定为漏评；退出建档立卡贫困户的农户没有达到标准，就属于错退。

云南财经大学的带队领导后来谈到禄劝评估的问题时说，他们到禄劝时发现，新房子里住的是建档立卡贫困户，破房子里住的反而是非贫困户，这与他们预想的完全相反。

禄劝评估调查统计的最后结果是漏评率达 28.23%，综合贫困发生率也随即升高，达 27.76%。按照漏评率不能超过 1%（后面改为 2%）、综合贫困发生率不能超过 3% 的国家标准，判定禄劝县当年不符合国家规定的贫困县退出标准，被建议缓期退出。

禄劝县没能脱贫出列，给全国其他的贫困县敲响了警钟。原提出 2016 年退出的 100 多个贫困县，在禄劝评估失败之后，只有 28 个县提出申请，接受国家检查。宁洱也调整了脱贫的时间期限，由 2016 年末调整为 2017 年底。

禄劝评估失败的启示

禄劝评估失败对其后云南省脱贫攻坚工作的思路调整、制度设计和脱贫成效等方面都产生了深远的影响。

其一，惯性思维无效。原来大家认为扶贫摘帽没有那么难，按照原来的思维模式，只要改善基础设施，完成建档立卡户的脱贫任务就能够脱贫摘帽。禄劝评估失败的结果，让大家认识到中央精准脱贫的战略安排是硬碰硬的，就是要确保绝不让一个人掉队，绝不是走走过场就可以过关的，必须真抓实干，关键是下大力把真正的贫困人口全部找出来，实现对象精准，只有把这个基础做好，才能完成好后续的帮扶工作。

其二，扶贫必须精准。强调并落实精准就必须细化评估标准，特别是对建档立卡户的评估标准。2017 年云南省细化了"两不愁三保障"标准，收入要达到不愁吃、不愁穿的"两不愁"标准，评估相对容易。住房、医疗、教育的"三保障"，一度很难衡量。云南省规定在具体识测贫困户时，还必须逐户分类、分项进行，分类是按房子、医疗、教育划分；分类后再进一步细分，如房子按项来分，C 级要修缮加固，D 级要拆除重建；就学按项来分，分学前、小学、初中、高中、大学各项；医疗按项来分，分为是否参保、家庭是否有人生病，如属于有人生病的家庭，还要细分为是大病还是慢性病。这一年云南全省按照细化要求对建档立卡户完成了重新识别。

其三，必须动态管理。2017 年云南省要求对全省贫困对象实施动态管理，并每年调整完善具体实施方案。《云南省贫困对象动态管理工作方案》明确规定要按照此方案要求，开展重新识别工作，基层动态管理工作队由县乡干部驻村扶贫工作队、村干部、村党员和村民代表共同参加，以村民小组或自然村为单元开展贫情分析。除了实地调查、全面分析村民的贫困情况，还要对信息数据做整理，形成一户一档。所有纳入建档立卡的贫困户都要通过内部评议、党员评议、群众评议、村委会初定、村民代表议定、乡镇审定、县市确定的"三评四定"程序，同时公示并设立举报电话，接受村民监督。

脱贫攻坚的大考

目前全国贫困县退出评估考核由各省统一组织，各省对退出贫困县的质量负总责，因此省一级也加大了对脱贫攻坚工作的监督力度。

对于云南省待摘帽的各个贫困县来说，完成脱贫攻坚任务要经历几次小考和两次大考。小考主要是来自各级主管单位的相关检查，其中比较重要的两次小考来自省一级扶贫系统：一次是对即将摘帽的县年中的"督查"，主要任务是及时发现问题，及时督促整改，它更像是一次"期中考试"；还有一次是年尾的"核查"，在11月开展，如果在省级核查中发现重大问题，不符合摘帽条件的，将直接否决该县退出贫困县的申报，不再进入评估程序。

两次重要小考通过后，即将摘牌的贫困县还要迎接两次大考：一次大考是要接受第二年的第三方评估，评估通过则正式宣告贫困县脱贫摘帽，但考试还没有结束；第二次大考是2020年至2021年年初，国家对全国832个贫困县进行一次普查，这是最终的大考。国家大普查由国家统计局牵头，依然是第三方评估，普查会更加严格，不仅检验扶贫工作成效，也包含对考核评估工作严不严、实不实、真不真的严格检验。这次大考将对2013年以来建档立卡的所有贫困户的生活情况进行评估，每家都要走到，详细检查"两不愁三保障"脱贫标准是否完成，重点考察脱贫成效的真实性、完成质量的可靠性，被称作"真正的大考"。

2020年7月20日到8月15日，宁洱县迎接了国家普查的大考。第三方评估单位由县之间交叉进行。来宁洱的检查小组来自景东县，共80多人，主要由驻村工作队成员组成。他们对扶贫工作很熟悉，看得明白、问得恰当、检查精准，核查范围包括自2013年开始建档至2016年累计的全部建档立卡户，宁洱共有 4 312 户 15 029 人。检查小组分别到 5 个乡镇进行检查，他们 2 人一组，由村里的村民小组长等担任指导员，负责带路和现场翻译，核查一般 15 ～ 30 分钟，有的一个小时，规定每个小组上午检查 5 家，下午再检查 5 家，一天不超过 12 家。

进入农户家，检查小组先看农户家门口贴着的明白卡，与农户确认每一项是否属实。然后了解生活情况，到厨房看油盐酱醋全不全，看客厅有没有电视、沙发，还要看卧室，卧室要求必须有床架，不能像从前一样，几个砖头搭起来，放上床板就当床用了。厕所也是必查的内容之一，还要看院子有没有种植什么等。

了解了基本生活情况后，检查小组会坐下来进行问卷调查，调查问卷共有 26 个问题，不是农户填写，而是就 26 个问题逐题问询后，由检查小组完成，所有问题全部确认后，让老百姓签字，不会签字的人就按一个手印并照相留存。

检查结束后，必须现场提交核实结果，发送给县里的书记员汇总，微信的信息传递和定位功能被用于普查工作，检查小组离开被检查的人家 100 米再提交就被视为无效。

信息提交后，检查小组可能会收到反馈，如果对一些问题还有异议，或者还有弄不清楚的事情，检查小组还必须再次回到农户家进行确认。例如，有一家建档立卡户，检查小组前前后后跑了三次，才完成检查。这家的母亲患有精神病，和女儿、女婿一起生活，有个儿子长期在外打工，没有回来。检查小组提交了核实材料。离开后，他们收到一条反馈信息，要求调查为什么一起生活的一家，母亲和女儿、女婿分别建档：一家有两个建档立卡户，是不是为了多获得政策上的优惠补助？检查小组第二次登门去核实后得知，这家当初建档立卡时母亲还与儿子一起生活，后来儿子外出打工就和女儿一家过日子。他们写了说明再次提交，但其后又被要求第三次前往，这次是为了核实这家儿子的收入，因前面汇总的信息是女儿代答的，这是不允许的。检查小组第三次到这家，现场打电话给儿子，确认收入后，才完成了对这家的检查。

图 48　第三方入户调查

二、问询乡村因何美丽

宁洱美丽乡村的成因

其一，基础设施建设根本改变了农村面貌。宁洱美丽乡村建设首先得益于基础设施建设。且不说异地搬迁点都是统一新盖的住宅，统一规划的村中道路、公共厕所、村外的养猪场等，就是非异地搬迁的农户，房子也都经过了修缮，或翻盖，或新建，再也看不到破破烂烂的房子，村容村貌大为改观。

其二，卫生条件大为改善、移风易俗成效显著。农村的厕所革命，使卫生厕所在宁洱的普及度非常高,家家都有干净的厕所,多数是水冲式马桶,屋外还普遍建有太阳能淋浴房。鸡、鸭和猪也很少在家里饲养,而是另辟地方,圈起来,各家自己照管。村外建有统一的养猪场,每家分到一个猪圈,还有专门的饲料房,一户一间。有人曾经在网上发文说,猪肉价格上涨就是因为农村实行人畜分离,干净是干净了,养猪的数量也受到了限制,实在是不考虑农村实际情况,片面追求整齐划一。为此我特意问询了宁洱驻村干部,得知他们村统一建好的猪圈,一间里面有三格,可以养猪十头左右。村里制定了猪圈管理规定,按常住户分,不是常住户的要回来满一年才可以分到。如果有人嫌多,有人嫌少怎么办?养猪大户如果嫌猪圈不够用,他们可以向不养猪的农户租猪圈,也可以向村小组申请在猪圈规划区里面自行建盖。我还问了集体建设猪圈前后,养猪数量的变化情况,得到的回答是虽没有统计过,但

图49　实施人畜分离的村外养猪点

感觉没有减少。看来猪肉价格上涨的原因，不能简单地归结为美丽乡村建设引发的养猪数量减少，即使有这种情况，也不能视为普遍存在，主观想象的推论没有经过广泛的调查研究，好像有理，实际情况未必如此。

人畜分离使农民改善了居家环境，并且在物质上也获得了收益。过去有些农民想养猪但没有猪圈，想自己盖猪圈又顾虑钱的问题。现在不论有猪没猪都先有了猪圈，很大程度上鼓励了养猪的积极性。过去很多人家猪圈破破烂烂的，而且就在自家院里门内，臭气熏天，蚊虫肆虐，庭院乱糟糟的，现在家里敞亮了，蚊虫不见了，很多家养起了花草，种着蔬菜，满园花香，满眼翠绿，庭院美丽了，乡村也美丽了。

其三，动员各方力量共建共享美丽乡村。当地干部为了移风易俗下了很大功夫，动了很多脑筋。单是在改进居家环境卫生方面，就花了很多心思。听说他们想到一个好办法，让老师带着学生到各家检查卫生。老师会提前通知学生，到时挨家上门，如果卫生不达标，老师就带着学生一起打扫。孩子的自尊可是不得了的事情，接到通知的孩子，会提前要求家长认真清扫，等到老师带着学生们上门时，基本上卫生都搞好了。当然，也发生过个别没有改观的情况，老师就真的带着学生们一起帮忙清理，被帮助的家庭会很难为情，以后也就尽量避免让自己和孩子尴尬的事情发生了。据说这种方法很有效，他们叫"小手牵大手行动"，还在很多地方得到推广。

其四，多方协作规划建设美丽乡村。宁洱的老凤寨子隶属宁洱镇太达村，是个有 79 户农户 320 余名村民的美丽寨子，2014 年获省级文明小组称号。2017 年，经层层筛选，这个村小组获得了"美丽乡村"和"新纲要"示范村建设项目，得到了 450 万元的投资支持，其中，上海市金山区援助 150 万元。这些款项用来新建彝族寨门、彝族广场、桥涵道路等基础设施，河道治理、太阳能灯光安装也相继跟进，尤其是 3D 立体墙壁画的绘制，让这个美丽的村寨如凤凰涅槃一样获得重生，更加美丽迷人。老凤寨里有一条路，路两边一幅幅墙画，把这里装点成一条长长的画廊，令人过目难忘。画面富有乡村生活特色，美丽又生动，一看就是高手所为。原来这是 2016 年金山区派来的一批画家作的墙画，今天看来依然完好如初，可见质量之高。

项目的推进，不仅让村容村貌发生了翻天覆地的变化，还依托漫崖咖啡庄园、菜园子等企业的引进，使当地老百姓的劳务收入有了大幅度提升。环境美丽了，生活改善了，彝族村民的生活方式也发生了极大改变。妇女小组长凤燕说："下午做完活计回家，做好家务，梳洗干净，老老少少聚在活动室，说说唱唱跳跳舞，跟城里没两样，哎呀呀，这日子呀，是越来越好了。"现在的老凤寨，环境更美了，人们的生活也更快乐了。

其五，领导干部美丽乡村建设的理念发挥了引领作用。在宁洱听到一个学员讲他眼里的美丽乡村是什么样子。他叫郭绍云，现任宁洱住建局副局长，2016 年 2 月曾任扶贫工作队队长，也是厂洞易地搬迁点负责人。他在组织厂洞易地搬迁时，设想农民的新家应该是什么样子，他想还原他小时候记忆中的菜园子样貌，还有漫山遍野的桃花、梨花那样的风景。他向县委罗书记汇报，罗书记很赞赏，说："看来你理解了美丽乡村建设的思路。"于是在厂洞小组整体搬迁、规划新住宅庭院时，就规划了每家庭院只能硬化正房往前 4 到 6 米，每家硬化面积不超 60 平方米，剩余的全部用篱笆围起来成为立体庭院经济的基地。果树选种桃树、李树、梨树，花期颜色可以错开，果树下还可以种蔬菜。整体搬迁完成后，房子盖好了，庭院整备好了，住进去的农民开始按规划做了，现在身处美景之中人人都说好。

图 50　规划后的农民新居

　　其六，党组织发挥了组织和引领作用。宁洱镇政合村 303 户，竟有 128 户建档立卡户。大寨组曾是政合村出了名的落后组，禽畜不入圈，屎尿遍地流，老百姓像一盘散沙，公益事没人管、没人做，群众精神面貌不佳。村"两委"重新进行了选举，组建了新的领导班子，大家决心穿新鞋、走新路、干实事，不到一个月的时间，人心就聚起来了，卫生也搞上去了，气氛更和睦了，各项工作开展得有声有色，成为精神文明示范组。村委会筹集了 18.2 万元资金购的果苗已分到建档立卡户手中并全部落地，已种植板栗 581 亩、坚果 230 亩，另计划种植核桃 120 亩。

　　美丽乡村建设是扶贫工作中尤其令人感动的篇章。扶贫的目标不仅是有饭吃、有房住、有衣穿，还要社会关系和谐、居住环境美丽、留得住乡愁，让城里人想来甚至羡慕。因为这里不仅有整洁的环境、可口的农家菜、清新的空气、适宜的温度，还有浓浓的乡情。宁洱各个村小组都有活动广场、活动场地,很多村子文化活动也很有人气,少数民族能歌善舞,大家聚在一起听歌唱歌、跳跳舞蹈也很开心。有些村子已经和旅行社建立联系,接待城里来旅游的孩子,听说来自北京的小朋友已经有好几批了。如果说美丽乡村是新时代的理想主义,理想的生活什么时候能少了理想主义引航呢?

移风易俗的乡村之美

在风景如画的把边江畔,有一座干净整洁,村风、民风、家风广受称赞,风正家和的美丽小山村,这就是市级文明村普义乡普胜村。随着脱贫攻坚工作的深入实施,村民种起了经济林果、开起了民宿客栈、发展了集体经济,不仅收入增加了、生活改善了,而且村民的风俗习惯也彻底改观,山村的清洁美丽让来到这里的人印象深刻、赞不绝口。

如今的普胜村成为全县乡村环境整治的先进典型,全县各乡(镇)纷纷带领村组干部到普胜村参观学习。很多人发出了赞叹:"在偏远的把边江畔竟然还有如此美丽的村庄。"当地村民如果听到你对村子的夸赞,常会很自豪地告诉你:"我们普胜村的变化,多亏了咱村里的女书记。"

白惠兰书记做妇女工作时间比较长,先是在村小学代课,1993年被推选为村妇女主任,当时她爱人任村委会主任。夫妻俩都做了村干部。2013年换届,白惠兰被推举为村书记,按规定夫妇两人不能都在村委会工作,于是其丈夫离开村领导岗位,回家种植咖啡、烤烟。白惠兰说:"当妇女主任时,主要抓孝敬老人、邻里和睦、妇女权益保障、男女平等等方面的工作,我管很多婆婆妈妈的事,时间长了,他们和我也熟了,信得过我。"她说,她真正下决心改善乡村风气,还是从2013年任村书记开始的。

今天,普胜村是宁洱乡村文明建设的典型,问起白书记开展这方面工作取得成效的主要原因是什么，她很谦虚，一直说自己没做什么，在与她的聊天中，她讲了她的一些思路和做法，给出了朴实的思考和答案。

乡村基础设施完善，成为乡村文明建设的基础。白书记聊起普胜村当年真实的生活状态：只能远看，无法走近，路上垃圾遍地、庭院杂物成堆、房间凌乱不堪，一阵风刮过，尘土满天。她说，穷的时候也想着搞卫生，但大家心气不高，村居环境一直很差。2014年，村里先是通了土路，2016年，脱贫攻坚战开始以后，普胜村实施了村组道路硬化、民房改造、部分移民搬迁，以及饮水安全工程、村民活动场所、少数民族特色村寨建设等项目，累计投入项目资金1 800余万元。全村基础设施、人居环境和公共服务水平等明显提升，实现了走硬化路、上卫生厕、喝干净水的目标。基础设施建好了，大家的文明意识也慢慢提升了。白惠兰说："村子建设好了，我们妇女就要像打扮自己一样把自家打扫得干干净净、舒舒服服地，那才像一个家的样子，不然到处脏兮兮的，那不是丢咱们女人的脸吗？"

乡风民俗关乎村民能否致富、能否巩固脱贫攻坚成果。白惠兰下决心抓打麻将赌博的事情，她说："忙赌博的人不会富，不赌博的人忙着种咖啡，就会一年比一年富。"白惠兰不厌其烦地开展思想工作，经常讲村里真实的案例，不仅开村民大会讲，更是经常个别做工作，一段时间下来，终于刹住了赌博的陋习。村里的小超市，以前都是赌博的聚会地，现在大家在这里拉拉家常，也会打打扑克，赌博的事情不再发生了。

妇女工作关乎产业发展、生活幸福。白惠兰认为抓乡村文明，关键是做好妇女工作。妇女工作做得好，家庭也会稳定，收入也会提高。普胜村利用"三八""五一"等节假日，开展"最美家庭""好媳妇"等评选活动，并组织妇女进行集中培训，开展家居用品摆放、庭院美化绿化的现场示范。白惠兰说："移风易俗需要村委班子、党员带头慢慢做，由党组织牵头，妇联组织参与，把妇女工作做好，发动妇女的积极性，工作就好做了，慢慢就养成习惯了。"针对村民的乱扔、乱摆、乱放、酗酒闹事等现象，白惠兰组织发动村干部、村民代表共同行动，上门劝导，经过不断努力，村里越来越整洁美丽了。村里的"醉汉"开始戒酒了，并把心思用在发展产业上，曾经紧张的家庭关系也慢慢温馨了起来。

订立乡规民约，发挥制度的约束作用。白惠兰带领党员群众制定村规民约，建立每月卫生"整治日"制度，定期开展村组环境大清理、大扫除。村子里的村民小组，一般是每月三次，10日、20日、30日，逢十打扫。新搬迁点，村民自觉每周五打扫。从2016年开始已经形成习惯，不用人叫，8点前就都打扫好了。从前村民每逢搬迁、婚礼等大事，总要张罗大办，收礼吃饭，很多人抱怨互相随礼，不胜负担。如今办婚礼，已经有规定限制桌数了，不得超过30桌，随礼不得超过100元。搬家时可以自己家聚餐热闹一下，禁止请客大办了。普胜村有一个村民小组整体搬迁时，也没有哪家再搞大操大办了。

想要形成农村新风尚，舆论民俗自有其影响力量。在普胜村，敬老孝老既是村子的古老传统，也是新的乡风民俗。曾经有县领导来普胜村了解乡村文明建设情况，白惠兰汇报时说，如果哪家媳妇不孝敬老人，大家的唾沫也会把她淹死。她说："这句话虽然有些夸大，但事实就是这样，谁不孝敬老人，在村里是抬不起头来的。"普胜村不仅村庄整洁，村民家里也很干净，村里人讲，家里卫生情况，也是一家看一家的，谁的家里脏也会被村里人嫌弃的。

今天到普胜村，只见干净美丽的村庄、舒适整齐的庭院、温馨和谐的氛围，就连劳作回家时脱下的那双鞋子都摆得那么整齐有序，让人难以置信这是一个边远山村的家居生活场景。精准脱贫不仅实现了农村整体脱贫，也在很大程度上提升了乡村文明程度。

图 51　大地乐章

三、乡愁诠释发展的路径

人们常说乡村应该是能够唤起乡愁的地方。何谓乡愁？并没有统一的定义和答案。是乡村的自然风貌、难忘的舌尖上的味道、质朴的乡亲故人，还是放慢了脚步的时光与悠闲？看待乡愁的方式，不仅包含着对从前的乡村生活场景的怀想，而且联结着某种富有感染力的文化叙事，也关系到对乡村发展路径的思考与选择。

温泉村演绎的"乡愁"

温泉村位于宁洱镇东南部，距离宁洱县城 8 千米，全村共辖 14 个自然村小组，16 个村民小组，共有农户 888 户 2 745 人，村内居住着哈尼、彝、白、回、汉等多个民族，其中少数民族人口占总人口的 62%。多年来，各民族和谐共处，关系融洽。2016 年脱贫攻坚行动后，温泉村由过去贫穷闭塞的村落，摇身一变成为生态宜居的美丽村庄。

我们去温泉村时，沿着蜿蜒伸展的乡间公路，穿过碧绿的茶山和田野，一个山清水秀、风景秀丽的美丽村庄便展现在眼前。

村民小组长白家琴说："以前总盼着过城里人的生活，现在是城里人羡慕我们村里人过得舒坦，居住环境宽敞、安静，空气好，生活也方便。"

乡愁联结美好的村居环境

整洁美丽是温泉村的"硬件"，生态宜居是温泉村建设的目标。村党总支书记李宏玮介绍说，他们按照"突出民族特色、生态田园村庄、宜居宜业宜游"的发展定位，坚持高起点规划、高标准设计、全方位建设，追求优化美化宜居的工作思路来谋划全村的经济社会发展。今天温泉村村民小组已完成了总投资 115 万元的民族团结示范村建设项目、总投资 1 233 万元的美丽乡村建设项目。借助项目投资，温泉村完成了对村庄整体的加固、美化、升级、改造。建成文化活动场所 13 个，修建水泥路面 20.5 千米、旅游公厕 7 个；16 个村民小组均架设了自来水管网，太阳能、沼气池普及率达 85% 以上，家电、摩托车已进入家家户户，半数以上家庭已拥有轿车。

今天的温泉村，苍翠欲滴的茶园环绕左右，白墙灰瓦的农家小屋错落有致，环村道路串点成线，呈现"茶在寨中生，人在茶园住"的美好乡村画面和"身在乡村住，网络观天下"的现代农民生活图鉴。

乡愁纠缠舌尖上的味道

2014 年，温泉村曾被县委县政府授予"民族团结示范村"和"生态有机示范村"称号。温泉村致力持续擦亮这两大荣誉名片，弘扬民族团结精神，发挥生态良好的优势，打响乡村旅游品牌。他们着力改造发展生态茶园，形成以种植、养殖为主的规模化生态农业，发展集民族文化体验、民俗文化感受、生态文化观光为一体的乡村旅游新兴产业，实现农民人均年可支配收入万元以上。目前，投资上亿元的普洱民族团结小镇温泉村高端休闲度假养生项目已启动建设。

《明星到我家》节目中的"宁洱婆婆"李树英在自家的农家乐颇为自豪地给客人介绍着菜："这是正宗的野菜，刚从小溪边采摘回来的。"生态菜也是她家的招牌菜。问起生意如何，她的兴奋之情溢于言表，说："生意最好时，一天能接待100多位客人，一天就能赚几百元。"

乡愁附丽特色风情

哈尼族民风淳朴、服装绚丽、民俗富有特色，为传承和弘扬哈尼族传统的民俗文化，2015年以来，村"两委"着力做强、做大传统的哈尼红蛋节。说起红蛋节的来历，人们总要讲起一对汉族、哈尼族姐妹情深义重、共谋致富的故事。温泉村干部白家琴（女，哈尼族，1965年生）和李树英（女，汉族，1969年生）都是嫁到温泉村的媳妇，相识后成了无话不说的小姐妹。她俩一心想着为温泉村找一个致富项目，就想到了一个好主意，大力宣传推广哈尼族传统及二月二红蛋节以实现脱贫致富。如今温泉村的红蛋节远近闻名，声势浩大。红蛋节当日，协办商家总有十余家，赞助商二十余家，进村游客四万余人，村里的茶叶、糯米等农特产品受到游客的青睐，销量很好。

红蛋节来自哈尼族一个古老的传说，据说从前哈尼山寨有个名叫且依的美丽姑娘，正当妙龄，已与一个帅气的小伙子订婚。她听说住在山那边的姑姑得了重病，急于前去照顾，不顾当时正是六月雨水泛滥时节，就冒险出发了。随后连降暴雨，且依消失在大山中。第二年农历二月第一个属猪的日子，且依原订的婚期近了，家人用小红参染了两个红鸡蛋，用黄色染饭花染了一碗黄米饭，又染了一双红筷，放在供台上，祭祀祖先并怀念且依。后来哈尼人代代相传，形成了传统红蛋节。红蛋节在哈尼语里称"普玛图"，意为纯洁吉祥，哈尼人赋予这个节日以祈祷吉祥、兴旺、安康之意。

今天温泉村着力打造的红蛋节已辐射四方，温泉村的乡村特色旅游也火了起来，村里成立了宁洱最美温泉乡村旅游有限公司，注册资金 1 040 万元，16 个村民小组都集体参股，拓宽了村集体经济和群众的增收渠道。

截至 2017 年年底，全村有生态茶园 5 300 余亩，户均 6 亩以上，发展民俗客栈 89 间，带动整村 400 余户少数民族农户参与产业发展，惠及该村全部 20 户贫困户。

乡愁传承乡村文明

温泉村兴建了休闲广场，家家户户的日子都好了，也更有心思参加休闲活动了，村里的文化娱乐、休闲健身等配套设施也跟上了，大家茶余饭后都喜欢去村里建的文化广场休闲锻炼。每天晚上 7 点 30 分左右，村民们吃过晚饭后纷纷走出家门聚集在这里，随着音乐准时响起，温泉村歌声嘹亮，舞蹈翩翩。温泉村文化广场成了一片欢乐的海洋，哈尼族、彝族、汉族等各族群众载歌载舞、其乐融融。

村"两委"发挥少数民族能歌善舞的特点，寓教于乐，把民族团结、社会主义核心价值观融入群众日常生活，培育文明乡风、良好家风、淳朴民风。全村 16 个村民小组均各自组建了一支业余民族文艺演出队。演出队通过山歌小调、民间快板、民族舞蹈等形式唱响了人民群众对党和国家的感谢之意，增强了广大群众的文化认同和脱贫自信。自

2015 年成立村红白喜事理事会以来，村"两委"把厉行节约、反对大操大办、铺张浪费，倡导文明新风的倡议，宣传动员到村组和家庭，文明之风逐渐在全村 16 个村民小组"百花齐放"。80 余名党员庄重签字承诺"反对大操大办，倡导文明新风"，为狠刹请客送礼不良之风开了好头。他们还把"厉行节约、反对浪费"作为村规民约的重要内容，全面推动了全村精神文明建设。2017 年至今，共执行移风易俗红白喜事 60 余场，节约资金 180 余万元。

乡愁助力民族团结

农闲时节，在温泉村村民的家里，时有附近寨子的各族乡亲们聚在一起相互学习刺绣，做红蛋、黄饭等民族特色技艺。各民族亲如一家，只要是能帮助乡亲们增收的技能和绝活谁都不会藏着。大家做什么都心往一处想，劲往一处使，谁家有什么困难，邻里间就互相帮忙，村里形成了融洽的民族关系，带来了村庄发展变化的"和谐红利"。村民邹美

图 52　温泉村茶园采茶忙

脸上挂满了笑容，她对我们说："我们村里，汉族尊重哈尼族传统，彝族团结回族乡亲，邻里之间关系都非常和谐，像石榴籽那样紧紧抱在一起。这不，没事大家就聚在一起，日子过得别提有多开心了。"

今天的温泉村不仅吸引了真人秀节目《明星到我家》到村拍摄，让温泉村登上了张柏芝、秋瓷炫、黄圣依、李金铭等人的粉丝们的旅游心愿单，粉丝们纷纷到温泉村探访四位婆婆家，真实体验四位明星媳妇的生活环境，还成为北京、上海、青海等省市学生夏令营活动的体验村落，二十多批次千余名中小学生走进温泉村，亲身体验了哈尼族、彝族等少数民族的传统文化，品味有着悠久历史的普洱茶，很多人说这是一个有乡愁的地方。

四、感受乡村的幸福生活

云南宁洱乡风醇厚，村里谁家杀猪了，往往会邀上一大帮亲戚朋友、左邻右舍前来分享。我们去宁洱调研时参加了两次当地人的美食分享活动，是由以前的一位学员，宁洱县民政局局长张光良邀请安排的。一次是他姐姐家杀猪了，邀请亲友分享。另一次是他儿时玩伴的岳父家请客，吃野蜂的蜂蛹，两次的规模都有20多人。傍晚时分，大家陆陆续续前来，餐前不少人一起忙活准备，然后一起享受美食。没有活计的男人们围桌喝茶、抽烟、聊天，闲着的女客则另外聚在一起，开心地说笑，像办婚礼一样热闹。村子里的美食分享活动，和城里聚餐最大的不同，除了原生态食材更有滋味外，大概就是他们的聚会没有什么主题，就是分享美食、开心聚会了。

当地人告诉我，宁洱是哈尼族彝族自治县，彝族人头脑灵活，多住在地理位置比较好的地区，擅长做生意。而哈尼人，没有经商意识，喜欢聚会，一起唱歌、跳舞，有钱就想花掉，喜欢大家分享。据说，哈尼人跳舞时有一个舞蹈动作，两个手掌平伸连续向右前方举两下，再向反方向的左下方叉两下，口中念念有词，当地人开玩笑说："你知道他们在说什么吗？他们说吃光、花光，吃光、花光。"听了这话，大家都开心地笑了，对哈尼人热情好客、乡风淳朴的印象更深了。

分享野蜂虫蛹那次活动的地点在宁洱另一处整体搬迁点，同心镇大凹子村熊脚小组。这里的农户原来住在熊脚山周边山坡上，居住分散，基础设施落后，2016年，实施了集中搬迁，新的居住点叫熊脚山，是把熊脚山小山包推平后，建设的新的居住点，配齐了水、电、路、通信等基础设施，很大程度上改善了当地生产生活条件。

熊脚小组位于山顶，远远看去，恰似一只熊伸出的巴掌。这里生态良好，四面环山，以前经常有灰熊出没、歇脚，所以叫熊脚。熊脚山旁边有一处被称作熊脚垭口的地方，按照野生动物活动规律，更是灰熊必经之路。今天的宁洱偶尔还会有人目击灰熊出现，这里地广人稀，适宜野生动物生活，不过很少发生人和动物竞争生存空间的问题。这些灰熊都很怕人，并没有发生过危险情况。

傍晚，我们从宁洱县城的曼城宾馆出发，车子沿着山路盘旋而上，经过近一个小时的车程，来到村子时，天已经擦黑。远望熊脚小组，只见一排排整齐的白色平房，高堂瓦舍、一片簇新。走进院子，庭院地面都做了硬化，门前或停着摩托车，或停着汽车，家家户户都贴着对联，字迹不算漂亮，内容都是夸赞党的扶贫政策，几乎每家都醒目地张贴着习近平总书记的标准像，听说这些都是扶贫工作队送来的。这些新房子都是这两年刚刚建好的，待客主人家旁边的厕所三家共用，厕所修建得很像城里的标准厕所，与房子统一为白墙灰瓦，厕所内部非常干净，一看就是有人打理。我们问是谁来收拾，被告知是三家轮流打扫。

　　桌子摆在农家院里，大家围桌喝茶、聊天、吃零食。我们问起蜂蛹的来历，村民告知是他们自家养的野蜂，不是为卖钱，而是专门为招待亲友享用的。

　　妇女们在厨房忙活。厨房很大，有20多平方米的样子，炉灶还是农村常用的柴火灶，据说这种灶台烧出的东西更有味道，大家也更喜欢吃。

　　等了一会儿，菜陆陆续续上来了，有蜂蛹汤、炸蜂蛹、炒蜂蛹等各种蜂蛹菜肴。当地的米酒要点火烧一下再喝，有些特别。喝着酒，大家脸都红扑扑的，聊天也更热烈了，七嘴八舌抢着说。主人是一对亲兄弟，不断讲托共产党的福，现在生活好了。光良问我："你说什么是幸福呢？不愁吃、不愁穿，睡觉睡到自然醒，对吧？现在这里的农民都做到了。我们还不能睡到自然醒，不过我们的生活也是我们自己想过的啊。"抬头看着满布繁星的夜空，看着周围欢笑聚餐的人们，我在想，确实如此，大家都是各得其所，过上自己想要的幸福生活了吧。

图 53　同心镇大凹子村熊脚小组

走上可持续发展之路

农村问题，始终是中国的关键问题。乡村转型能否成功，很大程度上也决定着中国转型能否成功。讲述农村的生活方式，也就是讲述中国人的生活方式。中国农村以什么样的姿态告别贫困、步入现代化的农业发展方式，中国农民以什么样的方式与农耕文明告别，以什么样的方式守护乡村的传统与文化并与城市文明接轨，不仅是少数专家文人的执念，也关乎助力农民摆脱贫困、提升发展古老的乡村文明的工作成效。

今天的中国农村可以说已步入了历史上最好的时期，农业机械化的迅速推进，使农民告别了繁重的体力农业劳动；延续千年的农业税取消了，国家每年给予农村以万亿计的财政支持；农村合作医疗和农村养老保障也让全体农民受惠。精准扶贫将在 2020 年完成收官之战，农村基础设施全面升级改善，危房问题彻底解决，农民收入进一步提升，农村生活面貌焕然一新。未来新农村建设将从精准扶贫转入乡村振兴。

精准扶贫是一个划时代的历史事件，中国农村将整体告别贫困，中国大地所有的贫困县将脱贫摘帽。2020 年之后的农村，将在更高的起点上，继续破解农村中的深层次问题。如在脱贫后如何进行农村治理、如

何促进可持续发展、如何实现乡村振兴、如何实现现代化新农村的规模
经济与发展、如何壮大集体经济、能人治村如何进一步向民主化和法治
化转型、如何解决农民致富的内生动力问题等，这些问题都仍有待未来
进一步深入探索。宁洱今天的实践和成效，已经显示了未来有可能很好
地解决这些问题，走上一条成功的乡村转型发展之路。

图 54　盛装的哈尼女子走上幸福路

第九章　党建实实在在促脱贫

脱贫攻坚是中央决策的国家行为与集体行动。习近平总书记曾说过"小康不小康，关键看老乡"。中央明确提出到 2020 年我国现行标准下 7 000 多万农村贫困人口实现脱贫，贫困县全部摘帽，解决区域性整体贫困的宏观战略。顶层设计包括动员、问责、投入、退出、激励等方面的布局安排，具体到基层实践，如何落细、抓实，把中央的顶层设计落实到每一个县、乡、村，深入每一家农户，汇集成脱贫攻坚的集体行动，关键要看能不能把农民组织起来、拿什么把农民组织起来。因此党建实实在在促脱贫，必须着力于以地方政府为主体推进的精准脱贫中，致力于发动、组织群众，解决扶贫政策如何才能经得起农民仔细算账、真心认账、行动买账等问题，推动农民成为脱贫的主体，发挥人民群众创造历史的伟大力量。

宁洱县委始终把脱贫攻坚作为最大的政治任务和第一民生工程，严格落实"五级书记抓扶贫"的要求，书记抓、抓书记，层层签订责任书、立下军令状；认真落实党政"一把手"脱贫攻坚工作责任制，县委县政府主要领导靠前指挥，亲自挂牌督战，各县处级领导划分责任田挂乡包村、各行业部门认真落实行业责任、各乡（镇）坚决扛起属地责任，形成了"一级抓一级、层层抓落实"的工作格局；择优选派了一批党性强、素质高、作风硬、敢担当、熟悉农村工作的第一书记和工作队员驻村开展帮扶工作，为脱贫攻坚的顺利开展提供了强有力的人才队伍保障。

宁洱县委充分发挥党组织的凝聚力，汇聚了脱贫攻坚的五大力量。

其一，发挥党组织的主导力量，突出党政主导，形成脱贫攻坚的中坚力量。严格落实县乡村三级书记抓扶贫工作机制，设立县乡脱贫摘帽指挥部，党政主要领导任双指挥长；35 名处级领导挂乡包村；94 家中央、省、市、县部门和 9 个乡（镇）共 2 595 名干部进村包户。

其二，加强对口协作，汇聚脱贫攻坚帮扶力量。宁洱得到了国家教育部、中国宝武集团的定点帮扶和上海市金山区的对口帮扶，在资金、项目、技术、人才等方面给予了大力支持，开展培训 303 期 18 653 人次，促进了全县经济发展和贫困群众脱贫增收。

其三，充分发挥社会参与的助推力量。宁洱县共有 21 家县内企业挂帮到村，27 家龙头企业、82 个专业合作社参与"311"产业扶持，助推建档立卡贫困人口发展产业、带动就业、增收脱贫；300 余家单位和个人捐赠扶贫物资共计价值 6 200 万元。

其四，强化金融支持的保障力量。宁洱县建立健全了金融系统与扶贫开发部门的合作机制，形成金融信贷、财政资金、社会资金投入的合力，共争取到政策性金融资金 19.8 亿元，为脱贫攻坚各项措施落实提供了资金保障。

其五，激励群众内生的主体力量。宁洱县努力强化各级党组织的凝聚力和向心力，充分发挥工会、共青团、妇联等群团组织自身优势，积极开展"自强·诚信·感恩"等主题教育活动，引导广大群众听党话、跟党走、感党恩，实现由"要我脱贫"向"我要脱贫"转变。

一、党建的第一责任人

"五级书记制"是基层精准脱贫的关键少数。2020 年中央一号文件提出脱贫战役中的"五级书记制"，五级分别为省、市、县、乡、村，五级书记是脱贫攻坚的前线指挥、主管一方扶贫的第一责任人。具体到县、乡、村三级领导中，县委书记是实现脱贫、摘帽奔小康道路上的关键人物。党中央的扶贫决策，县委书记落实得如何，带头人作用发挥得如何，对于一个县的发展至关重要。第一书记的战略与实施、理想与信念、规划与践行关乎一个县、乡、村扶贫工作的推进力度与具体成效。近年来从中央党校接连组织县委书记培训班，到总书记召开县委书记座谈会，再到 2018 年，总书记再次强调"五级书记制"，体现了中央对县委书记、第一责任人选拔使用培养方面的高度重视。当地干部说宁洱之所以成为云南第一批脱贫试点县、普洱第一个达标出列县，是上级领导看准了罗景锋书记，给予了宁洱高度信任，罗书记带领宁洱人民艰苦奋斗也取得了显著成效。

那个被称为"彝族王子"的县委书记

来到宁洱调研后，无论和村民接触，还是与干部交流，问到宁洱的变化，他们都会用不同的方式夸赞他们的领导，感谢党的政策好，县里领导好、有思路、干得好。我也越来越多地听到他们充满自豪地用"彝族王子"来称呼他们的县委书记。宁洱县文联的徐培春老师说，罗书记一直不同意采访报道他，后来上级领导指定要求为罗书记评优，必须写份材料，罗书记才接受了唯一的一次采访，完成了一份县委书记的先进事迹材料。桃李不言，下自成蹊，要了解这位县委书记，不仅可以参考文字资料，还可以从宁洱干部亲身经历、口口相传的典型事例中发现他的工作思路、主张与实践。

深入调研，制定宁洱发展战略

2012年6月，罗景锋任职宁洱县委书记，到2017年年底，宁洱县完成脱贫任务，2018年9月，经第三方审核通过，从国家级贫困县出列，罗书记被任命为普洱市人大常委会副主任，依然兼任宁洱县委书记，2020年6月任普洱市委常委、市委秘书长。在宁洱工作的8年里，他非常注重调查研究，跑遍了宁洱的大小村寨，深入思考宁洱的发展愿景，结合国家发展战略，定位宁洱的规划布局，总的思路是主动融入和服务"一带一路"倡议，把宁洱建设成昆曼国际大通道上的"绿色工业重镇、现代物流中心、养生宜居宝地"。宁洱的发展战略以绿色发展为鲜明特征，通过抓三产促二产带一产，实现一、二、三产业融合发展，三产发展欣欣向荣。

宁洱的突出优势是什么？首推当属得天独厚的绿色生态环境。有人说，一个人旅行去丽江，两个人旅行去大理，一家人旅行去普洱。丽江有它的浪漫热闹，酒吧林立，可以期待许多邂逅。大理不乏浪漫，比丽江多了许多安静，适合情侣出行。而普洱呢，有最适宜人居的气候条件、绿色生态环境，大山、晚霞、空气、美食，非常适合带着小朋友，全家出行。

宁洱县发展第三产业的规划，正是立足宁洱的绿色生态谋划，在绿色生态的基础上，结合丰富多彩的民族文化特色，以及宁洱的区位优势，提出了打造第三产业的策略安排。以"一轴三环一廊一带"布局，发展全域旅游，加快推进"五网"建设，全面提升旅游服务保障水平，着力构建"全县就是景区、乡镇就是景点、村寨就是风景"的全域旅游康体养生目的地。目前，全县域内旅游路网基本形成，所有乡村道路和90%以上的村组道路实现硬化通达，1个省级、5个市级特色小镇正在建设中，茶马古道旅游节、哈尼红蛋节等节庆经济蓬勃发展，乡村旅游亮点纷呈。2017年宁洱县实现旅游总收入21.73亿元，同比增长60.5%。

宁洱的第二产业如何发展？宁洱的发展思路非常清晰，"存量抓技改、增量抓招商"，第二产业强才能富全县，罗书记亲力亲为抓招商。在引进项目工作中，他亲自接待、亲自协调、亲自洽谈，在项目实施过程中，他亲自挂帅督导协调，经常以召开专题会、现场会的方式推进工作。

今天宁洱万亩特色生物产业园区和现代物流园区正在快速推进，宁洱的绿色工业园区实现了从无到有、由小到大，规模以上工业企业入园达18家。2017年实现工业总产值8.76亿元，同比增长4.9%。

宁洱的第一产业是如何推进的？宁洱的回答是聚焦发展现代高原特色农业，按照"以短养长、长短结合"的产业发展思路和"提质增效、立体种养、错位发展"产业发展模式，认真谋划"一乡一品牌、一村一特色"的产业发展布局。

苦干实干加巧干，成就宁洱扶贫奇迹

2016年，宁洱被确定为云南省第一批、普洱市第一家脱贫摘帽县，到2017年年底，宁洱完成脱贫任务。两年多的时间，在宁洱干部群众的眼里，他们的县委书记几乎没有睡过一个安稳觉，更没有双休日、节假日，即使到省、市开会都来不及回思茅的家中吃顿饭便匆匆赶回宁洱。有干部形象地称他为"当代大禹"。他还是"铁人""工作狂"，大到制定宏观政策措施，小到档案材料规范填写，他都亲自研究、亲自指导、亲自督查。在他的带领下，宁洱县紧紧围绕"两不愁三保障"总体目标和"扶持谁、谁来扶、怎么扶"的问题导向，通过精心研究和探索，相继出台了一个方案十二项精准扶贫措施，开创性地实施了"311"产业扶持政策，实现了"四个一"产业精准到户；创新开展贫困对象动态管理精准识别"七步工作法"，切实扣好贫困对象动态管理第一颗纽扣，解决了"扶持谁"的问题；创新突破"九个一点"资金筹措方式，共筹措到位扶贫资金23.33（截至2017年）亿元，破解了脱贫攻坚"钱从哪里来"的问题；创新开展"两小一大"宣传方式，让农村群众深入了解党和国家脱贫攻坚政策措施，全面提升了群众对脱贫攻坚政策与实施的知晓率和认可度。这些措施为全市乃至全省脱贫攻坚提供了可参考、可借鉴的经验和模式，宁洱贫困发生率由2013年末的8.22%降到2017年末的1.26%。2020年全县迎接脱贫攻坚普查高质量通过国家验收。

迎难而上，在改革发展中抓好稳定大局

县委书记的工作重点是什么？罗景锋书记在唯一一次接受采访的谈话中，主要讲了宁洱的发展规划，讲如何创造性落实，讲如何确保稳定大局。他说要围绕改革、发展、稳定三个重点谋划全局，倾力打造宁洱发展稳定的外部环境，关注精准脱贫中的利益调整问题。他带领全县各族人民把创建全国民族团结进步示范县与脱贫攻坚、绿色经济试验示范区建设和生态文明示范县建设有机结合，续写了新时代民族团结新篇章。2018年12月，宁洱县被命名为全国民族团结进步示范县。

宁洱作为普洱市老工业区，地处交通要道，企业改制和征地拆迁等历史遗留问题较多，矛盾纠纷化解压力大。罗书记把化解社会矛盾纠纷和维护社会稳定作为民族团结进步工作的首要任务来抓，严格落实领导干部下访、接访制度，做到有访必接，亲自研究、亲自化解、亲自

督促，即使是面对一次又一次闹访、一个又一个缠访户，他也不厌其烦地亲自接访、亲自疏导。经过几年的努力和坚持，一些历史遗留问题先后得以解决，如天壁水泥厂改制、磨思高速公路征迁、震后恢复重建等问题，重大信访案件下降90%以上，群众安全感、满意度逐年上升。

心中有百姓，县委书记赢得了群众爱戴

宁洱人爱夸赞领导，关于他们的县委书记，我们经常听到的是"彝族王子""有办法的能人"。脱贫摘帽指挥部的干部们对罗书记的评价是低调、聪明、有想法。产业扶贫是确保脱贫可持续的关键举措。如何入手、如何搭建平台？在很长一段时间里，一直是难以破解的难题。宁洱是第一批脱贫试点县，没有成功的经验可以借鉴。当地干部回忆，罗书记和干部们在脱贫摘帽指挥部开了不知道多少次会，罗书记提出搞"311"模式时，当时也有人反对，认为那么多的钱投到龙头企业，还不如直接分给老百姓。罗书记讲："分给老百姓，今年是脱贫了，明年再返贫怎么办？把钱投给企业，就是要把农民的利益与企业的利益拴在一起啊，让企业带着农民一起发展，才是长久之策。"后来"311"模式在推行中得到多方好评，也成为云南省多地仿效学习的可持续扶贫经验。

罗书记还提出并推行立体式种植，利用宁洱漫山遍野都是茶树的特点，建议大面积推广立体式种植。所谓立体式种植就是种植植株高的作物，如坚果、咖啡、茶树等，结合种植低矮的作物，如茶树下面可以种菌子（即蘑菇，也被当地人称作茶树菇），树下还可放养很多土鸡。如此一亩地经综合开发利用，经济效益往往相当于三四亩地的收获，农民们尝到甜头，很快互相仿效，立体式种植也得以在宁洱普及了。

习近平在与中央党校第一期县委书记研修班学员进行座谈并发表的重要讲话中强调：县委是我们党执政兴国的"一线指挥部"，县委书记就是"一线总指挥"。对党忠诚是县委书记的重要标准。县是一级阵地，必须由心中有党、对党忠诚的人坚守。要把学习掌握马克思主义理论作为看家本领；要自觉同党中央保持高度一致，自觉维护党中央的权威，党中央提倡的坚决响应，党中央的决定坚决照办，党中央禁止的坚决杜绝。这些都体现了总书记对县委书记职责担当的重视和要求。

农村要脱贫、摘帽奔小康，首先要选准县委书记。这是因为县、乡、村三级领导中，县委书记是关键的人选，党中央的决策要靠县委书记去贯彻落实。因此县委书记一定要有"先天下之忧而忧，后天下之乐而乐"的精神，才会身先士卒、敢于担当、不怕艰险、迎难而上、攻坚克难。

2018 年 10 月 1 日，央视财经频道推出"致敬改革开放 40 年　央视

图 55　罗景锋书记（中）走进中央电视台致敬改革开放 40 年直播节目

财经十一大直播",介绍我国经济、生活、科技、文化、体育等各行各业发生的巨变,讲述百姓身边的故事,全方位呈现改革开放 40 年的成就。午间时段,罗景锋书记走进直播间,畅谈当地"无中生有　落地生根"的脱贫攻坚工作经验和做法①,介绍了普洱茶的故乡、茶马古道的源头宁洱从无到有走向富裕的脱贫经验,提到宁洱如何精准脱贫、创新产业发展模式,让绿水青山变成了金山银山的案例。他还生动地讲述了茶马驿站那柯里发展乡村旅游、李加强书记把穷山沟变成花果山的致富经;以及贫困户杨应东在脱贫政策支持下,茶林里养鸡发展林下经济成功脱贫的小故事,精准地概括了宁洱从"无"到"有",让富裕"落地生根",走出一条脱贫致富创新发展之路的成功经验。

图 56　立体种植的茶树菇长势良好

---

① 云南宁洱县委书记谈"无中生有　落地生根"脱贫经验。可参看新华网 http://m.xinhuanet.com/yn/2018-10/01/c_137505512.htm。

二、党总支的乡村党建

宁洱县勐先镇和平村共有 27 个村民小组 3 892 人，共有党员 174 名，是全县党员人数最多的行政村。和平村党总支是远近有名的先进党组织，他们的乡村党建是如何开展的？有什么经验和特色？我们一行来到和平村，走访、座谈、实地考察，寻找这些问题的答案。

和平村农村基层党组织着力发挥战斗堡垒作用。其一，加强制度建设。自 2001 年起，和平村就实行了村干部全员坐班制，并建立起严格的考勤制度，确立了村干部周一例会制。他们重视思想建设，落实"三会一课"制度，村党总支分派干部挂点联系指导支部学习，开展"支部主题党日"活动，落实中央要求，确保从严从实推进"两学一做"学习教育常态化制度化。为确保学习成效，探索了党员学习积分制，将积分与年度评议等挂钩，确保党员平时学习不放松，通过制度约束增强了党员学习自觉性，保证了学习的常态化和有效性。

其二，做群众的贴心人。这些年农村的集体经济普遍存在空心化，没有资金积累，缺少创收来源，党组织主题党日活动在农村怎么开展？和平村的做法是自 2011 年起，每年村里固定筹集 5 000 元；再想办法通过其他方式凑一点，作为集体活动资金，用于开展系列爱心服务活动；从集体经济收益中留出 40% 的资金，组织党员开展"四个一"敬老爱老活动（看望一次老人、帮老人做一件事、请老人吃一顿饭、跟老人谈一次心），用真心送温暖，礼轻确实可以情谊重，涓涓细流，坚持不懈，至今累计已为村内 80 岁以上老人送上生日卡片和爱心蛋糕 505 份，不仅给老人送去温暖，而且弘扬了中华传统美德。自 2013 年起，村党总支的爱心活动已扩展到教育、医疗方面，至今已累计发放 24 500 元助学金，助力 22 名农村孩子圆了求学梦；号召党员为重病群众捐款，合计达 10 114 元。党总支还在村里开展各类文体活动，丰富了群众的文化生活。

其三，攻坚克难靠党员，发挥共产党员的先锋模范作用。和平村村委会墙上的标语质朴感人，"我是中国共产党，始终和你在一起"，和平村党组织说到做到。2014 年"7·21"特大洪灾中，66 名党员组成自救互救小组，洪灾前期帮助村民紧急转移、抢救物资，洪灾过后带领村民清沟除淤、整理农田、补种蔬菜，进行生产自救、重建家园，在群众中树立了"危难时有党员，困难时党员帮"的党员群体形象。

建设宁江公路时，部分群众因征地补贴低，不理解、不支持，甚至百般阻挠，使修路工作难以推进。关键时刻，又是党员主动亮出身份，他们不仅带头让出土地，还从身边人入手，挨家挨户、反反复复做亲朋好友、邻里的宣传动员工作，化解了征地难的问题，顺利完成辖区 11 千米的征地任务。后来在曼巴箐水库建设、勐先河 6.17 千米河道治理和克洒小型水库出险加固等项目建设中，还是党员群体发挥模范带头作用，讲大局、为大家，赢得了群众对重大工程项目的支持，顺利推进了乡村基础设施建设。

其四，脱贫致富党员先行。和平村 36 名党员致富带头人分为 11 组，分片挂点联系在册建档立卡户 37 户。他们通过党员活动日开展政策宣传、技术培训、纠纷调解、互帮互助等活动，让贫困户感受党的关怀，坚定"我要脱贫"的信心。和平村党总支率先在村里发起饲养豪猪，还发动了 112 户农户共同参与，先行先试一开始就先声夺人，豪猪饲养发展顺利。今天村里饲养豪猪已"成气候"，豪猪也从"出租房"搬进了 970 平方米的"别墅"。党员"试验地"试种的黄心红薯、油辣椒、青山药、茯苓、苦荞等新作物也获得成功，进入推广阶段。党员先行为群众闯出了致富路，广大贫困户从种植和养殖"双尝试"中得到了实惠，如，黄心红薯为 70 户贫困户带来户均近 1 万元的年收益，豪猪为 57 户贫困户带来户均近 1 800 元的年收益，可持续增长的前景可期。

其五，打造党建特色项目，创立党员实训示范基地。和平村有个农村党员干部实训基地，基地的建立得益于两个条件：第一，这个村党员人数多；第二，这个村有大面积的撂荒耕地。2016 年，勐先镇党总支响应镇党委要求用好、用活资源，选准、探索和发展规模化种植产业，党总支发动党员干部行动起来，分头到农户家中进行思想动员，把分散的集体土地集中起来，统一开荒建田。百名党员干部每周开展义务劳动，清理荒草杂物，整备土地，用"愚公移山"的精神，硬是合力在红专山上开挖了 286 亩种植试验地。为什么叫试验地呢？因当地人沿袭着种粮食作物的传统，品种单一、难以创收。张晓明书记说，要想推广新产品太难了，怎么说群众都半信半疑。本着对村民负责的态度，他们就组织村里的党员干部先行试种。

为使荒山"试验地"变成村民永久的"摇钱树"。2018 年，在县"311"产业扶持措施下，和平村落实让贫困户有一项中长期产业的要求，和平村与当地一家农业公司签订合作协议，采取"党总支＋合作社＋贫困户"的模式发展核桃种植产业，并在林下套种小黄姜。

发展经济作物必须解决再加工和销路问题，因此对接企业就显得尤为重要，镇党委积极推进和平村与企业深度合作，与普洱绿海生物开发有限公司达成共识，签订合作协议，采取"党总支＋基地＋专业合作社＋农户＋龙头企业"模式，明确权责与分工。整合县、镇、村资金 43 万余元，由村 92 名党员带领 43 户建档立卡贫困户在基地大规模种植脱毒黄心红薯，带动贫困户实现年产值 40 万余元，村集体经济收益 3.3 万元，实现了企业、村集体经济和建档立卡贫困户增收的共赢目标，成为全镇产业孵化和党员干部实训的样板标杆。

村委会将286亩土地无偿分配给89户建档立卡贫困户，农业公司免费提供核桃树苗和种植技术，为充分调动贫困户的自身动力，村干部负责分片挂钩，如种植期间有贫困户发生懒、散、慢等不作为行为，村党总支将无偿收回分配给其的土地和树苗，并奖励给勤劳作、善管理的贫困户。待到核桃丰产期，收益将采取村党总支、贫困户和公司的"442"分配模式，达到贫困户增收、村集体经济壮大的"双丰收"。

我们去了党员示范基地，去时通向这片农田基地的路还没有完成硬化，车子开上坡路尘土飞扬。我们在一个树立着党员示范基地的大广告牌前停下脚步，只见上书"党员试验基地"几个大字，标语很接地气："在脱贫的路上，党要带领着你；在致富的路上，你要紧跟着党。"农田里有很多还没有长起来的小苗，另有一些核桃树还没有挂果。村书记张晓明说："当时看着70多岁的老党员忘我地挥着锄头是一种感动，这种一呼百应干事创业的感觉是一种鼓舞。拥有这样的先锋模范队伍是一种财富，成为这支队伍中的一员是一种荣耀。"

图57 党员示范基地劳动正忙

三、党建促脱贫的启示

中国共产党是一个使命型政党。党的十九大报告指出："中国共产党一经成立，就把实现共产主义作为党的最高理想和最终目标，义无反顾肩负起实现中华民族伟大复兴的历史使命，团结带领人民进行了艰苦卓绝的斗争，谱写了气吞山河的壮丽史诗。"党的历史重任承载着中华民族的远大理想和现实愿望。在近现代史上，中华民族的"独立使命"是由我们党承担的，今天"复兴中华"的使命仍然由我们党来承担。党能否承担复兴中华的历史使命，直接取决于党的执政能力的强弱。依据我们党目前所处的历史方位和应对的挑战，党的执政能力集中表现为科学发展的能力。全党需要提高转变经济发展方式的能力，提高民主执政和依法执政的能力，提高培育社会主义价值观的能力，提高公正分配社会利益的能力，提高建设"美丽中国"的能力。党的建设着眼于全党执政能力的提高，才能体现自身的价值，党才能继续承担人民与民族赋予的历史使命。

在宁洱脱贫之路上，党建实实在在促脱贫的主要经验如下：

（一）以民族团结精神激励愿景和信念的力量。宁洱有中国民族团结第一碑，碑上刻写着各民族团结追求幸福生活的誓言，宁洱的脱贫攻坚战拉开序幕的第一个行动是从组织党员干部到民族团结园学习，以及到杨正元烈士故居、磨黑中学重温红色文化开始的。

宁洱党组织着力推进民族团结与基层党建融合。扶贫攻坚开展之初，就着重对领导干部开展思想教育。以愿景召唤行动，以使命凝聚力量。以民族团结誓词碑精神为引领，发挥民族团结进步示范点的教育作用，充分利用民族团结园、磨黑中学、杨正元烈士故居、那柯里村等民族团结进步示范点教育基地，以"听革命故事、重温入党誓词、讲好一堂党课"的方式，颂扬民族团结、践行民族团结、弘扬民族团结、凝聚脱贫攻坚合力。

宁洱党组织加强民族文艺宣传，助力脱贫。党组织牵头建立少数民族文艺队，组织各族群众自编自演文艺节目，将党章党规、民族政策、扶贫政策等内容编成舞蹈、小品，进行普及宣传，鼓励少数民族民间艺人创作歌曲，以少数民族喜闻乐见的方式唱歌宣讲。扶贫攻坚以来，共创作歌曲80余首，歌曲赞扬发生在群众身边的脱贫致富典型事例，讴歌党的光辉历程和扶贫成就，展现党组织和党员心系群众的先进事迹。其中一些作品受到好评和关注。如黎明乡组织民间艺人创作的《脱贫摘帽40调》，唱响脱贫之后的新生活；小品《一个不能掉》荣获云南省群众文化文艺最高奖"彩云奖"。这些文艺节目既丰富了群众的业余生活，又普及宣讲了扶贫政策，激励了各民族互帮互助、团结致富的信心和干劲，成为新时代发动组织群众的有效手段。

基层党建注重把组织动员工作做深、做实、做细。坚持"扶志""扶贫"同步推进，通过宣传引导凝聚正能量。以村组活动阵地为载体，在全县85个村734个村民小组实施"大喇叭、大宣传"工程，实现了党的路线、方针、政策家喻户晓，引导群众广泛参与脱贫攻坚。自2016年以来，累计播放"三个一"[1]20余万条次。

宁洱党组织组织党员开展义务劳动，开展形式多样的以"促脱贫"为主题的党员实践活动，引导贫困群众转变观念，激发他们决胜脱贫的斗志。群众通过各种渠道，对扶贫政策与成效从了解到认同再到关注重视，对脱贫攻坚的认可度达95%以上。很多村子纷纷行动，发展节庆经济，办起了温泉哈尼红蛋节、窝拖糯玉米节、电商香橼节、谦岗向日

---

[1] 即每天早、中、晚滚动播放"一项扶贫政策、一件民生实事、一个身边先进典型"。

葵节、磨黑烧烤节等。节日期间，远近十里八村的群众纷纷前来，热热闹闹过大节。通过举办这些节日，特色农产品销售大好，民俗节助力脱贫，产生实效，带动了建档立卡贫困人口 5 000 余人增收。

（二）将抓政绩和抓脱贫联系在一起。宁洱县委将抓党建与抓脱贫紧紧联系在一起，坚持党建与扶贫同谋划、同推进、同落实。首先在制度上予以保障，制定出台《精准脱贫与基层党建双推进工作方案》，促使党建与脱贫拧成一股绳，形成一股劲。具体措施包括建立 36 名处级领导包乡、117 家单位包村的责任体系，规定处级领导干部每月深入所联系村调研不少于 3 次。组织 2 428 名干部开展脱贫政策知识闭卷考试，以考促学压实干部脱贫责任。加强考核考评，将党员干部履行脱贫攻坚责任情况作为合格党员的重要标准，促进党员干部严格履行工作职责。县乡村层层签订责任状，逐级压实分解目标责任，切实把脱贫责任落到实处。坚持把脱贫一线作为培养锻炼干部的重要阵地，把脱贫攻坚实绩作为选拔任用和惩戒问责干部的重要依据，以责促行、以责问效，形成大抓脱贫、真抓脱贫的鲜明的舆论与制度导向，保障把脱贫攻坚责任定准靠实。

宁洱以考核管理驱动脱贫攻坚。县委县政府把精准脱贫与加强基层党建工作同研究、同部署、同推动、同考核。加强督查问责，对 13 名脱贫攻坚任务落实不力、不能按时完成脱贫任务的干部进行追责、问责，召回撤换了 3 名驻村干部，对 12 名不称职的驻村干部约谈通报，对 14 起扶贫领域违纪违法问题立案查处。严格落实《关于健全完善基层党建工作责任落实体系的实施意见》，对抓基层党建综合评价未达到"好"的 5 名党组织书记取消评优资格，坚持基层党建与脱贫攻坚双推进。

（三）为了加强制度建设，党建工作贯穿脱贫攻坚全过程，党组织作为脱贫攻坚的中流砥柱，必须做到困难群众在哪里，党组织作用就发挥到哪里；扶贫项目推进到哪里，党员干部服务就跟进到哪里。

宁洱通过制度建设发挥党组织在脱贫攻坚中的战斗堡垒作用。出台扶贫重大事项由党委把关的决策制度，完善乡（镇）党委议事决策制度，加强党建扶贫力量统筹和工作联动。县委制定出台《宁洱县乡（镇）党委议事规则（试行）》，确保乡（镇）党委坚强有力，充分发挥党委统揽全局、协调各方的领导核心作用。全县85个村级党组织坚持"四议两公开"① 工作法，为精准识别贫困对象把关，给扶贫措施精准实施"号脉"。

（四）选配得力的领导干部担当扶贫掌舵人。坚持在精准识别中鉴别识别干部，在精准帮扶中磨炼拉练干部，在精准脱贫中检验评判干部。择优提拔和调配18名政治素质过硬、能够驾驭全局、经过多岗位锻炼、善于抓班子带队伍、既熟悉党务又懂经济工作的优秀干部担任乡（镇）党政正职。选派11名善于抓执行落实、有发展潜力的科级干部到乡（镇）挂职锻炼。

宁洱党组织注重充实脱贫一线干部，在脱贫攻坚中培养年轻干部。安排8名机关事业单位优秀年轻干部到乡（镇）挂任乡（镇）长助理，从机关调配23名优秀干部到空编乡（镇）工作，达到了锻炼干部、抓实工作的双重实效。2016年以来，全县9个乡（镇）有5名脱贫攻坚成绩突出的乡（镇）长提任党委书记，有6名乡（镇）副职被提拔重用为乡（镇）长，先后有179名脱贫一线干部被提拔重用，切实把乡（镇）班子建设成为能够带领群众脱贫致富的坚强领导集体，树立了正确的选人用人导向。

加强村书记带头人选拔。村书记是一个村的"领头雁"，选好村书

---

① 四议指村党总支委会提议、村"两委"会议商议、村党员大会审议、村民代表或村民会议决议；两公开指过程公开，结果公开。

记对一个村的发展至关重要。宁洱党组织在实践中选拔培养干部，将78名政治素质好、领导和协调能力强的党员选任为村党组织书记，对没有合适人选的7个难点村，从乡（镇）选派机关干部到村任职，完善了村党组织机构，培养村级后备干部203人，实现每村都有2至3名后备干部，增强了村干部队伍后续力量。此外下沉力量走进农户抓帮扶，选派党性强、素质高、作风硬、敢担当、熟悉农村工作的干部驻村开展工作，全县择优选派54名第一书记、313名工作队员驻村帮扶，2 595名干部职工与3 846户贫困户结成"亲戚"进行精准帮扶。

（五）发挥党员先锋作用，齐攻坚共帮扶。宁洱制定《宁洱哈尼族彝族自治县农村党员结对帮扶贫困户实施方案》，在全县农村党员中部署开展党员能人与贫困户结对帮扶机制，通过帮思想、帮技术、帮解难、帮项目和情感关怀等方式，解决了一大批群众反映突出的问题和实际困难，带动群众参与产业发展、激发其内生动力。自2017年以来，全县1 928名农村党员能人和319名致富能手与3 846户贫困户结成帮带对子，帮助解决各类问题1 017件，协调资金382万元，培育党员产业大户96户，提供就业岗位591个，累计形成经济效益907万元。开展党员群众产业发展、种养技术、务工技能、乡村治理、电商等培训273场6 000余人次，提升了党员服务脱贫攻坚的能力。

（六）加强基层党组织的阵地建设整合，建设村组党建阵地。宁洱投入了6 904万元，完成了35个村级活动场所、426个村民小组活动场所的新建任务，加上翻盖整修，实现村民小组活动场所全覆盖。现在宁洱共有村民小组891个，专门的开会活动场所也有891个，为各村小组的党组织凝聚群众，增强为群众服务的能力，准备了固定活动场所。

图 58　村支部活动：入党宣誓

附录：访谈——把方向、压责任、强作风

孙叶青　上海市委党校科学社会主义教研部教授

李进学　宁洱县委办公室主任

杨正德　宁洱县委办公室常务副主任

　　孙叶青：想问问干部的好作风是怎么找回来的？

　　李进学：通过责任压实。比如我们干部都要挂包三到四户贫困户，我挂了四户。我们经常到贫困户家，和他们商量怎么发展，下一步要干什么，发展什么产业，怎样才能脱贫致富。我们一户一户地做他们的工作，帮他们整理家务，一起吃顿饭，参加一天劳动等。经常去做工作，贫困户就有干劲了。

孙叶青：我想知道，干部们如果抓脱贫没有效果，有没有什么奖惩的措施？

李进学：在我们国家的体制下，有人大视察、政协巡查、纪委监督执纪，然后民盟中央、台盟中央、民进中央等都来关心扶贫，还有第三方评估，省里面、市里面的领导也都会来，随机抽查，发现严重的问题，就在全省通报、问责，谁也做不了假的。发现问题就通报，那么谁还敢不真抓实干？

上次中央巡视组来，在某地发现了一个问题，该市民政局的一个干部，他挂包的农户户主已经过世半年了，大学生要去的时候打电话给他，问他挂包的户主是谁。过世了半年，他都不知道，说明没压实责任。为了这件事相关领导全部写了检查，因为班子没带好，这个干部也要被处分，还要在全省通报。没有压实责任就要检讨，所以有这些工作机制，在压实责任方面是非常到位的。以前说一俊遮百丑，现在遮不了的，你必须实实在在干脱贫，你不实实在在干，人家很容易就把你找出来。

孙叶青：干部在这种干的过程中，也在转变跟老百姓的感情和关系吧？

李进学：对啊，干部不仅去了，还要全心全意帮他们。比如，有人没有伙房，也就是煮饭的厨房，我们就帮他盖；有人床架老旧了、散架了，就给他买；有人没有电视机，我们挂包的干部自己给他买；有人没被子，脏了或者老旧了，很多干部也自己掏钱买。如果这样还感动不了贫困户，我认为这是不可能的。

孙叶青：我这次来，见到了一个以前在上海参加过培训学习的学员，听他讲，他挂包的有一家特别穷，他每年都给贫困户资助，去年给了 4 000 元。我问："你爱人同意吗？"他说："她也同意。"他说这话的时候样子挺平静的，我就觉得挺不平常的，难道这是经常发生的吗？

李进学：经常发生啊。我们挂包的有几家房子漏雨，这不行，都要重新修。如果房子太陈旧了，就要重新来粉刷，有的房子只有一个大门，进去后每个房间都没有门，睡觉就是随便搭了块木板，脏得像猪窝一样。这些情况扶贫干部都要管，买好床架，床架买了以后还要买衣柜什么的，要让房间整整齐齐的；精神面貌也要管，头发乱蓬蓬的不行，我们专门找了几个理发师，让他们到村里面去，把邋里邋遢的人全部叫来理发刮胡子，精气神才出来，是吧？物质脱贫和精神脱贫必须同时推进，物质脱贫精神不脱贫是不行的，精神脱贫、思想观念的转变是最难的。

杨正德：我挂包的那家，年初杀了猪，他家就没有猪了。后面我让村里人问问哪家有小猪，我说："你去买两头给他，钱我出。"

李进学：他本身身体就有问题，要关心他，那你至少给他买上两头猪，他杀一头吃，再卖一头。特别是平常要给他做能做的公益性岗位，比如扫地等工作。公益性岗位还有巡河的、巡山的、生态护林员、保洁员等，都是大概一个月 300 元，因为其他的事他做不了，但只要他有劳动能力，就要让他都有事做，不能让他没收入。

脱贫是整个系统的，不是某一个方面，这个系统有精神层面的和物质层面的。要发展产业、要搞家庭卫生，都是全方位的。有的时候他们真的不会收拾屋子，我们就亲自动手帮他们收拾，收拾了几次，他们感觉不好意思了，就自己收拾了。

孙叶青：我觉得你们特别棒的地方是制度设计。其实制度设计是很难的，感觉你们搞精准脱贫，真是把"精准"理解得很深，真是做到了精准。

李进学：因为以前的扶贫操作是有问题的，比如说我给你们几个贫困户人口的指标，再按指标给你们总的房屋修缮款几百万几千万，大家都想要，给谁呢？如果做不到精准，明明是很好的富民政策，却让很多老百姓有意见。

为什么老百姓会有意见？因为你没做到公平。中国的老百姓怕啥？就怕不公平。你公平了，他就心服口服了。老百姓为什么支持我们？关键还是看我们的行动。他觉得我们坐镇在这里，他就觉得我们的干部真是公平、公正、公道，对吧？这样他才会心服口服。

孙叶青：这个时代非常强调公平正义，你们把它制度化了，真的是做得很好。

李进学：当然在我们做的过程当中，因为每个人的水平不一样、每个村的水平不一样，可能会有一些瑕疵，但是我认为这样的制度设计是科学的。如果精准的第一步不靠谱，问题就大了。第一步精准可靠，后续的资金的精准、项目的精准、因村派人的精准才能正确跟进。第一步搞不准，后面的资金也就用错了方向，该给的地方没给，不该给的你给了，问题就大了。

孙叶青：我就发现我们下面的村书记等干部，他们也挺有思想的，他们的思想一点都不落后，比如关于中国农村发展的趋势，甚至世界的潮流是什么，他们说得虽然不是那么贴切，但是方向思路都是对的。

李进学：所以我们宁洱县虽然是普洱市第一个脱贫县，但是我们走的弯路很少，虽然道路是不平坦的，但方向是清晰的，为什么？因为县委县政府的方向清晰，方向清晰了，然后就是坚定地抓统筹落实。

　　抓扶贫，书记要研究、县委要研究，每一个文件、每一个制度的设计都要想清楚，思路不清、方向不明你是干不成的，关键是书记要全身心投入。我们书记到处看，他思路很清晰，他思考和领会总书记的讲话精神，能把握好很重要。

第十章　乡村治理追求的"善治"

　　中国在历史上一直以农业立国，"乡村善治"是历朝历代所追求的目标，如周代的乡遂制、秦汉的乡亭制、唐代的乡里制以及宋代以后定型的保甲制。改革开放后，我国逐步推行村民自治。近年来，乡村社会正在发生深刻变迁，"乡村治理"成为新时代乡村建设的重要命题。什么是乡村治理？有从乡村政权组织的现状对其定义，认为乡村治理就是乡政村治，乡村政权由乡镇政权加村民委员会结合而成，并认为这是新的历史时期我们找到的农村最好的治理模式、最好的组织形式（张厚安，1996 年）；有从城市对农村的影响视角对其进行定义，认为乡村治理就是通过城乡统筹和规划引领，对村镇布局、生态环境、公共设施与公共服务等资源，参照城市模式进行合理配置和优化，以改善和提升农村居民的物质形态和精神追求（冯俊锋，2017 年）。无论如何理解乡村治理，其目的都是要致力于解决乡村发展困境，最终达到乡村善治的目的。

　　尽管何为乡村治理并没有统一的答案，但在治理乡村中已经涌现了许多创新的探索和实践，在很大程度上实现了村落的善治，这些治理村落的经验也必定会为我们思考和理解何谓乡村治理，找寻其良策与最佳模式提供有益的启发吧。

图 59　黎明乡岔河村村民委员会

一、乡村治理的困境

2020 年，中央下发了一号文件，文件要求加强农村基层治理，包括组织群众发展乡村产业、增强集体经济实力、维护农村和谐稳定等。

可见加强农村的基层治理的要求和精准脱贫的要求在很大程度上具有一致性。发展富民产业是精准脱贫的必由之路，脱贫攻坚战收官之后对接乡村振兴战略，从确保富民产业可持续发展，到保障个别素质偏低、仅靠个人力量很容易返贫的个体能获得持续的帮扶巩固脱贫攻坚成果，发展乡村集体经济的重要性不言而喻。仓廪实而知礼节，当物质文明发展到一定阶段，对精神文明的需求，也成为关系乡村是否美好的必然要求。因此可以说乡村治理即是精准脱贫的成果，精准脱贫又是乡村治理的保障和巩固、发展和提升。

当下中国农村，"乡村治理"的重点与难点，主要有以下几点：其一，产业持续增收难。分散的农户以家庭为单位分散生产的小生产方式难以解决扩大生产、持续稳定增收必需的信息、市场、科技、农资等问题。虽然各地纷纷成立合作社，但目前还处于探索阶段，成熟有效的合作社凤毛麟角。其二，农产品变现难。经常在网上看到农产品成熟后大量积压，农民由喜转忧的报道，增产不增收不是农产品真正过剩造成的，而是由于农民，特别是偏远地区的农民缺少市场营销意识和思路，难以开发适应市场需要的农产品，市场流通环节很难顺利打通。其三，乡村环境整治难。整治人居环境包括厕所革命、人畜分离、垃圾处理、绿化建设、改善道路交通和水利建设等，是一个全面系统的工程，在精准脱贫已经整体上改变乡村面貌的基础上，不平衡、不充分的矛盾依然存在。其四，乡村事业建设难。乡村事业包括构建农村公共文化服务体系，特别要大力促进教育和医疗在农村的均衡发展。完善农村中小学校布局，大力实施技能培训工程，安排好农村富余劳动力和退伍军人培训转移就业工作。保障对困难群众实现"应保尽保"；发展便民廉医工程，达到村村有卫生站，发展新型农村合作医疗。此外，还要解决农村空心化问题、缺少人才问题、矛盾纠纷错综复杂问题等。

加强乡村治理具体到每一个村落，亟待解决的问题也各自不同，很多专家强调推进乡（镇）政府所依托的国家权威和村民自治所依托的社会权威的有效协作，是解决农村社会治理困境的方向。

调研宁洱县的乡村治理典型岔河村，不难发现乡村的基层党建在实现精准脱贫、发展富民产业、构建干群鱼水关系、建设和谐美丽乡村中发挥的主导作用。

二、岔河村的乡村治理

岔河村距黎明乡人民政府驻地14千米，距县城114千米，距普洱市111千米。全村辖10个自然村，14个村民小组，共有334户1 307人，其中，常住人口204户886人；有1个党总支，下设4个党支部、7个党小组，党员81名。

岔河村是宁洱县乡村治理的典型。岔河村是采取什么措施进行乡村治理的？这里的乡村治理和从前大家印象中的乡村管理有什么不同？岔河村的干部们又是如何理解乡村治理的理念、方法并结合扶贫攻坚，取得明显成效的呢？调研岔河村是以对岔河村书记李丰进行访谈开始的。

李丰，1971年生，岔河村人，初中二年级的时候因父亲生病，停学回家务农，也做一点卖茶叶的小生意。他勤勉肯干、头脑灵活，1993年被选为村里的农科员。1998年10月，组织部来村里走访，选拔干部，他被大家推选为村主任，此后一直兢兢业业在村干部岗位上工作；2013年5月至今任岔河村党总支书记；2018年被评为云南省扶贫好干部，成为当年65位获此殊荣的干部中的一员。

提起乡村治理，李丰书记回忆说，2017年他被选送到上海市委党校学习了两个星期，在课堂上第一次听老师讲到乡村治理，还参观了上海近郊几个乡村，印象深刻，深受启发。回岔河村后，他便带领村"两委"开始了他的乡村治理实践。

乡村治理：从理念到行动

李丰书记说，他理解的乡村治理就是"要把农村建设得像城里一样，不仅要把基础设施搞好，而且文明程度也要提升"。从上海学习回来后，他组织村"两委"开会，谈论怎么结合当地情况，让岔河村也变个样。

首先，加强基层党建工作。他对村委会党建活动室进行了改造提升，重新布置，设了展板，开展宣传。加强制度建设，岔河村规定每月1日召开支委班子会议，16日召开村"两委"班子会议，每季度召开一次党小组长、村民小组长会议，传达学习上级文件会议精神，研究全村各项事宜，总结工作开展情况，明确工作目标，充分发挥村党组织的领导核心和战斗堡垒作用。

岔河村的干部认为，搞好乡村治理最重要的是村组党员要想群众所想、急群众所急、忧群众所忧。他们梳理了全村人口及综合状况，让干部采取人员挂钩的方式，每人至少联系一户贫困户，以一个星期一户的最低标准，勤到贫困户家中走访，关心困难群众生活与发展问题。针对群众普遍关注的农产品销售问题，积极开展"互联网＋电商"的运营模式，在微信群里发布农产品信息，帮助村民销售肥猪、红米、多依①、茶叶、野生菌等农产品，实实在在地为老百姓解决问题，帮助他们把产品变成收入。

其次，用制度来管理环境卫生，李书记下决心要让岔河村像上海乡村一样干净整洁。大家商议制订村规民约，把公共卫生和家庭卫生都写到了村规民约里，执行起来很有效。如打扫公共卫生，没有特殊情况，无故不来参加的，一次收取50元的违约金。开始时由村民小组长带头

---

① 多依：药食兼用的经济植物，别名"酸苹果"，改良后的多依，果大味甜，被称为"甜多依"。

每月打扫两次，现在村民主动调整为 10 天打扫一次。村"两委"不定时检查各组公共卫生、家庭卫生，在村委会贴出光荣榜和后进榜，每年对优秀的党支部和小组进行奖励。党员干部带头，村民跟随，以点带面，清理环境卫生死角，家家户户做到猪鸡圈养、狗拴养、牛羊人畜分离养。对卫生不达标家庭，由党员进门做工作，实在搞不干净的个别家庭，党员就动手帮忙收拾，他们不好意思了，也就自己收拾了。

办节庆和运动会，提升党组织的凝聚力。2018 年 10 月 2 日，收获时节，岔河村设计了一个节庆活动，以多依为主题，举办多依节，这也成为宁洱各村设计节庆活动之始。活动中有评选多依国王、摸鱼比赛等。黎明乡共有 6 个村，另外 5 个村的村民纷纷前来，很多人带着自家的农副产品前来售卖。活动进行了两天，十分热闹。在摸鱼比赛中，摸到红鱼的奖励 3 斤多依，倒入鱼塘的几百斤鱼，当天就被摸光了。

岔河村每个寨子都修了小组活动室、活动场，并建起了文艺团队，给每个小组都配备了音响设备，组织村民开展唱歌、跳舞、打篮球等健康向上的活动来代替原来的酗酒、划拳等陋习。文艺活动由村里的妇联主席领导，每个小组的妇女小组长负责各自小组的文化活动，打扫卫生也由她们负责。李书记夸赞这些妇女干部很负责、能干，把工作交给她们，她们都干得很好，不太用他来操心。

走向富裕与乡村治理相辅相成

李丰书记认为致富和乡村治理相辅相成，如果老百姓很贫困，村干部再怎么提要求，老百姓也很难听得进去。2016 年是岔河村发生巨变的一年，基础设施建设发生了根本改变，乡村道路、村组道路全部实现了硬化通达，晚上各个寨子都亮起了路灯，村民小组文化活动室、活动广场、公共厕所和自来水、广播电视、4G 网络、无害化卫生公厕与户厕全覆盖，全村基础设施和村容村貌发生了翻天覆地的变化。住房建设根本改观，扶贫之前只有十几间砖房，现在90%的房子都改善了，特别是建档立卡户住房变化更加明显，他们原本房子都很差，现在全部盖了新房。目前村里的老房子还剩十多间没有改造，这些房子是土木结构的，房子状况比较好，农户还没有舍得拆掉。

李书记说，他在岔河村工作这么多年，从来没想到国家会在他们这个小小的村子投入这么多钱。2016年县里给岔河村拨款2 183万元，岔河村于2016年就完成了脱贫出列的任务。2019年，全村农民人均可支配收入为13 166元，全村有汽车123辆。岔河村共有建档立卡户44户142人，已于2019年年底全部脱贫，人均可支配收入都在8 000元以上。岔河村村民共有334户1 407人，实际居住只有203户886人，前几年因条件比较差，搬出去不少，这几年又陆续搬回来13户54个人。

"四议两公开"的基层民主制度

岔河村严格实行"四议两公开"制度，村里的重大事项如主要财务支出、村里的决策等，都要通过四次开会共议，过程公开、结果公开。例如，县里每年拨给村里3万至5万元办公经费，经费使用时，要由报账员做账，村主任签字，开支超过300元就要开会通过，开支超过1万元则要村民代表大会通过。（岔河村14个村民小组，每个村民小组分别选出两个代表。）

村内一般工作事项由村"两委"开会通过即可。村支委由支部书记领导，支委由书记、副书记（村主任兼）、监委会主任，还有妇女主任、村委委员（村副主任兼）五个人组成。村委会由村主任领导，由村主任、村副主任和三个村委委员组成。

村里的重大事项如主要财务支出、村里的决策等则要先由村党总支委会提议，再经村"两委"班子通过议定后，还要通过党员大会表决，最后由村民代表大会通过，才能实施。

例如，2020年岔河村得到一个来自上海的项目投资，获得30万元资助。项目投在哪里？怎么使用？岔河村经过"四议两公开"程序，决定实施村内建冰库项目，满足农产品售卖的保鲜要求。

岔河村的经验是"让制度说话"，通过制度管人、管事、有为。干部带头执行制度，充分发动群众完善、遵守制度，对少数违反者，大家共同帮助、监督，养成规矩意识，形成"事事有人管，人人有事做，全村共参与"的共建、共治、共享的良好局面。

岔河村人不仅要干净还要漂亮。岔河村组织党员150多人次参加村公路边植树活动，栽种樱花树苗3 000余株，完成村主干道和村组路共计15千米绿色生命防护工程。樱花烂漫时节，岔河村变得更美了。村里的人出门都穿得干净整洁，当地很多人说一看穿戴就知道是来自岔河村的。

今天走进岔河村，看到的是一条条干净整洁的村组道路、一盏盏明亮的

图60 李丰（左一）指导村民茶叶采摘标准

路灯、一幢幢亮丽的新房、一张张热情淳朴的笑脸，村组道路干净整洁，村容村貌处处美好。无论什么时候到村委会办事都有人值班，村委会只要有一名村干部在就能办得了事，让群众办事舒心。无论是群众到村委会反映的困难问题还是村干部在走访中发现的问题，党员干部都认真听、认真记，能解决的当场解决到位，不能当场解决的必定会找相关政策资料学习后再回复解决，甚至上门答复。2016 年以来，村"两委"为老百姓办实事 100 余件，解决实际困难 200 余项，获得了群众的认可。来过岔河村的人，几乎人人夸赞。岔河村的乡村治理成效在领导和群众心目中评分很高，在很大程度上可以说，这就是我们期待的乡村善治吧。

三、"两小一大"工程聚人心

人民公社解体以后，国家在乡村的主导性力量逐渐弱化。改革开放后，国家对农村的干预减弱。2006 年，全面取消农业税后，以农民负担过重为核心的治理矛盾缓解，但各种社会文化性矛盾凸显，如宗教信仰、婚姻家庭、精神文化生活等，如果不让农民接受"正确的故事"，就只能让"错误的故事"流行，乡村农民精神世界的虚无状态，成为一种新的危机，需要国家的力量重新介入。这种介入不是国家强化权力控制，而是要通过调控手段参与乡村社会治理，教育、培养乡村中的社会力量，提高乡村社会文化发展水平，引导乡村社会的价值观念。思想文化引领对破解乡村治理的许多难题都具有重要的作用。今天的乡村治理，要求构建共建共享共治的格局，传播已成为社会治理的重要手段。因为在信息社会，信息可能成为机会、成为权力，甚至成为生产力，让群众能直接听到党和政府的声音，避免国家相关政策措施只能单向通过农村精英解读，对防止产生灰色地带甚至黑恶势力都有着重要的现实意义。

"两小一大"是宁洱县脱贫攻坚中非常富有创意的一个举措。宁洱县委县政府开展这一工程的初衷是建设一个宣传党的政策的阵地，使党心民心血脉相连、同频共振，构建一个传授知识的平台，形成一个倡导文明的大讲堂，搭起密切党群干群关系的连心桥，丰富群众文化生活、提升群众文明素质，使民族地区群众增强对美好生活的向往，不断提升在脱贫攻坚中的获得感与满意度。

"两小"是"小广场"、组建农村"小文艺队"，"一大"是安装村组"大喇叭"。"两小一大"让农村群众深入知晓党和国家脱贫攻坚政策措施，了解精准识别、精准帮扶、精准脱贫要求，唱响人民群众对党和国家的感恩之歌，营造全县上下万众一心、齐心协力，强力推进脱贫攻坚工作的浓厚氛围。

"小广场"便民服务聚"民气"。宁洱县委、县政府针对许多村民小组无活动场所，开会学习、宣讲政策空间小，集中困难，群众活动交流很不方便的实际情况，建设了集基层党建、便民服务、文化娱乐、社会综治等为一体的农村"小广场"（即村民小组活动场所）890余个，实现全县村、组"小广场"全覆盖，并着力强化"小广场"整体功能，使之成为农村政治、经济、文化、社会发展的中枢。充分利用"小广场"组织群众活动，集中处理村组事务，讨论、宣传村组重大事项，帮助群众解决生产生活中的实际困难；举办培训班，开展文艺娱乐活动，丰富群众文化生活；宣传党的方针政策、传授市场经济和科技知识，提高农村群众的整体素质。如今，农村群众活动多了、交流多了、集体意识强了，酗酒赌博少了、邻里纠纷少了，脱贫攻坚的信心足了，"小广场"真正成为群众联系交流的"桥"，传播脱贫信息的"窗"和愿意回来的"家"。

"小文艺队"传播文明正"民风"。长期以来，民族贫困地区，特别是边远山区文化生活落后，农村群众的娱乐活动非常匮乏，给农村精神文明建设带来了不利影响。为改变这一状况，宁洱县委县政府大力支持鼓励村组组建了400余支农村"小文艺队"，并以"贴近基层、贴近群众、贴近生活"为着眼点，以激励群众奋发进取为目的，以表现具有地方风土民俗特色的音乐、舞蹈、小品等为主要形式，把党的政策、法规、农村实用技术、脱贫攻坚政策等编制成歌舞、小品、笙调等，积极开展丰富多彩的文艺宣传活动，广泛吸引农民群众参与，丰富了群众的业余文化生活。如黎明乡"小文艺队"编制的脍炙人口的《脱贫摘帽40调》，唱响了人民群众对党和政府的感恩之歌；德化镇"小文艺队"自编自演的脱贫攻坚歌舞剧；德安、梅子"小文艺队"的唢呐表演等极大鼓舞了群众在脱贫攻坚中的斗志。农村"小文艺队"所表演的节目，为群众送上了丰富的精神食粮，向群众传播了文明健康的正能量，潜移默化地改变着农村群众的思想观念、生活习惯，把牢了思想舆论阵地，统一了广大农民群众的思想，促进了乡风文明，推进了脱贫攻坚工作，增强了群众"感党恩、颂党恩、学先进、共致富"的意识。

"一大"是"大喇叭"。人民公社时期，大喇叭天天响，党和国家的政策农民都知道。改革开放后，实行家庭联产承包责任制，农民个体独立经营，村里原有的大喇叭也废弃了。精准脱贫是一项集体行动，如何发动群众？宁洱县委县政府积极寻找一条既贴近群众生活，又可以正确引导舆论导向的有效媒体，着力推进"响亮乡村凝聚人心"工程，在村组安装了"村村响"大喇叭800余套。"大喇叭"具有传播速度快、影响范围广、收听效果直接，更能贴近群众、面向群众、宣传群众、发动群众等其他媒体难以企及的作用和优势。

宁洱还创新开展了"三个一"的宣传方式。每天播放一项扶贫政策，确保党的路线、方针、政策和国家、省、市、县各项扶贫政策家喻户晓、人人皆知、入耳入心；每天播放一件民生实事，让广大群众全面认识脱贫

图 61　村村响起大喇叭

攻坚带来的普惠成果和农村面貌的改变；每天播放一个身边先进典型，使广大群众进一步坚定脱贫致富的信心，筑牢"小康梦"。

　　宁洱县在普洱市率先实现了"大喇叭"村村响，人口集中的村民小组全覆盖。"两小一大"工程使广大群众了解了精准脱贫不仅仅使贫困户受益，而且是大家共同幸福齐奔小康之路，建档立卡户和其他村民相比只是在住房上获得了更多的关照，收入上得到一定帮扶；奔小康之路是大家一起走的，产业是一起发展的，基础设施是共享的，党的富民政策是惠及全体人民的。

四、来自巾帼的温暖力量

　　精准脱贫如何确保精准？从中央的顶层设计到地方的创造性实施，

从精准的制度化设定到坚定地贯彻执行的决心和意志，很多故事都在讲述这些政策措施得以落实的经验和做法。但其中还有一个重要的方面是不能忽略的，那就是细心与深沉的热爱传递出的温暖的力量。虽然这些品质不独女性专有，但还是鲜明地集中体现在扶贫工作中女干部群体的身上。

1949年以后，妇女的地位得到极大提高，"男女平等"写进了宪法，国家出台了一系列法律，不断完善对妇女合法权益的保障。第一次从国家法律制度层面，确保中国妇女与男子有同等的机会，广大女性从此获得了历史性的解放，被称为骄傲的"半边天"。她们成为活跃于职场的新一代劳动者，也以主人翁的形象出现在政治舞台上。妇女解放的历史进程也鲜明地反映在文学作品中的女性人物身上，那些在旧社会受尽压迫，在新社会获得新生的五朵金花和阿诗玛们，象征了女性整体命运的改变。金花们代表着翻身获得解放的女性形象，勤劳、阳光、对未来充满希望。

宁洱脱贫攻坚行动中，活跃着众多女性的身影，她们的身份多数是共产党员。我一直想为她们描摹一个群体的画像，但又发现这其实是很难的一件事情，新时代的"金花"演绎着她们各自的精彩的篇章，可能不是几个简单的名词所能概括的。我还是试图问周围的人，新时代的"金花"在这场摆脱贫困的历史跨越中，显示了怎样的特点和魅力。我听到较多的评价是坚韧、智慧、温暖。我去窝拖村调研时，结识了这样一个可以让人感受到温暖力量的驻村干部。

陶恩萍，女，彝族，1985出生，中共党员。2018年10月，宁洱县人民检察院选派陶恩萍到宁洱县德化镇窝拖村驻村，任扶贫工作队第一书记兼工作队长。驻村后，她一下子成了村里的"大官"，也担起了扶贫攻坚的重担。村民眼里的她可亲、能干，大家都喊她"小陶书记"，也有人喊她"陶队长"。2019 年，她被评为"优秀驻村扶贫工作队员"和"优秀共产党员"称号。

驻村之始全心投入

2018 年 10 月的一天，陶恩萍接到单位通知，组织将选派她做驻村干部。她回忆起接到通知时的感受说："其实我挺震惊的，一方面觉得有压力，对驻村扶贫工作一无所知；另一方面又觉得自己正是待嫁的年龄，来到农村驻村可能就更难找男朋友啦。父母也表示了对我工作变动的顾虑以及驻村生活起居安危的担忧。"

一夜无眠后，小陶就开始了工作准备。她拿起电话一遍遍地讨教那些正在驻村或是驻过村的朋友，看《习近平的七年知青岁月》及电视剧《索玛花开》《我们在梦开始的地方》来给自己"充电"，心里初步勾画出怎么当好一个驻村扶贫干部的工作模板。

几天后，小陶正式入驻宁洱县德化镇窝拖村挑起驻村扶贫工作队第一书记兼工作队长的重担。自驻村后，她就把窝拖村委会驻地当成家。村上的人都说她是个闲不住的主，每天起早贪黑、走村串户、访贫问计。她还常常与村组党员干部、农民群众座谈交流，了解生产生活状况，解答群众疑难问题。不仅及时掌握了建档立卡贫困户的第一手资料，还及时化解了村民们因误解扶贫政策而出现的各种矛盾。她用认真负责的态度，切实履行着驻村"第一书记"的职责。

小陶书记每天都睡得很晚，晚上走访了村民后，深夜常常是她读书的时间，她还利用空闲时间把村委会那片荒废的花坛变成了生态小菜园，用她的话说，那就是她的"养心基地"。小菜园需要精心呵护、辛勤付出，她说："这也是她可以让自己安静下来，思考问题的好办法。"小菜园里，原有几棵蔫不唧儿、半死不活的桃树苗，是两年前种下的扶贫桃。有人怀疑是引进了假苗，小陶想试试看，能不能把这几棵桃树苗养好，为老百姓提供管护桃子的信心和经验。她一有机会就向技术员请教、学习技术，精心侍弄。如今这个"养心基地"蔬菜长势喜人，桃子挂满枝头。

依靠真心的力量

随着驻村时间的推移，小陶慢慢总结出一些心得。她说真扶贫、扶真贫，做好工作，要靠真心。爱美的小陶书记，从当村书记那天起，就要求自己在穿着上和农民接近，在走村串户开展入户摸底工作时，她注意与贫困户的沟通细节，俗话说"人穷志短、马瘦毛长"，对于部分贫困户来说，他们有的心理脆弱，有的心理敏感和自卑，也有的心安理得、不思进取、浑浑噩噩度日。为此陶书记细心地掌握了他们的敏感与顾虑，在宣讲和落实各项脱贫措施的时候十分注重对这类贫困户的心理疏导，去的次数多了、时间久了，村里的人都待她亲热起来，有了困难都愿意找她聊聊。

奉献无私的力量

2019年10月，全国扶贫对象动态管理工作全面启动，与往年不同，这一次动态管理工作增加了"两摸底、一核查"，既要对建卡户和非建卡户进行全面摸底，找出存在返贫风险和致贫风险的农户，又要核查各项数据的真实性、准确性。小陶的新婚大事正赶上扶贫工作的紧要时刻，婚期前一天，她接到了单位领导的电话："喂，陶恩萍吗？最近要开始动态管理了，今年的工作任务有些重，我看你还是办完婚礼就迅速返回工作岗位，配合村上开展好本次动态管理工作吧。等忙过这阵子，组织再考虑你的休假问题……"接到电话的那一刻，小陶没有丝毫犹豫，第一时间打开手机取消了旅行计划，退了机票。婚礼第二天，乡下办婚礼的喜棚还没有来得及拆，小陶就返回了窝拖村。小陶说，她满脑子都是如何规划、如何入手，开展好本次动态管理工作，没有抱怨更不敢耽搁，因为这是自己应该做的，只是在心中一直隐隐地藏着对老公的些许歉意……这次窝拖村在规定时限内高质量完成了贫困人口动态管理数据采集和录入工作，得到了广大干部和村民的一致认可。

给予温暖的力量

听小陶书记讲自己驻村的工作感悟时，总能让人感受到一种温暖的力量。她说："治穷先治愚，扶贫先扶智，帮助贫困家庭孩子重返校园就是给贫困家庭甚至贫困地区播下希望的种子，也是一名驻村干部的职责所在。"工作中，她总是不忘对全村适龄儿童入学情况和在校表现进行跟踪、督促、帮助，向建档立卡户介绍助学政策。一次走访中，她发现村内有一名叫罗加富的孩子厌学，多次逃学回家，帮助奶奶干农活。这是一个单亲家庭里成长的孩子，母亲离家，放弃了对孩子的关爱，父亲酗酒，对孩子疏于管教。从此以后无论多忙，小陶书记总是抽时间去他家，和他的父亲、奶奶分析孩子厌学的原因，和这个孩子聊天，鼓励他读书，还赠送给他几本励志的读物，帮助罗加富重拾了学习信心。在她的持续关注下，孩子总算按时复了学。

还有一次小陶书记在走访建档立卡户时，发现一个年迈的贫困户自己报上来的家庭收入与村里实际帮扶的数目不符，这不仅关乎能不能保障不让一个贫困户掉队的问题，而且涉及这个贫困之家的生活质量能否改善。去这家走访时，看到他们生活的辛酸和无奈，她心里酸酸的。她很想帮助他们，于是自己出钱买了一台洗衣机送过去，又为他们募捐了一些衣物。一次在和女主人交谈中，她发现了这户人家依然贫困的主要原因是老夫妇不会使用银行卡，他们的银行卡一直由一个很近的亲戚代管，扶贫款打进多少他们完全不清楚，也不知道怎么使用。小陶亲自出面要回了银行卡交给老两口，又把这家的儿子带到银行，委托给工作人员，以后来银行可以直接找工作人员办理。这件事解决了，小陶总算安心了。却没想到，有人不了解情况，责备小陶影响人家亲戚关系、家庭团结。又疲惫又伤心的小陶病倒了，得了重感冒，住院一周才恢复健康。

如今小陶谈起这件事时，显得非常平静。她说："已经过去了，现在老乡都很理解我支持我。时常有人拉我去他们家吃饭，我推辞了，他们虽然有些失望，也不生我的气。"

小陶书记案头放着一本《习近平的七年知青岁月》，她说是自己买的，很喜欢读，还有《摆脱贫困》一书是县委罗书记送给每个扶贫挂包

图62　茶园中劳作的今日"金花"们

干部的。她把驻村工作作为一次作风、能力、意志和知识的锻炼，工作中她没有轰轰烈烈的骄人事迹，也没有荡气回肠的豪言壮语，有的只是心系村寨发展的真心、为民奔走的诚心、帮民排忧解难的耐心和牢记使命的真情，展现出新时代美丽"金花"的形象。

第十一章　能人带头齐奔小康

　　农村能人主要指在农村发展致富产业中具有较强的能力，能够带动农民致富，具有一定奉献精神的人，他们被选拔为村书记或村主任，往往发挥了一个能人带动一个村子经济发展、农民致富的效用，其中不少优秀的共产党员，被选为先进典型。宁洱县共有85个村书记，他们是脱贫致富的带头人。村级主要领导在脱贫攻坚中发挥了重要作用。

　　宁洱县领导非常重视选拔能人，他们说宁洱是偏远地区，人才稀缺，五个指头伸出来马上看得出长短。宁洱不比沿海地区，能人太少，选能人很容易，选能人也更加重要。能人带头脱贫致富是宁洱精准脱贫的一个突出特点。

　　2016年，精准脱贫攻坚战打响之始，宁洱进行了大规模的乡村带头人调整。县委组织部对一些致富没有思路、工作没有干劲、缺少带领村民致富才能的村干部进行了调整，一部分人离开了村委会，一部分有能力也有群众基础的能人被选了上来，成为村级主要领导。

　　2018年，宁洱从贫困县出列后，结合乡村振兴战略，开展扶贫巩固提升工作，针对个别村党组织涣散、先锋模范作用发挥不力、工作难有成效的现状，组织部再次对村领导班子进行了集中调整、充实，把主要工作委派给村主任或村书记一个人，另一个调整到其他岗位，如任村纪委书记等，年龄大的则安排离开。2020年，结合脱贫攻坚即将转入乡村振兴阶段，县委组织部又进行了村领导班子第三次调整，明确规定书记、主任"一肩挑"，所有村子都实行了村书记负责制。

凡在宁洱见到的能人村书记，给我的印象是都很有思路、很自信，此外就是家里的房子不仅大，而且漂亮，看起来比大多数村民都更富庶，心里不免想到，当年很多城市大发展时，到处是工地，很多地方的发展也和能人经济相关。宁洱的能人村干部发展如何呢？

宁洱的干部们讲起宁洱的脱贫成绩时常会自豪地提及，大家工作虽然辛苦，但是没有一个干部在脱贫攻坚的道路上倒下，没有一个干部因为腐败落马。追问其原因，其一是关爱为先。宁洱县委班子非常关心干部群体的工作生活情况，有的干部工作遇到困难，工作推进不利，上级领导不是惩戒为先，而是深入下去，与干部共同分析原因，寻求解决办法，鼓励干部树立信心干好工作。其二是培养规矩意识。利用各种会议等场合反复强调国家下拨的扶贫款是高压线，是绝对不能触碰的，使廉洁意识在广大干部心中牢牢扎下了根。其三是通过制度确保财务公开。实行家庭联产承包制的这些年，村集体经济弱化。脱贫攻坚需要发挥好集体的力量，县里规定要加强村集体收入，每年要达到5万元，主要来源包括出租门市、集体土地以及通过合作社获得一些收益等。这些集体收入由设在镇上的信贷中心农经站保管，村里有需要，要通过村委会集体开会决定，由专人去农经站取回，避免了资金滥用问题。

问起村主任和村书记的房子为什么都那么好，杨正德告诉我："他们本来就是致富能人，不当村领导可能会更富。当村子带头人付出很多，他们家里人也常有意见，反对他们当书记、主任呢。"干部能否廉洁自律关键是从制度上扎紧篱笆，既确保了扶贫资金使用精准到位，也是对干部的保护和关爱。

宁洱的85个村书记主要分为三种类型：一类是创新型，他们见多识广，有在外闯荡的经历，如退伍军人、企业管理人员等；一类是经验型，在宁洱土生土长，在工作中摸索，找到了农村发展的办法；一类是学习型，有上进心和学习愿望，在精准脱贫中，跟着村干部要求走，自己也主动学习，成为能人后，不但自己致富，还带动乡亲致富。

三类致富能人都有共同的特点：第一有公心，愿意为大家做事，也受到群众爱戴；第二肯干事，他们亲力亲为，实干、苦干、能干，发挥了表率作用；第三有担当，发展富民产业，要在原有的传统农业的基础上大胆创新、先行先试，虽然这样会面临很多挑战也承担一定的风险，但没有担当精神必然无所作为。

一、胖哥书记主意多

杨金波，1975年出生，哈尼族。2016年4月，脱贫攻坚决战第一年，杨金波被选任德安乡党委书记，肩负起打赢脱贫攻坚战，完成全乡脱贫任务的工作职责。杨金波1.72米的个头，体重150公斤，大家都叫他"胖哥"，是全县出了名的胖子，大家知道他，不仅因为他胖，更是因为他点子特别多。

听杨金波聊起他的工作经历，才知道他不仅点子多，而且工作卓有成效，专啃"硬骨头"。为了把各项脱贫政策贯彻落实到位，他总是在认真分析研判相关政策的基础上，多次进村入户调研，寻求脱贫的政策措施与当地实际有效对接的契合点，提出了不少创新的工作思路和方法，他的一些好的经验做法也多次被关注创新的县里领导采用，很快向全县推介，德安乡也经常会有不少前来学习参观的人到访。

杨金波的小方法常有大成效。如针对部分贫困群众脱贫内生动力不足，挂包干部深入农户不知如何下手、开展工作成效不明显等问题，杨金波想出一个办法，他要求在德安乡工作的挂包干部开展与挂包户吃一顿饭、开一次家庭会、讲解一项政策、做一件实事、打扫一次家庭卫生的"五个一"活动。

挂包干部几件事做下来后，感觉与贫困群众距离贴近了，感情加深了。很多贫困户与挂包干部从这五件事开始，自然地相互走近，建立了如同家人般的信任关系，为干部做好帮扶、攻克扶贫工作难题奠定了基础。后来，这一做法被县委认可采用，在全县进行了推广，每个扶贫干部都参加了"五个一"活动。

请第三方来鉴定民房也是德安乡先行先试的。2017年德安乡很多住房都进行了新建或修缮，也保留了不少土坯房。杨金波说："这里不少土坯房是卯榫结构的，很稳固，属于传统民居，经过4次地震，都没有倒塌，但是每次来检查的人都说不安全，需要整改。其实看起来不安全的一些房屋建筑风格就是如此，怎么办呢？杨金波提议请来第三方鉴定，每个房子鉴定费用80元，共花了16万元鉴定费，用了4个多月时间，完成了对2 000多户房子的鉴定。鉴定结果证明绝大部分房屋是安全的，个别达不到安全标准的，进行了加固完善。"

杨金波贯彻落实勇做先锋。杨金波主意多还在于他敢于尝试。2017年4月，县脱贫摘帽指挥部出台《脱贫摘帽人居环境提升实施方案》，鼓励各乡（镇）以"民办公助、以奖代补、先建后补"的方式来加快实施通水通路、危旧房改造、活动场所建设、垃圾集中处理、人畜分离、村庄绿化美化亮化、旅游扶贫、信息化、改厕、污水处理等"十大工程"。杨金波深入领会文件精神,率先行动,加快落实。他迅速选取恩永村旧寨组和外旧寨组、兰庆村平掌组、石中村田心组、团山一二三组,作为人居环境改造提升示范点,投入1 300多万元,开展十大工程建设,完成了全部示范点的人居环境提升改造工作。德安乡的先行先试,得到了县委县政府领导的肯定表扬。其他乡镇班子成员也先后带队到德安学习、交流,大家夸赞杨金波说:"胖哥,你是第一个敢吃'以奖代补'这只螃蟹的人!"

如何发展致富产业?杨金波瞄准了落实"311"模式。"311"模式是宁洱帮助贫困户获得持续稳定收益的创新探索,杨金波干得有声有色。德安乡6个行政村按照"党组织+公司+专业合作社+农户"的发展模式,引进了华谊食用菌种植有限责任公司和普洱方圆农林开发有限责任公司,两家公司与全乡建档立卡贫困户签订入股分红协议。2014年以来,德安乡累计投入扶贫资金19 681.445万元,实现行政村主道路100%硬化,村民小组串户路硬化率达90%以上。2017年至2020年参加合作社的村民按入股金额的12%得到年度保底分红,每年每人可实现资产收益600元,实现全乡3个贫困村脱贫出列,236户898人脱贫,贫困发生率降至1.18%。

杨金波爱算账、会算账。抓扶贫谋致富离不开管理精细化。德安乡在全县率先进行了收入测算,把全乡老百姓的收入全部测算了一遍。首先算固定收入,国家给的所有补贴、财政所有数字可供统计,此外经营性收入、产业收入、租金收入,需要上门一户一户问、一次一次地测算。干部职工花了两个月时间,一天也没休息,天天加班,把2 800多户家庭的收入全部算好。杨金波说:"测算完成后,我们就会搞清楚没有达标的农户差在什么地方,需要在哪个方面补齐。"德安乡有45万亩林地，虽然保护生态，不再砍树，但林下经济收入可观。他们的收入也可以算出来，具体还要看树种，比如松树有松子，一棵松树，自己采松子可以有 20 元收入，包出去别人采可以有 12 元收入，这些都是通过认真的市场调研得到的数据。

有一次县委书记罗景锋来德安调研，听杨金波算了一笔账，当时很多干部还没有关注到，许多建档立卡贫困户拥有大面积的山林（少则十几亩，多则上百亩），每年都可通过采松子、野生菌、中药材等获得不少收入，加上公益林补助、天然林禁伐补助、退耕还林（草）补助、生态护林员补助等，农民从山林中获得的收入不少，几乎可以占家庭收入的半数以上，并且这个收入是长期稳定的。罗景锋书记听了非常认同，当即安排随行工作人员在党员干部工作群里发通知给各乡（镇），要求把林产业记入建档立卡贫困户的中长期产业，杨金波会算账也出名了。

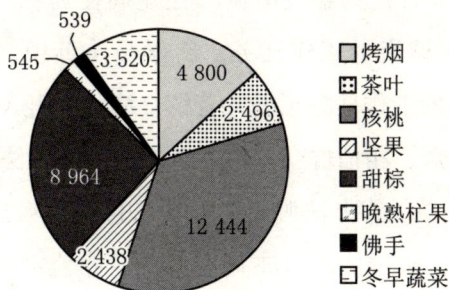

单位：亩

图 63　2019 年德安乡农业发展作物种类示意图

问起杨金波为什么"点子多"，他的感悟有三方面。

首先，长期扎根基层积淀丰厚。杨金波说，他也没什么特别的，就是在基层工作时间长。他原来在人社局下面的社保局做财务工作，2007 年发生地震，12 月县里派工作队下乡，杨金波被派到宁洱镇民政村任工作队长，该村遭受震灾比较严重，因地震滑坡，107 户村民需搬迁。杨金波工作到位，搬迁进度快，受到上级肯定。半年后被提拔为磨黑镇副镇长。在任磨黑镇副镇长期间，他从零开始发展烤烟，带动了很多乡亲致富。在磨黑镇工作4年后，他被提拔为住建局的副局长，回到机关上班仅9天，又被派到同心寨负责征地工作。原来有家企业要搬到这里，老百姓不同意征地，每天有上百人闹事。他每天早上七八点就到农户家，谈心交流，晚上常常工作到12点，10个月后，他顺利完成工作任务。2012年9月，杨金波被派到普义乡任乡长，这里准备建电站，库区势必淹没一些土地，这就涉及移民搬迁工作。他刚到任时，项目已经停了两年没有进展，村民用竹竿把地围起来，不让动工。杨金波去了后不久，就做通了群众的工作，项目顺利推进了；共47户村民完成搬迁，从河边迁到了山上，建成了全县第一个新农村标杆——一个管线入地、雨污分离的美丽农村。

2019年4月18日，杨金波被调回住建局任局长，又迎来了创建美丽县城、全国卫生城市的工作任务。听学员小苏说，两个争创任务很重，争取不易。新的工作任务正期待着杨金波和宁洱人的新作为。

其次，深入群众、相信群众、依靠群众的工作方法。杨金波说："德安贫困率比较高，必须想办法脱贫，办法来自哪里呢？就是要多跟老百姓交流。"在乡镇工作时，杨金波基本不待在办公室，很多时间都在百姓家。经常找他们"吹牛"，他说："不要成天讲大道理，他们往往听不进去，我主要就是和他们拉家常。家庭生活、小孩读书等事情，他们也愿意和你吹吹，我和他们感情很好，离开一年多了，还在联系。我是县城长大的，和村民想法、生活习惯都不同，更要多听他们的意见，扶贫主要是做他们的思想工作。他们需要什么帮助，让他们自己说，多听他们的意见，再组织申报项目，符合他们自己心里的想法，他们也会更有干劲，更努力。"

最后，愿望决心与全身心投入。常听人说扶贫干部太苦了。杨金波下乡前并不胖，下乡后白天跑村民家，夜里思考脱贫办法，常常夜不能寐。他只身下乡，忙起工作来，就忘了吃饭休息，生活很不规律。他媳妇和小孩住在县城，下乡后，山路很远又难行，他就很少回家，特别是脱贫攻坚开始后，两三个月也难得回家一次。春节一共休息两三天，他回父母家吃一顿年夜饭，再去墨江县媳妇娘家吃一顿饭，就继续工作了；去县里开会，也是连夜返回乡里。时间久了，积劳成疾，杨金波变成了"胖哥"。省委组织部长来宁洱调研，见到杨金波，叮嘱他一定要到医院看病。住院回来的杨金波，身体康复了，"胖哥"从150多公斤，瘦到如今的体重70公斤。今天德安乡胜利完成脱贫任务，"胖哥"也变成"帅哥"了。

"想干事、能干事、干成事"的杨金波，2018年获得云南省先进工作者称号，2019年获得云南省五一劳动奖章。2020年6月30日，中央电视台首播纪录片《民族团结美如画 携手奋进新时代》的第一集《脱贫攻坚》，讲述了少数民族干部杨金波的感人故事。

图 64 杨金波出现在中央电视台的纪录片中

二、花果山的"美猴王"

德化镇从前是宁洱最贫困的镇,贫困发生率曾高达 19.91%。龙树是德化镇东南的一个村,基础设施落后,没有任何致富产业,乡亲们守着辽阔的大山,过着紧巴巴的穷日子。如今的龙树已成为远近闻名的水果种植大村,这里从种植单一粮食作物到实现发展转型,致富产业欣欣向荣,得益于能人带路,他就是龙树村党总支书记李加强。

李加强,彝族,1972 年出生,德化龙树本地人,2013 年前任普洱福通公司副总经理,每个月也有五六千元的收入。2013 年,他辞掉众人羡慕的工作,回到了龙树村担任村书记时,当时村子里荒山荒地很多,依然处于贫困状态。很多人不理解他怎么舍得辞掉那么好的工作,而他心里想的是如何不辜负来自党组织与乡亲们沉甸甸的信任,精心酝酿着一个能改变龙树贫穷面貌的计划。

李加强有个哥哥在云南大学任教,在一次家庭聚会上,他从哥哥那里得知,市场对佛手需求量大且收购价格高,想到龙树村海拔为 800～1 200 米,气候湿润、降水充分、生态环境好、土壤又无污染,加上地广人少,非常适合种植佛手、橘子、杧果等水果。在哥哥的帮助下,他到蒙自和四川、广西等地考察了水果种植,走了一圈下来,他的信心更足了。他说:"有些地方气候没我们好,土地少,石头窝里都种满了水果,我们这里荒山荒地这么多,不种真是太可惜了,哪一天这些荒山荒地变成了花果山,龙树村的日子也就好过了。"

龙树村从来没有种植过水果和坚果,什么品种合适呢?李加强带头组织了几个村小组长和党员先尝试种植了佛手、橘子、杧果、石榴、龙眼、核桃等品种,他说:"我们多种几个品种,总会发现哪种适合、种啥好。"

李加强开始了满怀希望的先行先试，他倾心倾力，经常深夜一两点还在拉着皮管子给果树浇水，然而意想不到的困难出现了，挂了果的果树还没有等到收获，就遭遇了病虫害，果子掉得越来越多，大家的心也凉了。李加强请专家会诊，自己上网搜、找书查，琢磨病虫害原因、防虫治虫方法，终于解决了这次虫害问题。几年下来，李加强自己也快成了半个专家，村子里哪家的果树发生病虫害，找他就可以解决大部分问题了。

多品种试种之后，龙树村适宜种什么也有了答案。李加强砍掉了已经挂果，但果味不正的龙眼，专心于佛手、橘子、杧果种植。2015年，李加强种植的40亩佛手、橘子、杧果，让他赚了15万元，跟他一起种的农户也有了几万元至十几万元不等的收入。

2016年脱贫攻坚战开始，镇里制定了产业脱贫路线图，计划发挥龙树村地理气候资源优势，种植水果。有了镇上的规划指导、资金支持，李加强更有信心了。他决心大干一场，制定了龙树村发展水果种植的产业布局，针对红石岩、团山、夺罗厂气候较热的特点，在这些地区种植杧果、佛手和橘子，龙树村的上下寨海拔较高，则种植石榴、核桃。很多村民眼见李加强他们种的水果长势良好、收入颇丰，也跃跃欲试。

为落实好发展规划，李加强再次找到哥哥取经，寻求龙树村后续发展的专业指导意见。为选好果苗，他多次带队到通海、蒙自、建水开眼界、学技术，并拉回果苗，还从玉溪聘请一位专家，在家门口为村民开办培训班，教村民学习种植技能，后来还成立了龙树村种植养殖业专业合作社，和农户签订协议，由合作社提供果苗，进行技术指导，拓宽销售渠道。

大量果树种下去了，如何销售出去，交通必须跟上。在有关部门的帮助下，龙树村投入80多万元，修通了6千米的水果大道，架起了两座桥，解决了农户的出行问题，也为龙树水果产业的长远发展提供了基础保障。

2016年以来，龙树村大面积种植水果获得成功。曾经的荒山如今生机勃勃。仲夏时节，我们一行人来到李加强的果园，只见郁郁葱葱，果香扑鼻，大部分果树已经挂果，长势喜人。李加强忙着给大家分享各种水果，其中居然还有帝王香蕉，一问才知，这是他们试验的新品种，已经有了收获。

李加强自豪地向我们介绍，他们种了几个品种的柑橘，以丑橘为例，优选出来品相最好的，可以卖到50元一千克，品相不好的，也可以卖20多元一千克，再差一点的大概卖到5元一千克也能挣到钱。2018年，龙树村全村种植杧果1 300亩、佛手500亩、沃柑100亩、石榴300亩、桃子50亩，果树品种多样，亩均收入约5 000元。龙树村水果种植业

图65 李家强（右二）与村民一起在果园劳动

发展迅速，2019 年，水果产业总收入 200 多万元；到 2020 年，龙树村种植水果已达 4 300 多亩，收入增至 300 多万元。220 家农户普遍增收，其中 5 家农户收入 10 多万元。

龙树村的村民们见到我们总会念叨上海金山区给予的无私援助。2018 年，上海市金山区资助龙树村和附近的那迁村 20 万元，种植了近千亩佛手。2019 年，上海市金山区又资助 50 万元建成了佛手加工厂，此后两个村子的佛手成熟后可以被加工成干片，形成了种植和加工的产业链。他们注册了自己的品牌，再把产品放到电商平台，让它走出大山，销往全国，解决了农户销售产品的后顾之忧。

李加强鼓励村民开办农家乐，让城里人到龙树来吃农家饭，摘生态果，住新客栈，人们纷纷称赞龙树村也变成孙悟空的花果山了。"如果龙树村变成了花果山，那你就是花果山的美猴王了！"大家这样打趣李加强，李加强乐呵呵地接受了。说他是"美猴王"，那还真不为过，花果山因有孙悟空而非同寻常、名闻天下，龙树村名闻宁洱、增收脱贫则少不了他这位产业致富带头人。

2018 年，李加强被推选为普洱市人大代表，他经常说："人民选我当代表，我当代表为人民。"李加强实现了改变家乡贫困面貌的心愿。

三、贫困户成为致富带头人

杨应东，1979 年生，家住宁洱镇谦岗村蚂蟥田组，初中毕业后回家务农，妻子因生病只能干点轻活，家里有两个小孩；他对爷爷奶奶很孝顺，在村里口碑很好。杨应东家里 6 口人，收入主要来源是种植粮食，劳动力少还要负担医疗费，生活比较困难。

2016 年，脱贫攻坚行动开始后，杨应东家也被精准识别为建档立卡户。2月初，县上的挂包帮扶干部来到杨应东家中，与他结对子、交朋友，针对杨应东家的具体情况，共同谋划适合的致富产业。省劳模、普洱市"最美司机"、驻村工作队员李志逵同志多次入户与他交流，激发了他致富的信心和动力。

杨应东好学、上进，乐于接受新事物，前些年没少尝试致富之路。2004年，村委会带领农户开发冬农产业，种植"东升南瓜"。杨应东积极参加，结果第一次尝试令人失望。他虽然在种植技术培训班学习了种植技术，但还是不得要领，加上当年冬天出现意外霜冻，收获远远低于预期，前期的投资成本只收回来了一部分。

2009年，谦岗村大力推广种植烤烟。杨应东听说烤烟是一种短平快的高收入经济作物，如果种植收成好的话，每亩经济收入能达到4 000多元，利润相当可观。杨应东再次大胆尝试，他一共种植了5亩烤烟。这次地里种出来的烟叶质量很好，但是在烘烤制作过程中又发现了问题，原来他种植烟叶的地块，土地含磷过高，导致烘烤出来的烟叶等级很低，甚至达不到收购标准，结果这次尝试入账利润微薄，又一次失败。

帮扶干部鼓励杨应东大胆干，既帮他出谋划策，也鼓励他，激发其斗志，并帮助他策划产业发展项目。针对他家缺少劳力的现状，考虑到他妻子虽然患病，但还能从事一些不太繁重的劳动，最终决定发展林下养殖土鸡的脱贫致富项目。工作队和村干部鼓励杨应东申请农业局的扶贫补助资金。杨应东获得资金支持后，搭建了0.5亩鸡舍。有了条件不错的养鸡场地，下一步就是良种鸡苗问题。村委会及驻村工作队向镇领导求助，镇党委、政府多方了解，找到了一家家禽养殖"龙头"企业，让杨应东参加了"311"模式，这家企业负责免费提供鸡苗及饲料给建档立卡贫困户，带动他们脱贫增收。杨应东获得了企业提供的1 050只鸡苗，林下土鸡养殖场就这样建成了。

有了前几次失败的教训，杨应东深知养鸡不易，好在有扶贫干部帮忙，请来了镇兽医站技术员为他提供技术指导和支持。杨应东自己也十分肯干，一有空就到鸡舍，清理圈舍卫生，整理圈舍杂物，查看土鸡的长势，发现问题及时采取措施，不管是饲料的搭配还是养殖设施的运行，每个细节都不放松。家里其他人也各尽所能，不管是刮风下雨还是烈日暴晒，他们总是在鸡舍忙碌劳作。在大家的共同努力下，杨应东一家饲养的土鸡没有发生过一次大规模病害，也没有发生过一次因管理不当而死亡的现象。辛勤的付出，迎来了喜人的收获。2016年，杨应东出售成年土鸡 600 只，实现收入 48 000 元，他们家顺利地脱贫出列了。

有了喜人的收获，更坚定了杨应东发展产业脱贫致富的信心。2016年年底至 2017 年年初，宁洱县开展创业就业培训，参加培训的村民可以申请 10 万元创业致富贷款，杨应东积极参加。取得了贷款申请资格后，杨应东大清早就到镇信用社，办理了产业发展贴息贷款，领到了 10万元资金扶持。他用这笔资金又引进鸡苗 1 000 只，扩大了林下生态土鸡养殖规模。

我们去了杨应东家，还去看了他家的林下生态养鸡场。鸡场就建在小山头上，原来这里除了有养鸡的鸡舍外，还围

图 66　养鸡场的"山景房"

起了一大片土鸡自由活动的场所。只见山上林木茂盛，空气清新，风景很好，大家笑着夸赞，土鸡在这里住着别墅，还是山景房呢。

杨应东朴实、肯干、孝顺，受到村子里乡亲们的信任与拥护。2016年5月村干部换届时，杨应东被选为村民小组长，成了致富带头人。杨应东这个小组长当得好，他将学到的养殖知识结合自己摸索出来的经验，总结出了一套简便易学的养殖技术，传授给其他养鸡农户。无论是在贫困户圈舍还是在自家鸡舍，杨应东随时随地向其他村民传授养殖科技知识、各种常见病防治技术，宣传党和政府的脱贫攻坚政策，发动更多的人多养鸡、养好鸡。

问起他当小组长的感想，他说："光自己富不算富，必须在自己富的同时，带动和帮助其他贫困户脱贫致富，共同发展。"他从扶贫干部帮扶的对象，变成致富路上的带头人，充分发挥了党员的先锋模范作用，带动了全村富民产业的发展。

附录：访谈——聊聊"头雁工程"

孙叶青　上海市委党校科学社会主义教研部教授
李进学　宁洱县委办公室主任
杨正德　宁洱县委办公室常务副主任

孙叶青：听说宁洱在实施一项"头雁工程"，有什么特点呢？

杨正德：我们县脱贫攻坚，两三年这么辛苦下来，有一个很大的亮点，就是对干部职工的关心和爱护一直做得很到位。比如说工作当中，有的干部工作很辛苦，也很努力，但还是出了问题，上级领导不是简单地问责，而是亲自出面帮助解决问题，此外还很关心干部的身心健康。

现在我们已经宣布脱贫了，我们干部职工们虽然有的身体出现一些毛病，但是大家都还好，我们是零死亡率。我们也很少罢免干部，我们是提拔的多，干部快乐工作的多。

孙叶青：我觉得这确实是个亮点，我和一些学员聊天时，注意到一个现象，就是他们经常私下夸领导，因为我也不是什么上级考核单位，他们夸领导，都是由衷地夸，这就不简单了，这就不是一般的事了。

李进学：我也听说了。第三方来评估脱贫成果时，夸我们干部的赞美之词很多。我们确实反对动不动就罢免，那是弄人、耍威风。我们既把贫困帽子摘了，还是普洱第一家，对吧？我们把干部也提拔了，也没有那么多问责的，又把事情干顺了、干起来了。不能说干了事业，就让干部倒下了不少。有些地方介绍经验时，爱讲问责了多少，我认为这是令人遗憾的。我们不仅是多提拔、少罢免，更重要的是我们从注重激励、保护、教育、压实责任、转变作风方面去做，把各级干部积极性调动起来了，大家目标统一、思想统一，不存在被动地去干脱贫攻坚这件事。

杨正德：简单说就是贫困县帽子摘了，经济社会发展了，老百姓富裕起来了，干部在这个过程中成长了，干群关系也融洽了。

孙叶青：你们是怎么激励干部的？

杨正德：脱贫攻坚最紧张的时候，有一些乡镇、村工作推进情况不理想，县里领导不是简单问责、去追究他们的责任，而是首先约干部坐下来，一起分析问题出在哪里。把问题找出来以后，再一起想办法怎么解决，把工作推下去。其实从潜意识里，各级领导都是极力保护每一位干部尽可能健康地成长。

李进学：关键是我们县里领导都比较实在，如果你不实在，你沉不下去，发现不了问题，也就帮助不了别人，对吧？除非他确实有个人作风、经济等问题，该拿下来一样拿，对吧？但是如果没有这些情况，只是工作没想到、没做到，我们就要让他知道怎么做、问题在哪里，然后拿出时间、措施，把人压上去，他就干好了，对不对？在我们这里的扶贫工作中贪污腐败的事是没有的，没有发生过。

孙叶青：这个事很难吧？当年朱元璋为了反腐败，对腐败官吏用酷刑，有的都扒皮了，都没有办法制止腐败，这是很难做到的。

李进学：我们查是全覆盖的，有审计、巡查。扶贫中可能一些工程质量也会存在问题，也有工作不到位的，但我们到现在还没发现一门心思去贪这些钱的。听说有些地方出现把老百姓的低保费分了、补助分了、项目的钱拿去分了等情况，这些问题我们是没有的。贪污扶贫款的现象，我们这里也没发现。为什么能够做得到呢？我们处级领导都挂乡包村，部门领导挂村包户，所有干部包村、包户、包人，所以很难有发生舞弊的空间。此外资金基本上是在乡镇一级保管，实际上是随时都有人跟踪，监督、督查、督办，谁还敢贪腐？

我们还着重进行思想教育引导，然后制度设计保障，监管的制度设计跟不上是不行的，财务项目的审批、跟踪管理，都有一套制度设计。关键是抓早、抓小、预防，就是哪些地方容易出问题，自己心里要清清楚楚的，哪里可能发生腐败，我们都要清楚知道，才能预防、杜绝。

孙叶青：你们要解决的是在扶贫之中怎么杜绝腐败问题。

李进学：2016、2017、2018 这三年，我们县获得普洱市党风廉政优秀一等奖，在党风廉政建设、基层党建方面连续三年获奖，这也说明我们抓得好。我们各级干部经常讲，扶贫资金就是高压线，碰着就死，这个钱决不能乱用，这个线是不能碰的，大家在思想上还是牢记这条警戒线的。经常讲，他们就不敢动，所以道理一定要讲清。我们开展脱贫攻坚这几年，村主任和村书记没有一个因这个问题被拿掉，一个都没有，都还在。

孙叶青：说实话，我来的时候，看到村领导家都是这么大的房子，我就寻思这个事好不好问，是不是当了村书记、主任后都贪腐了呢，咱也不是纪检委的，咱也别问，让人讨厌，我也没问你对吧？后来我才知道，他们是自己先致富，后当了能人领导，就是你们所说的"头雁工程"。

李进学：举个例子来说，我们以前每个村都有供销社，供销社是用来供应基本物资的。有个当兵的回来，把供销社买下来自己弄，他也富了。后来经常有老百姓得到他的帮助，比如谁家没有化肥等物资了，他就赊给老百姓，什么时候有钱，什么时候再付，选举村干部时，老百姓都选他。

孙叶青：那为什么其他老百姓没有开供销社？不让他们开吗？

李进学：不是不让他们开，而是一般人没那个头脑。我说的这个人是青冈的，到过越南战场。我们很多村主任和书记自己都是致富能手，你自己都没钱，怎么带领别人，说白了，如果他们不到村里任职，从他们的经济收入来看，还会更富。他们当了村干部，好多时间都奉献给大家了。

孙叶青：能人是怎么选拔、怎么培养的？他为什么肯奉献？这也是你们厉害啊，他一定是有成长过程的。

李进学：如果自己腰杆都不直，自己都不行的，老百姓不佩服的，我们也不能培养。你在老百姓那里说话，没人跟、没人听不行，有一点本事的、会带领老百姓干的才行。你自己家里面穷兮兮的，怎么带头致富？

孙叶青：咱们能不能统计一下各个村能人当领导的，到底占多少比例？

李进学：基本上都是，大部分都是。比如说我挂的民政村，李春林他本身就是致富能手，宾馆都盖了，他先当了村主任，现在已经入党了。老百姓都听他的，因为他是能人，而且他有公心，他说怎么干，老百姓就跟着来了。

杨正德：昨天我们见的李加强，他跟他妻子说："我不到村里边去努力干活的话，就是全村人骂我；我去村里干活，只是你骂我。"被一个人骂还是被全村人骂，实质是怎么看待小家和大家的关系问题。

第十二章　可持续发展的新希望

改革开放后，农村经济由合到分，家庭联产承包责任制在当时的历史条件下适应农村生产力发展阶段，极大地激发了农民的生产积极性，改变了大锅饭时期人人混饭吃的状况，农民收入迅速提升，生活状况也有了很大改善。在改革开放走过了 40 年的今天，农村要致力于发展现代化农业、实现规模经济，与市场对接，确保农业持续稳定发展，使农村中的弱势群体也可以人尽其力，分享改革开放的成果。但以农民一家一户的个体之力，无法顺应新时代现代化农业发展的客观需要，今后农村社会经济继续发展又面临着如何由分到合的问题。这种合不会是国家控制力量加以整合统一的强行介入，而是既鼓励个体积极性，又发挥集体优势和力量的互相结合，其出路在哪里？很多人把热切的目光投向了农村中出现的合作社。

国际上很多国家都是通过建立各种形式的农业合作社实现农业产业化，从而组织引导农户走向富裕、推进了农村的现代化程度。我国在 2007 年 7 月 1 日《中华人民共和国农民专业合作社法》正式实施以后，成立农民专业合作社的探索开始在全国兴起。今天农业合作社还属于新生事物，尚处在探索尝试阶段，普遍的状况是响应政策要求，一时间农业合作社纷纷成立。很多地方出现了大量合作社，但多数没有真正发挥合作社的作用，很多合作社更是形同虚设，成为有名无实的"空壳社"。究其原因主要有以下几种：其一，农民难以运营合作社。他们虽然有合作的愿望，但是缺少资金、管理能力、市场意识，很难开发适销对路的产品，很难打通流通环节，也缺少品牌和营销意识。合作社经营范围主要集中在种植、养殖业，只能出售初级农产品，在合作社成立后往往短期无法获利，导致合作快、解散快的结果，或者以家族成员经营的状态延续下来。其二，大户能人办起的合作社易发生变质，失去合作社的功能。目前，农村中相当多的合作社是由经营大户、村干部牵头组建的，他们的入股资金在合作社股份中占很大优势，持股最多者一般会出任合作社的法人代表理事长。这些合作社常常由大户能人掌控，使合作社要求的民主管理和决策制度难以正常运行并发挥作用。合作社的监督机构（监事或监事会）也形同虚设。在利润分配方面，一般由大户能人决定收购价格或者市场价格，收购社员的，也包括非社员的农产品，而此后的营销利润与社员无关。有的合作社收购价格可能略高于市场价格，其差价就算作"二次返利"。也有的合作社，有部分或者象征性的"二次返利"，但远远达不到"可分配盈余60%"的法定标准。因此这样的合作社在本质上与登记为普通工商企业的单位没有差别，只是打着合作社的名号，有些甚至意在争取国家补贴和支持。其三，农村的基层干部普遍缺乏农民合作社的基本知识，几乎没有能力正确指导当地农民依法建立比较规范的农民专业合作社。近年来农村地方政府把主要精力集中在精准脱贫事业中，对发展农业合作社还处在提倡、鼓励阶段，只给予一定程度的关注和扶持，尚未把主要力量投入其中，这也成为农业合作社发展缓慢、成效并不明显的主要原因。

宁洱在脱贫攻坚进程中，为助力农村产业发展，也采取了鼓励扶持合作社发展的措施，出现了一些发展势头良好、发挥了集体经济优势、带动农民致富的合作社。合作社作为一个新生事物，既承载着希望，也存在许多需要解决与克服的问题。

一、农户办起了合作社

和同行的人一起来到困鹿山探访皇家贡茶园后，看到不少千年古茶树，最好的几棵茶树，据说清明前的新茶要卖到上万元1千克。看过古茶树之后，我们来到了开在困鹿山上的茶叶合作社，见到了合作社的带头人李兆伟。大家围茶桌而坐，听他讲起他的合作社从开办到今天的发展历程。

李兆伟，1972年出生，困鹿山脚下的宽宏村人，中等个头，瘦瘦的，看起来结实精干。建立合作社之前，他好几年没在家乡，而是在建水包地种，收入比较稳定。2014年，他回家过年时，与兄弟和朋友聚会聊天，听说朋友的朋友在临沧开的茶叶处置所收入可观，他也动了心，考虑留在家乡，开一个加工茶叶的处置所。就在申请许可的过程中，他听说政府在鼓励农民成立合作社，就动了筹办合作社的念头。他首先向村干部打听，得知成立合作社需要5家以上农户联合，就和弟弟约了3个朋友，共同做发起人，又联合了另外6家农民，共有9家农户，共同申请。先报村里批，再到镇上报工商审批，很顺利地把需要的手续办好后，合作社就张罗起来了。

前期投入主要花在建房和场地上，他家虽然也在困鹿山下的宽宏村，但他们家分到的茶园不在困鹿山，而是在困鹿山对面的山上。他就在困鹿山自己买了大约50亩空地，当时价格比较便宜，是以1万多元1亩的价格买下来的。买来的茶地用来种茶和建合作社用房,开始时机器不多,总投资 50 多万元。

合作社开始运营的第一年,由于没有经验,连章程也是抄别人的,只能边干边摸索。原来预计共 9 家参与,实际上困鹿山茶农参加的积极性很高,大约有十五六户人家开始与合作社合作(现困鹿山共有 24 户人家,山下面 3 户,山上面 21 户),交茶到合作社的占全部农户的80%。合作社一开张,一共收了几十吨新茶叶,机器隆隆开动,加工速度也挺快。他们主要是做毛茶,对茶叶进行粗加工,然后卖到全国各地。买家可以再进行深加工,如压饼、包装等。

第一年合作社经营虽然表面红火,收获却不佳,年末一算账居然亏损了约 10 万元。亏损的首要原因是收购农户的新茶叶价格过高。他们开始收茶的方式是签订一个统一价,不论春天新茶,还是 7 月到 9 月的雨水茶,也按统一价格收购,由于对定价没有经验,只是按大致情况估计,新茶叶统一按 15 元每千克的价格收购。辛苦了一年,遭遇亏损的结果,三个朋友都灰心了,退出了合作社,此后只由李兆伟和弟弟继续运营。谈到亏损的原因,李兆伟承认,收购新茶叶价格过高是一个方面,自己没有经验、管理等不到位也是重要原因。我们问起他朋友退出时,分担了亏损的款项没有,李兆伟回答,没有要求他们来分担。

从第二年开始,合作社有了盈利,主要得益于 2016 年管理更完善了,做工质量提高了,茶叶的品质也提升了不少。此外茶叶的价格也上去了,2015 年加工好的茶叶,1 千克可以卖 150 元,而 2016 年可以卖到 200 元了。

从 2016 年后合作社运行平稳,2017 年、2018 年、2019 年都有了盈利。只是按照年收入看,还并不令人满意。虽然 2018 年比 2017 年收入更好一点,但进步不大。主要是因为困鹿山的名气越来越大,竞争激烈，而春茶比较挣钱，外面会有不少老板进来收茶，茶农卖到合作社的茶量就减少了。雨水后的茶，虽然收了不少，但因茶叶本身品质不高，很难销售。加上李兆伟他们心思都用在做茶上，基本上都是在合作社里等着外面的常客来买茶，没有签订固定的大客户，所以加工好的毛茶，积压也很多，现仓库里的茶市值已达 140 多万元，这也是他感叹收入不理想的主要原因。

问起政府给过他们什么资助，他说 2017 年政府给了 10 万元，支持他买设备，他的合作社一下添置了好多机器：一台红茶发酵机、一台茶叶烘干机、一台滚筒杀青机、一台抖筛机、一套茶叶农残的检验设备和一个包装用的封口机。

合作社给农民的利好主要有以下五个方面：一是农民免去了加工茶叶、自己卖茶的麻烦。二是农民对外卖茶有了参照的价格。由于合作社对茶叶有统一定价，茶农对外卖茶时有了讨价还价的依据，更容易拿到满意的价格。三是与自己加工相比，农民把茶叶卖给合作社也比较实惠。四是合作社集体购买农资可以获得优惠价格，如他们帮茶农统一买驱虫的农资、农家肥等。以农家肥为例，一袋农家肥 40 千克，集体买可以便宜约 20 元，小农户一年也可以省下 3 000 元左右。五是有利于发展生态茶园，合作社引导农民发展生态农业。为保障茶叶质量，合作社禁止使用农药，如有一家茶农不听，使用了农药，合作社予以解约，第二年这家茶农便放弃了使用农药。大家统一买驱虫的农资，用生态方法驱虫，如使用粘贴板等，这样坚持下来，茶叶更符合生态要求了，成本也降低了。

合作社面临的问题：一是茶农遇到肯出高价的茶商，就会做对自己有利的选择，合作社凝聚力有限。二是存在空壳合作社（没有办公场地、没有运营业务）的问题，挤占了政府资金支持的空间。三是开辟销售渠道问题，存在以次充好、茶叶市场不够规范等现象，这些都对茶叶价格造成不良影响。

谈起发展合作社未来的打算，李兆伟很有信心，他表示很看好合作社前景。他说："合作社可以做一个支点，希望政府多给予实际支持。让合作社带动更多的农户，走致富道路。"他还希望清除"空壳社"，以防政府支持资金的浪费错用，也可以更多地给予合作社实惠与帮助。他计划鼓励茶农发展生态茶园，引导农户不采或少采雨水茶，他们以后也计划不收雨水茶了，这样对树的生长也有帮助。他说："今年把新叶的价格抬高点，雨水茶价格降低一点，账让他们自己算，慢慢会接受我的想法的。现在的问题是如何做好销售，如果我真的把销售做好，其他就不是问题了。"

二、合作社助力稳定增收

宁洱县第一家由村干部办起的合作社在磨黑镇的团结村，是由党总支书记刘松带领村"两委"干部一起创立的。刘松，2007 年 6 月被全村党员推选为村书记。2008 年以来，他多次获得省、市、县优秀党员，优秀村干部，先进个人等荣誉称号，已是一位有着十几年工作经验的"老村干"了。

在团结村，我和刘书记聊起合作社成立的过程。刘书记回忆起成立合作社的想法来自一次培训学习的见闻。2010 年，刘松来到中央党校，参加了中央农业部组织的培训班，这个班由来自全国各地农村的先进个人组成，主要培训如何发展休闲农业，还包括现场学习。他们参观了成都郫县，了解到当地合作社的发展情况，这才知道原来全国上下都在搞合作社，引导老百姓发展致富产业，实现脱贫致富。

培训回来以后，刘松和村"两委"商量，是不是也搞一个合作社，种点经济作物。当时团结村的经济来源一直都依靠传统的种植、养殖业，能够支撑老百姓稳定增收致富的支柱产业几乎为零，他们很迫切地希望能找到一条出路，带领乡亲们过上好日子。

团结村首先布局致富产业，他们把团结村的村情梳理了一遍又一遍，制定了切合团结村实际的产业分布发展规划版图，按照海拔高度的分布，把全村的产业分两个层次进行规划布局：低河谷沿线以发展冬早蔬菜、杧果、咖啡为主，相对高海拔地带以发展烤烟、茶叶为主。

产业布局规划制定好了，推广实施却遇到了困难。习惯了传统粮食种植的老百姓有顾虑，担心产业转型不成功，芝麻西瓜两头都丢了怎么办。刘松说："干部要先摸索、先示范，做探路者、引路人，我们村'两委'、村干部干出样子来，老百姓自然就跟上来了！"刘松自己带头种植烤烟58亩、咖啡15亩、甜脆杧果60亩，他的坚定和信心，带动大家很快行动了。如今团结村产业规划已全面落实，发展了烤烟2 100亩、蔬菜1 500亩、茶园3 000亩、咖啡980亩、甜脆杧果5 300亩，实现了常住农户户均有产业18亩，为群众脱贫增收打下坚实的基础。

2014年，团结村经济作物试种成功后，酝酿已久的合作社也落地成立了，合作社首先引导全村种植了1 500亩蔬菜，没想到计划没有变化快，受市场价格波动影响，蔬菜出现大面积滞销。尽管刘松他们采取了一系列救急措施，迅速组织人员进行助销、想方设法联系购买商、寻求相关部门的帮助，力求将群众的损失降到最低，但是损失还是不可避免地发生了。这次蔬菜滞销事件让刘松深刻意识到，发展蔬菜产业风险较大，"要想破解这个难题，必须建一个冷库，这样既可以降低群众种植蔬菜的风险，又能错开农产品上市高峰期以提高收入"。刘松四处奔走努力，2014年年底，一个投资210万元、日储量500吨的冷库落地团结村。冷库投入使用后，蔬菜产业发展总算稳固下来了。谁知严峻的考验并没有结束。2018年4月，冷库突然遭遇停电，3天时间，储存在冷库里的蔬菜全部腐烂，农户损失超过 50 万元。刘松蹲在冷库前抽着烟，看着一堆堆腐烂的蔬菜，他心疼地叹息着："……这些损失绝不能摊在老百姓头上！"他说服村监督委员会主任，大家申请了个人贷款共计 50 万元，把差农户的菜钱一分不少地付给了农户，村"两委"的干部也成了合作社的入股参加者。

在带领群众团结一致奔小康的路上，遭遇到的一系列挫折，使刘松深刻地认识到，一个村要发展，离不开村"两委"的领导，这样才能巩固、壮大集体。如果让农户各自来做，他们抵抗自然灾害和其他风险的能力很小，再怎么干，也无法克服丰年收成好、灾年收益差的状况，只有依靠集体的力量，才能克服困难，保障可持续发展。

2017 年，一个偶然的机会，刘松联系到茂昌果蔬种植发展有限公司的负责人，这位负责人是湖南人，在西双版纳种菜和水果。两人商定合作发展甜脆杧果产业。他们决定采取"党总支＋投资商＋合作社＋基地"的"联营种植"模式，助力全村产业发展。基地的运作方式是，由投资商把苗分发给全村老百姓，大家自行种植，合作社跟投资商一起来管基地，村委会负责协调双边的矛盾纠纷，收益按五五分成，即投资商跟农户各占一半，村委会则从每吨收成中提取 100 元钱。100 元中的 30元给予入股的成员分红。村委会 8 个委员，前期参与了集资，可以获得分红收入。由于前两年收益很少，分红收入也从没有提取过，今年入股者预计会拿到一些回报。

与茂昌合作仅一年不到的时间，团结村就成功种植了甜脆杧果5 300 亩，看着绿油油苗壮成长的杧果苗，大家心里充满了喜悦和期待。不料，天不遂人愿，一场 50 年不遇的霜灾浇灭了大家热切的希望，刚刚成活的果苗大面积死亡，农户的种植积极性也降到了冰点，所有的辛苦和投入眼看就要全部打了水漂。"再亏也不能让百姓亏！"在突来的灾害面前，刘松来不及心疼和气馁，他积极奔走为农户争取救助，降低损失，提供最基本的生活保障，同时又苦苦说服投资商进行无偿补苗，"继续投资补种是挽回损失的最好办法！"在刘松他们的积极争取下，投资商最终接受了这个建议。第二年春天，团结村顺利完成了 5 300 亩杞果苗补植。

2018 年，部分甜脆杞果实现了初次收成，实现了村集体经济年入 5 万元的收益，开辟了"入股分红、细水长流"的村集体经济创收之路。2020年村集体经济获益 5 万元，全村老百姓预计收入 200 万元，分摊到 300 家农户，少则几千元，多则上万元。展望未来，刘松说，如果不发生意外灾害，三年后，将实现总收入 300 万元以上，户均年收入 1 万元以上。

在刘松的统筹规划下，村集体经济收入部分被用于村庄道路、产业发展、人畜饮水工程和农村输电线路的维护等基础设施改善工程。合作社使党组织更有凝聚力、村庄更有精气神、村民更有归属感，助力了脱贫攻坚事业的发展。

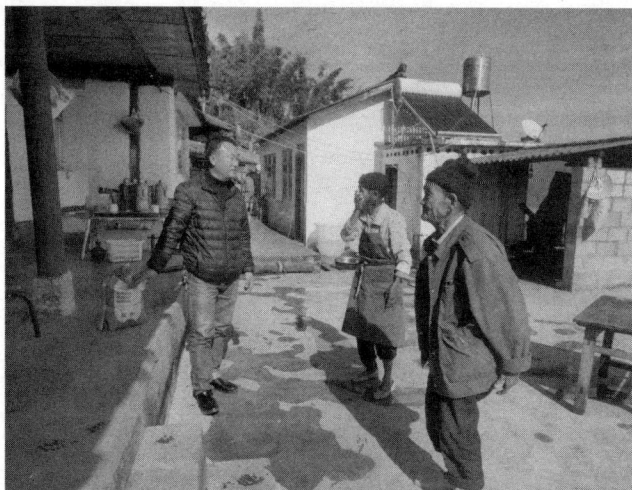

图 67　刘松（左一）访问建档立卡户

三、规范"空壳社"在行动

2019 年，宁洱县为解决清退整治"空壳社"的问题，采取了一系列行动。宁洱县根据中共普洱市农村工作领导小组办公室、普洱市农业农村局、普洱市市场监督管理局等十一部门转发的《关于印发〈云南省开展农民专业合作社"空壳社"专项清理工作方案〉的通知》要求，部署了促进合作社规范发展、提高合作社带贫益贫能力的专项行动，认真组织开展了农民专业合作社"空壳社"的清理工作。

高度重视，统一部署落实

县委农村工作领导小组按照通知要求，于 2019 年 5 月 20 日召开了"空壳社"专项清理工作研究部署会议，由县级相关部门负责人和业务技术人员参加。与会人员充分讨论了开展农民专业合作社"空壳社"专项清理工作的方法措施，以集中清理"空壳社"为重点，按照全面排查、精准甄别、依法清理、分类处置、全面提升的原则，坚持清理整顿与加强服务紧密结合，切实强化各级党委、政府职能部门联动协作的工作机制，压实属地管理责任。

制定工作方案，各部门联合推进

根据《云南省开展农民专业合作社"空壳社"专项清理工作方案》，宁洱县结合实际，制定下发了《中共宁洱哈尼族彝族自治县委员会农村工作领导小组关于印发〈宁洱哈尼族彝族自治县农民专业合作社"空壳社"专项清理工作实施方案〉的通知》，明确了专项清理工作的目标任务、方法步骤和时间节点。县委农办会同各职能部门建立了县级农民专业合作社"空壳社"专项清理工作联席会议，统筹推进专项清理整顿工作，调度通报进展情况，联合开展检查指导，督促各乡（镇）落实清理整顿任务和要求，总结进展和成效。

部门分工负责，落实责任

清退行动经县农民专业合作社"空壳社"专项清理工作联席会议研究决定，由县级相关部门分工负责"空壳社"专项清理工作：税务部门负责整理提供合作社税务登记情况；市场监督管理部门负责向农科部门、林草部门、供销部门、扶贫部门、水务部门、茶特中心、税务部门等及时提供全县登记在册所有合作社名录及被列入经营异常名录、抽查抽检存在异常情形的合作社名单；农科部门、林草部门、供销部门、扶贫部门、茶特中心、水务部门按工作职能和工作范围对列入经营异常名录的农民专业合作社进行全面排查甄别、清理整顿、规范提升，并及时填报云南省农民专业合作社"空壳社"专项清理统计表，及时报告工作进度和工作情况；财政部门、发改部门负责查处套取、骗取财政资金的合作社；银保监部门负责会同地方金融工作部门查处从事非法金融活动的合作社。乡（镇）人民政府负责统筹协调乡（镇）级相关单位，配合县级行业部门做好辖区内合作社的全面排查、精准甄别、分类处置、依法整顿、全面提升以及进度安排、任务落地、辅导服务等工作，确保专项清理整顿行动落地见效。

培训业务人员，提升工作技能

为提升"空壳社"专项清理工作人员的工作技能，县农科局于2019年5月31日召开了由分管领导和业务负责人参加的农民专业合作社"空壳社"专项清理排查甄别培训会，培训内容主要是讲解清理范围、清理整顿的主要问题、工作重点、工作步骤、排查甄别方法、分类处置措施等，并学习《云南省农民专业合作社"空壳社"专项清理工作统计表》《宁洱县农民专业合作社"空壳社"专项清理工作排查表》等实务操作技能。经过培训，相关部门领导和工作人员熟悉、掌握了农民专业合作社"空壳社"专项清理工作的政策、原则和工作流程、工作方法。

加强宣传，拓展清理整顿效应

为了达到"重点清理整顿一批，渲染带动规范一批"的目的，各乡（镇）、各相关部门积极创新宣传方式，充分利用微博、微信、政务信息平台等渠道，加强了对"空壳社"清理整顿工作的宣传报道，提高了全社会广泛关注参与清理整顿工作的积极性和主动性，营造了良好的舆论氛围，扩大了社会影响。

排查甄别成效明显。从2019年5月22日排查"空壳社"行动开始起，清退"空壳社"的基本情况如下：全县辖6镇3乡，85个村，4个社区，1 176个村民小组，总人口19.5万人，其中，农户41 571户，农业人口15.89万人。全县"国土二调"耕地面积42.99万亩，"国土二调"耕地和园地面积66.24万亩；农村土地承包经营权确权登记颁证农户42 918户，确权登记颁证面积158万亩。到2019年10月底，全县共有农民专业合作社351个（种植业168个、林业72个、畜牧业84个、渔业11个、其他16个），比2018年年底全县农民专业合作社总数408个减少了57个，减少率为13.97%。

2019年，宁洱清退合作社行动取得了明显成效。第一，取得净化效果，有利于合作社健康发展。通过清理整顿、吊销、注销"空壳社"行动，也警示了运行不良的合作社。

第二，促进了合作社规范发展，使合作社真正发挥带贫益贫作用。通过指导有实质性生产经营活动的 19 个合作社办理"三证合一"营业执照、填发成员证和建立健全议事决策记录制度、财务管理制度、财务公开制度、社务公开制度，完善了合作社的管理制度，提高了合作社的规范化程度。2019 年，宁洱县清理整顿的 82 个合作社中，已吊销、注销 57 个合作社，但由于理事长失联或死亡（其中，1 个合作社理事长死亡，7 个合作社理事长失联）、证照遗失、公章遗失以及注销手续复杂等原因，尚有 25 个"空壳社"未注销。

第三，提高了广大干部群众的政策法规水平。清理整顿工作中，县委农村工作领导小组向各相关管理机构印发了《宁洱哈尼族彝族自治县农民专业合作社"空壳社"专项清理工作实施方案》；县农科局召开了 4 次农民专业合作社"空壳社"专项清理培训会。上述县级行业主管部门和各乡（镇）人民政府多形式、多层次广泛宣传了发展农民专业合作社的政策法规和规章制度，提高了广大干部群众的政策法规水平。

宁洱合作社未来的发展还需要克服许多发展瓶颈问题。首先是要解决如何让合作社运营好的问题。宁洱县的农民专业合作社成立晚、规模小、基础薄弱、组织化程度低、财务管理十分薄弱，部分农民专业合作社成立后未能正常运营，未能充分发挥农民专业合作社的优势和作用。

其次要解决合作社组织松散、尚未真正发挥协作力量的问题。宁洱已经建立的合作社，不少尚未建立集体直接管理和经营。按《中华人民共和国农民专业合作社法》规定，农民专业合作社成员必须向合作社入股，宁洱县的农民专业合作社成员存在不入股或假入股的情况。各级财政对农民专业合作社和家庭农场的资金扶持力度有限，没有充分发挥财政资金的催化作用，因合作社的凝聚力不足，实际发挥的作用有限。

宁洱未来发展合作社的设想主要有以下五方面：第一，进一步加强农民专业合作社的理事会班子成员培训，促进农民专业合作社规范发展。第二，进一步宣传贯彻《农民专业合作社法》等政策法规，引导农民专业合作社加强组织建设、加强经营管理、提高自身服务能力、充分发挥农民专业合作社的优势和作用。第三，加强调查研究，根据各乡（镇）、村的特色和优势，积极引导农民群众建立农民专业合作社，走一乡一业、一村一品的发展路径，促进农业产业化经营发展。第四，重点做好农民专业合作社示范社建设工作，培育一批章程制度规范、组织机构规范、产权关系规范、经营服务规范、财务管理规范、盈余分配规范、社务公开规范的示范社，促使农民专业合作社规范运行、规范发展。第五，加强基层合作社辅导员队伍建设，为合作社提供设立辅导和跟踪指导服务。

图 68　重建的普洱古镇茶楼林立

第十三章　激发脱贫的内生动力

近年来在推进精准扶贫不断深入的历史进程中，从国家政策要求，到各级政府的施政方针，都表示了对提升扶贫对象的内生动力问题的高度重视。《国家八七扶贫攻坚计划（1994—2020年）》《中国农村扶贫开发纲要（2001—2010年）》等体现了综合扶贫的战略政策方向，不仅要实现贫困人口脱贫、实现贫困县摘帽，也要解决区域性整体贫困问题。2015年，中共中央、国务院印发的《关于打赢脱贫攻坚战的决定》明确提出不仅要实现贫困对象"两不愁三保障"，而且扶贫措施要体现对贫困人口的尊重，以及对贫困人口公平权利、均等机会、能力素质、精神面貌和心理状态的关注和注重，从理念上超越了传统上对改变农村贫困面貌的认知。

在治理的时代主题之下，政府在社会治理过程中起主导作用，但是也要充分发挥人民群众的主体作用，促成多元主体合力达成"善治"的目标。贫困群众是脱贫攻坚的主体，他们最清楚自身存在的贫困问题以及各种需求。政府及其工作人员只有了解掌握了群众的脱贫需求，才能更有针对性地开展脱贫攻坚工作。

习近平总书记曾指出："脱贫致富终究要靠贫困群众用自己的辛勤劳动来实现。要尊重扶贫对象主体地位，各类扶贫项目和扶贫活动都要紧紧围绕贫困群众需求来进行，支持贫困群众探索创新扶贫方式方法。上级部门要深入贫困群众，问需于民、问计于民，不要坐在办公室里拍脑袋、瞎指挥。"扶贫扶志，扶贫扶智，做好帮扶工作，关键还是扶贫干部真正深入群众，心系百姓，了解群众需求。精准扶贫，必须发挥贫困主体的主观能动性，激励和引导他们靠自己的努力改变命运，使脱贫具有可持续的内生动力，最大程度提升贫困群众在脱贫攻坚中的获得感，从而把扶贫脱贫的外力推动和贫困群众的自我发展的能力建设有机结合起来。

一、"五个一"群众工作法

2017年，正是精准脱贫工作如火如荼、深入推进之时，网上流传了一篇非常火的小诗，有人猜测是扶贫干部妻子写给老公的。扶贫干部下乡，周末也难得回来，妻子因很久没见到丈夫，便写下了真实心声。还有人说这是贫困户不理解扶贫干部的付出，而写下的调侃文字。这首诗作者不详，但因这首诗确实写出了扶贫干部的忘我付出及他们在开展群众工作时面临的一些困难，而在不少扶贫干部中引起较为广泛的关注和共鸣。

> 我不做你的红颜
> 不做你的知己
> 不做你的爱人
> 不做你的任何人
> 我宁愿做你的贫困户

那样的话你会经常来看我

照顾我是你的责任

我还可见到市县乡各级领导

你会每时每刻惦记我

你会给我送来温暖

你会给我送来技术

还会给我送来资助

一不高兴就说"不清楚"

一不高兴就说"不知道"

自然有人帮我收拾你

我要做你的贫困户

我们来云南调研前，一个来自云南的学员曾感慨地说："过去讲为人民服务，自己都不好意思，感觉就是唱高调，如今天天为人民服务。"我问为什么，他回答说："因为顶层设计。"当时不太理解其中之意，是说上级要求不得不为吗？

在宁洱调研的日子里，无数次听到扶贫干部、县里领导、村里老乡讲述的驻村干部的工作状态。他们全身心扑到工作岗位上，有的新婚第二天，就返回工作岗位。2016年和2017年是扶贫攻坚最忙的两年，驻村干部一个月都难得回一趟家，即使春节也不过在家待上大年三十和初一，初二或初三就返回工作岗位了。如今宁洱已经实现了脱贫出列，他们也还是周末返家，平时都住在村里。

我慢慢理解了这个学员所说的顶层设计之意，即通过制度设计，让干部走近群众，在这个过程中，干群之间距离拉近了，彼此之间感情自然而然地加深了，互相多了份牵挂，干部更加关心群众，群众纷纷说党的好干部回来了。宁洱创新设计的"五个一"群众工作法，就是促进干群关系、连接干群情感纽带的难能可贵的制度设计。

2016年以来，宁洱县要求挂包帮扶贫困户的干部执行"五个一"群众工作法，即吃一顿饭、干一天劳动、开一次家庭会、解决一件实际困难、打扫整理一次家庭卫生。"五个一"群众工作法增强了全县挂包责任人服务群众的能力和水平，赢得了群众的信任和拥护，切实提升了群众的满意度和认可度。

吃一顿饭：挂包责任人深入贫困户家中，与贫困户同做同吃一顿饭，与老百姓拉家常、谈知心话，让群众放下心理包袱，消除自卑心理，拉近与群众的感情，激发群众内生动力。

干一天劳动：挂包责任人走进田间地头，与贫困户一起进行农业生产劳动，引导群众转变传统生产方式，调整产业结构，传授种植、养殖技术，利用科学技术培育长期可持续增收的产业。

开一次家庭会：挂包责任人深入挂钩农户家中，了解农户家庭成员情况、宣传扶贫政策措施、分析致贫原因、了解发展意愿、协商发展方向、理清发展思路，引导群众听党话、跟党走、感党恩，坚定脱贫致富的信心。

解决一件实际困难：挂包责任人根据农户家庭实际情况，及时帮助贫困户解决当前最迫切的实际困难，挂包干部自己能解决的自己解决，自己解决不了的报请挂包帮扶单位协调解决。

打扫整理一次家庭卫生：挂包责任人和贫困户一起整理打扫家庭环境卫生，引导贫困群众养成干净、整洁、卫生的生活方式，改变脏、乱、差的贫困面貌，提升贫困群众精气神，助力贫困群众物质脱贫与精神脱贫同步推进。

通过"五个一"群众工作法的应用，干部和群众越来越有了走亲戚的感觉，贫困户家里做好吃的总想着约帮扶干部来家一起吃。我在调研中认识的扶贫干部每个人都给过结对子的贫困户捐钱救助，或给他们买过需要的东西，捐款数字没有全面统计，每个我问到的人，捐款数额都达几千元。

很多贫困户翻盖整修房子的资金，主要来自扶贫专款，而他们的家具，则多来自结对单位、干部的捐赠。我去过被称作宁洱最穷的贫困户的家庭，就是那个"扔了一块石头进去，什么也打不着"的农户，今天看他们家，不仅住上了崭新的房子，家里物件也一应俱全，有冰箱、彩电等，这些物品主要来自各方捐赠，他们的生活也彻底变了样。

"五个一"群众工作法推行以来，全县广大干部下沉基层，进村入户，行动起来，跨越了挂包责任人与贫困户"最后一个门槛"的距离。这一方法务实管用、简便易行，助力帮扶干部有效按民意决策，给群众

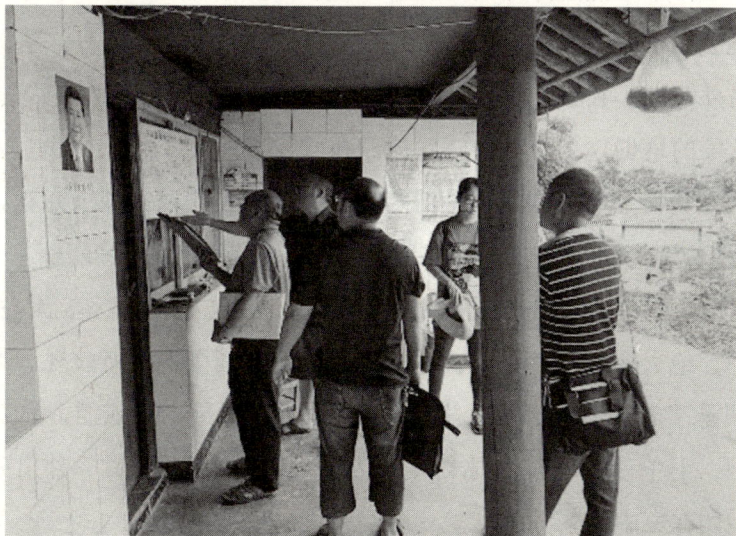

图 69　干部入户核查脱贫明白卡

方便，替百姓解忧，帮群众致富；在联系群众中化解冷漠症、治疗懒散病，在服务群众中锤炼干部党性，增进与群众感情，以真心换得民心，密切了党群干群关系，进一步激发了贫困群众的脱贫致富热情，促进贫困群众从"要我脱贫"到"我要脱贫"的思想大转变，从而不断增强脱贫攻坚工作实效。

二、党校迎来"老醉酒"

一天傍晚，我们到宁洱一家菌菇厂调研时，见到一位住在厂里的工人，人们称他为"老醉酒"。他个子不高，黑黑瘦瘦的，四十几岁的样子，还是单身，在厂里打工，偶尔回兄弟家，看望一下住在那里的父亲。平日里和住在厂里的几个工人合伙做饭，也还方便。当我们无意中跟他聊起在党校学习的事情时，他突然来了精神，从椅子上站起来，走了几个正步，虽然腰杆没有挺直，肩膀也略微倾斜，但眼睛却是亮亮的。他指着自己脚上的鞋子说，这双鞋子也是在党校学习、军训时发的，另外还发了衣服。他开心地说："下次如果有机会，我还想再去。"

党校的培训这么有魅力吗？他们在党校感受到了什么？我对"老醉酒"们在党校的学习和军训生活产生了兴趣，于是前往探个究竟。在党校，我们听到了很多有关农民来党校学习的细节和生活故事。

当地人所说的"老醉酒"的共同特点是贫困、没有家室、无心生产、爱喝酒，绝大多数年龄偏大，在一定程度上被周围群众所歧视。当地有首小调是"老醉酒"们日常生活的真实写照："早上一壶酒，靠着墙根晒太阳；下午一壶酒，睡到太阳又上山。田间杂草无人除，外出务工无技术，闲在家中无事做。"

从前宁洱人都是靠天吃饭，世世代代最怕的就是家里出懒虫。在推进扶贫进程中,"老醉酒"们也成了扶贫攻坚的难题。由于他们内生动力不足、"等、靠、要"的思想严重,联系他们的干部说帮他们致富比自己致富难多了。怎么办?"转观念、提素质"农民培训班在党校开起来了,开展培训班也成为解决农民内生动力问题的主要措施之一。

培训班的发起单位有县人社局、县委党校、县公安局等25家单位。招生对象一部分自愿报名,一部分由组、村、乡(镇)推荐动员前来。第一期共招收了56名学员(有3名学员中途退学),其中建档立卡户39名,成家的仅有3人,平均年龄45.3岁。

扶贫必先扶志与扶智,帮人必先帮技与帮艺。培训过程按照军事化的标准和要求,从理发、洗澡、刷牙、宿舍内务等具体事务做起,严格管理制度,严格作息时间,学员不能随意外出,不能喝酒。党校免费提供吃、住、服装,每天每人发放25元误工补贴。在10天的培训时间里,每天早上7点到晚上9点,学员不仅要学习技能,还要跑早操,进行集体大扫除、内务整理评比、列队训练等军训项目。此外还开展技能培训,把扶贫与扶志、扶智相结合,将脱贫压力变成致富动力。这些养成教育行为,卓有成效地改变了参训学员的精神面貌。

问起为什么以集中军训的方式组织这些农民参加学习,党校副校长胡光有告诉我,他们散漫惯了,当工人也不能胜任,不喝酒就受不了,10天的严格管理,就是为了帮助他们与过去的不良习惯告别。

教学设计定位"转变观念+实用技术培训",学习内容包括集中教学与现场实作。我拿到了一份课表,课表上清楚地列出了培训内容。文化课学习主要是实用技术培训,包括基础设施建设、种植、养殖和家政服务等实用技术,开设了"钢筋捆扎、砖墙砌筑"等劳动技能型课程,还有香橼种植、养殖业、建筑技术等农村实用技术培训,以及法律知识普。县级13家职能部门和9个乡(镇)参与了农民技能培训课程。

课外活动主要安排外出参观学习，组织学员参观了脱贫摘帽展示馆、民族团结园，还带领农民去参观了一些企业。10 天的培训时间不算长，但是党校副校长李琼的一句话令我印象深刻："希望培养'老醉酒'们成为讲文明、懂技术、会生活的农民兄弟。"

参与培训班管理的县委党校老师说，刚开始时，有些学员无法接受这种半军事化管理，早上 7:30 列队早操拖拖拉拉，到晚上 21:30 该熄灯睡觉时又吵吵闹闹，到凌晨两三点才睡，有的学员甚至想悄悄地跑回家。党校老师深感管理这些学员非常困难，但党校老师一直坚持跟班，严格考勤管理，10 天坚持下来后，渐渐看到效果了。学员能按时集合出操了，说明时间观念建立起来了，散漫随意的毛病也改变了很多，良好的作息习惯逐渐养成，可以让学员参加打工应聘了。

培训期间，普洱钰玲农业、普洱汇诚信等近 10 家市、县用人企业到党校招聘。他们现场招聘，共与 26 名学员签订了用人合同，此外与 14 名学员签订了养殖收购协议，还与 6 名学员达成口头就业意向。4 月 29 日，53 名学员在县委党校活动场举行列队汇报表演，4 名学员上台发言。至此，为期 10 天的全县"转观念、提素质"农民培训班落下帷幕。我看到一张照片，一个学员穿着迷彩服，在台上行着军礼，虽然姿势不怎么标准，但一副自信满满的样子，脸上满是掩饰不住的笑意。

德化镇窝拖村 52 岁的沐成清说，他自己文化低又没有技术，以前从没有想过打工致富，现在通过学习培训，思想想通了，也与普洱钰玲农业初步达成了就业意向，每个月会有 3 000 元的工资收入，生活越来越有希望了。

王继光，44 岁，家住德安乡石中村梁子组，平日嗜酒如命，开始参加培训的几天里，每天晚上都会酒瘾发作，十分难受。在党校老师的耐心帮助、校规校纪的约束下，10 天后，他竟然克服了对酒的严重依赖，

图 70　毕业典礼上的敬礼

身体也日渐好了起来。他说："以前自己也知道喝酒不好，就是戒不掉，自己习惯不好，遭人嫌弃，就算是冷死饿死也没人会在意的，想不到党和政府没有放弃我们，我们也得做出点样子来。"

张定文家住上寺村大丫口组，家中有 5 个兄弟姊妹，因缺乏发展规划，发展动力不足，家里没有可以支撑经济发展的产业，仅有管理不善、几乎没有收入的 3 亩咖啡园。由于缺乏经济来源、生活困难，他只能在寨子里给人家帮忙做些杂活，混口饭吃，过着"一人吃饱全家不饿"的生活。

2018 年，张定文听说要他参加这个为期 10 天的培训时，说啥都不愿意去，说是待不住、不自由，后来经村干部和驻村工作队苦口婆心地劝说，才勉强参加。

经过培训，张定文转变了观念，也学习了很多实用的技术。在村干部和驻村工作队的介绍帮助下，2019 年 4 月 11 日，张定文前往把边热区协会魔芋种植基地和辣椒种植基地务工。到 2019 年 12 月 30 日止，张定文务工收入达 12 000 元以上。

张定文说："我没有多少文化，以前好吃懒做，全靠政府和乡亲的救济生活，现在我有技术了，我会好好工作，将来再讨个媳妇回家好好过日子。"

如今宁洱不少"光棍"脱贫后，经济条件改善，娶上了媳妇。其中年龄偏大，或者缺少合适机会的单身人士还有不少，也不止一次听说，他们请扶贫干部帮忙讨媳妇的事情。奈何男多女少，单身汉成家问题还存在不少困难。

三、转观念、提素质、给机会

宁洱县委县政府针对一些农民个人主观能动性不强、思想意识滞后、内生动力不足，慵、懒、散现象，找准治理源头，瞄准治理靶心，致力于转观念、提素质、给机会。将转观念、提素质作为铲除贫困根源的重要手段，统筹谋划和安排。各责任单位制订切实可行的行动计划，狠抓落实、持续发力。

首先发展教育，阻断贫困代际传递。在脱贫攻坚过程中，县委县政府注重全面巩固提升义务教育均衡发展，突出办学特色，营造尊师重教的良好氛围，聚焦立德树人，改善育人环境，把教育当作百年大计来抓。（一）加强校园基础设施建设，多渠道筹措资金通过新建和提升加固等方式进行改造升级，解决不安全校舍隐患，营造良好的育人环境。（二）重视人才培养，与昆明西南联大研究院附属学校和北京玉泉小学等学校建立了长期合作关系，拓展学习和优秀人才培养渠道。（三）大力推进学校信息化教育，把此项工作作为教育扶贫的重点内容之一，加大资金投入，实现了网络校校通、班班通、人人通的全覆盖。通过一体机和引进"惠学平台"，实现了偏远山区与发达地区之间的资源共享，让山区孩子有机会真切地了解外面的世界，激励他们努力学习。

彭小莲是梅子镇小学五年级的学生，父亲意外身亡，母亲改嫁，她随爷爷奶奶一起生活，是信息化教学让这个孩子对外面的世界充满憧憬，感受到知识的力量，从而激发了她的学习兴趣，她的成绩也从年级倒数升到年级前几名。

其次，县委县政府把就业培训作为助力贫困人口脱贫和提高广大农户增收能力的主要抓手。按照"精准、细致，下沉、主动，高效、服务"的原则，结合实际，持续实施就业技能培训，促进东西协作劳务输出，以及实施乡村公益性岗位开发、扶贫车间建设等就业扶贫带动工程，突出技能培训、引导性培训、岗前培训、创业基础能力培训和感恩教育培训，努力让每一个老百姓都找到自己的工作平台，并从中感悟自身的价值和劳动的尊严。

针对不愿意离家的，采取送科技下乡，进村进组入户，面对面传授的方式，以茶叶、咖啡、蔬菜、果树、中药材、畜禽等产业的种养为重点，帮助困难对象和有需求的群众在短时间内掌握"短平快"产业技能；对有创业就业意愿的贫困人群，依托县委党校、职业技校教学资源，紧密对接企业用工需求，以把劳动能手"请上台"的方式对其进行专项技能、特色技能和定单、定岗、定向培训，提高其就业机会和创业能力。

针对少部分文化技能偏低，内生发展动力严重不足的农村贫困劳动力，依托县委党校培训平台，采取半军事化管理模式分期分类开设"转观念、提素质"农民培训班进行培训，提高其文明意识和技能技术，激发自我发展动力，实现"培训一人，提高一人，带动一片"的连带效应。

杨忠洪，46岁，家住勐先镇谦乐村安乐寨，一个人领着三个读书的娃娃和一个70多岁的老娘生活，生活艰难，对生活失去信心。参加培训学习后，他振作起来，精神面貌发生了很大变化，他说："来学习，长了见识，党和政府不嫌我们穷、懒、成天混日子，想办法拉我们、帮我们、给我们机会，太让人感动了，我一定要争口气。"他在培训班的帮助下，和磨黑贰瓦香肠有限公司签订了肥猪养殖协议。2019年，杨忠洪共出售肥猪9头，实现收入1.01万元。

针对无法离乡、无业可扶、无力脱贫的大龄人员、残疾和重病户贫困劳动力群体，宁洱结合生态文明建设和乡村振兴，开发了一批就业扶贫协办员、保洁员、道路养护员、巡河员、巡山员等乡村公共服务岗位，助贫困劳动力托底就业。截至2019年，全县共开发乡村公共服务岗位932个。

工会、县团委、妇联等部门也联合进村入户，开展"听党话，感党恩，跟党走""中国梦，劳动美""齐心协力，共建美好家园""巾帼妇女在行动""火塘夜校"等活动，大力倡导"贫困可耻，劳动光荣""等、靠、要不是办法，幸福生活靠自己创造"的价值取向，激发群众内生动力。

2013年以来，全县共完成农村劳动力转移就业培训74 695人次，其中建档立卡劳动力转移就业培训37 957人次。2018年3月，勐先镇和平村23岁的刘万强参加培训后，通过东西部协作劳务输出到上海日明电脑配件（上海）有限公司务工，月工资3 700元。2019年春节，刘万强带着女朋友回家过年，他很感慨地说："我们年轻人走出去，不仅仅经济上独立了，更重要的是，开阔了眼界，学到了生存本领。要是我留在家里，找个媳妇都很难。"

此外，宁洱县委县政府努力发展电商事业，架起农副产品变商品的桥梁。2016年12月11日，宁洱县"农村电商孵化运营中心"正式挂牌成立。它致力于解决流通环节梗阻不畅、农产品难于变现的发展瓶颈。

电商平台在宁洱正在从无到有、从小到大、从单一到丰富的路上阔步迈进。目前，宁洱全部乡镇实现电子商务服务站全覆盖，53个行政村新建了电子商务服务点，打造了"县级有中心，乡镇有网点，村村通快递"的电子商务物流快递配送和"仓配一体化＋共同配送"的高效连接机制，成功新建宁洱电商产业园，完成了线上线下融合的公共服务体系。电商产业园为云南富德核桃科技有限公司、云南普洱茶厂有限公司等企业开发品牌策划、工艺提升、包装设计、协助申请农产品追溯、品牌认证等提供了全方位的服务。宁洱还组建了京东宁洱地方特产扶贫馆，2018年成功申报为国家级电商进农村综合示范项目。

开通电商渠道的另一大利好是，为有创业意愿的大学生村官、返乡青年、退伍军人提供了创业就业平台。2019年，在"'10·17'扶贫日暨消费扶贫展销活动"中，宁洱县电子商务公共服务中心举办展销活动，带动消费37万元；整合了适合网销的本地山核桃、茶叶、茶籽油、野生菌类、黎明红软米、农家自制香肠腊肉等10余种农产品，利用各类庆典、节日等活动销往上海等地，2019年累计交易额422.6万元。

在《摆脱贫困》一书中，习近平提出了物质贫困、思想贫困和信念贫困三个概念。"贫困"的首要含义是指物质财富的匮乏。"思想贫困"，指缺乏认识问题、分析问题和解决问题的科学思想武器，因而缺乏摆脱物质贫困的有效的思路和方法，从而导致要么"安贫乐道穷自在"，要么"怨天尤人等靠要"，而没有积极行动起来想办法找出路。"信念贫困"，指缺乏自信心和自尊心，缺乏行动的意义和价值目标，缺乏向上的志气和行动的勇气。贫困既可能发生在一个人身上，也可能发生在一个地区。"见人矮一截，提不起精神，由自卑感而产生'贫困县意识'。"因而摆脱物质贫困必先摆脱精神贫困，摆脱思想贫困必先摆脱信念贫困。

　　马克思主义认为，物质决定意识，但是意识对物质具有能动的反作用，积极的意识能够促进事物的发展。贫困群众坚定的脱贫意识是顺利实现脱贫攻坚的关键，如果贫困群众本身不想脱贫，反以贫困为荣，甚至把贫困作为获得资助和帮扶的资本，那么外界的帮扶和支援都将难以发挥积极的作用。因此，帮助贫困群众脱贫必须首先帮助他们树立主动脱贫的意识，尤其要强调树立摆脱贫困的志气。

　　宁洱作为边疆民族地区的山区县，转观念、提素质，激发群众内生动力是永恒的话题，也是农村发展长期不变的工作任务。解决"靠在墙根晒太阳，等着政府来扶贫"的内生动力问题，需要各方力量持续不断地坚持帮扶，也离不开被帮扶者自身努力去改变。2020年中国农村实现整体脱贫后，将对接乡村振兴的发展战略，激发群众致富的内生动力，仍然需要持之以恒地探索和实践。

第十四章　沪滇协作铸就的丰碑

　　毛泽东在《论十大关系》中提出要平衡内地和沿海工业发展的布局要求。改革开放初期,邓小平强调了沿海帮扶内地发展的全局性战略。1996年,中共中央、国务院制定的《关于尽快解决农村贫困人口温饱问题的决定》部署了东西部结对帮扶的工作。

　　党的十八大以来,以习近平同志为核心的党中央加大扶贫投入,创新扶贫方式,把东西部协作扶贫作为改变西部欠发达地区落后面貌,缩小东西部差距的重要战略安排。2016年7月20日,习近平总书记在宁夏银川主持召开东西部扶贫协作座谈会时强调,东西部扶贫协作是实现先富帮后富、最终实现共同富裕目标的大举措,必须认清形势、聚焦精准、深化帮扶、确保实效,切实提高工作水平,全面打赢脱贫攻坚战。

　　2016年12月7日,为全面贯彻落实《中共中央　国务院关于打赢脱贫攻坚战的决定》和中央扶贫开发工作会议、东西部扶贫协作座谈会精神,中共中央办公厅、国务院办公厅印发并宣布实施《关于进一步加强东西部扶贫协作工作的指导意见》,提出要全面贯彻党的十八大和十八届三中、四中、五中、六中全会精神，以习近平总书记扶贫开发重要战略思想为指导，牢固树立新发展理念，坚持精准扶贫、精准脱贫基本方略，进一步强化责任落实、优化结对关系、深化结对帮扶、聚焦脱贫攻坚，提高东西部扶贫协作和对口支援工作水平，推动西部贫困地区与全国一道迈入全面小康社会，为进一步做好东西部扶贫协作和对口支援工作指明了方向。

近年来，东西部协作扶贫成效显著，呈现出范围逐步扩大、责任逐步明确、目标逐步细化的特征。扶贫目标从包县、包乡、包村进一步发展到包户，并以更为社会化、市场化的方式进行，动员了更多的扶贫资源，为打赢脱贫攻坚战、实现东西部共同富裕做出了重要贡献。

2017 年、2018 年、2019 年在国家检验东西部协作扶贫的"国考"中，上海连续三年获评最高评级"好"，在东西部对口扶贫中发挥了榜样、标杆作用。

上海市援滇干部联络组组长，云南省扶贫办副主任罗晓平回顾在云南六年扶贫路，饱含深情。他说："没有人是红土地的过客，脚下沾有多少泥土，心中就有多少真情，可以说，我职业生涯的最后 6 年，是在对这片红土地的饱满深情中度过的。如果说，援滇干部们在来云南之前肩负更多的是组织责任的话，那么真正置身云南时，则是一种能为这片红土地上的同胞做多一点、再多一点的使命。"

云南省作为贫困县数量全国第一、贫困人口数量全国第二的省份，其脱贫攻坚的质量和步伐，关系着全面建成小康社会的成色和进程。自1996 年中央确定上海市对口帮扶云南省以来，沪滇扶贫协作已走过 24个春秋。24 年间，上海与云南之间的情谊从未间断过：高层互访，共召开了 23 次联席会议；干部人才选派也一直延续，如今分布在云南各地州的已是上海的第十一批援滇干部；上海对云南的项目安排、资金投入不断增加，"十三五"期间帮扶资金总额已近 100 亿元。①

上海黄浦区、金山区两个区对口帮扶普洱市，黄浦区对口帮扶澜沧、江城、景谷、孟连、西盟 5 县，金山区对口帮扶墨江、景东、宁洱、镇沅 4 县。本书聚焦考察宁洱县域，因之调研了金山区对口援建普洱地区的基本情况。

本书写作即将收尾之际，我参加了上海市委党校科社教研部主任官进胜带队到金山的专项调研，这也是为完成上海市委组织部委托课题"上海参与东西部扶贫协作和对口支援的精神品格研究"所开展的系列调研之一，金山区分管对口支援的吴瑞弟副区长、合作交流办奚朝阳副主任介绍了金山区东西部扶贫协作的工作情况，分享了工作感悟。

一、金山区助力普洱四县脱贫

金山区与普洱市的友好往来已有 30 多年历史，早在 1986 年，原金山县就与普洱县（现宁洱县）结为友好县，通过发挥金山农业产业技术优势，推动宁洱现代农业、畜牧业高质量发展；1996 年，金山区根据中央安排，对口帮扶宁洱县、江城县，主要是开展对口支援工作，管好上海帮扶普洱的项目与资金，促进两地交流交往交融；2016 年年底，金山区帮扶县调整为宁洱、墨江、景东和镇沅 4 县，在资金投入、智力帮扶、产业合作、劳务协作、消费扶贫等方面给予了普洱全方位的支持，从党政机关到民营企业、从医疗卫生到教育文化、从脱贫攻坚到经济社会发展，实现了多领域、跨行业、全覆盖的结对帮扶。

在资金投入方面，金山区不断加大扶贫资金投入。1996 年以来，金

---

① 跨越山海的情义：精准援滇的"上海答卷"，《党史镜报》2020 年 10 月 16 日。

山区累计投入各类资金 6.91 亿元，特别是 2016 年年底开展东西部扶贫协作工作以来，累计投入各类项目资金 2.08 亿元，实施基础设施、产业发展、人才支持、劳务协作等方面的项目 98 个，实现产业、就业"双业"并重，扶志、扶智"双扶"结合，为宁洱、墨江、景东、镇沅 4 县脱贫摘帽提供了强有力的支撑。2020 年，金山区 116 个帮扶项目已经全部开工〔其中市级项目 52 个；区级项目，结对乡（镇）、村及社会帮扶项目 64 个〕，已完工 66 个，项目平均进度 91%。

在人才培养方面，金山区领导高度重视人才培养与交流，这也成为沪滇扶贫协作重要的纽带和桥梁。自 1996 年以来，金山区共选派援滇干部 11 批 21 名（其中 2020 年新增派 4 名科级干部），半年期以上教师、医生、农业专业技术人员 132 名，短期专业技术人才 68 人。在教育培训方面，金山区优化课程安排，优选师资力量，强化课程开发，做好服务保障，累计开展普洱党政干部、专业技术人才、致富带头人、基层党支部书记等各类培训 52 期 1 300 余人次。

在产业扶贫方面，金山区紧紧抓住产业帮扶这一根本，将其视为脱贫致富的根本之策。目前已引导 8 家上海企业落地普洱，累计吸纳贫困人口就业 489 人次，通过利益联结机制带动贫困人口 6 300 人次；援建扶贫车间 66 个，吸收就业 4 700 多人次，带动贫困人口 1 180 人。

2018 年，上海泉赟农业科技发展有限公司在景东县投资 1 300 万元建设锦屏镇香菇种植基地，长期聘用贫困户 20 余人，提供上百个季节性就业岗位，并建立香菇产业"企业＋贫困村经济＋贫困党员"的利益联结机制，直接带动 5 个贫困村集体经济发展。2019 年该项目带动当地群众增收 172.5 万元。

2019 年，金山区与宁洱县共建了宁洱金山产业园区，在园区规划、产业布局等方面加强合作，着力形成产业聚集效应，增强带贫成效，为推动产业可持续发展打下坚实的基础。强丰公司签约入驻普洱市宁洱金山产业园，投资金额3 600万元，目前已开工建设。

2020年，金山区引导本区4家农民合作社与当地农民合作社开展特色种植养殖产业合作，因地制宜推广示范先进适用的种养技术，为当地培养了一批致富带头人，开创了沪滇农业发展新局面。目前，宁洱的鲜食玉米、墨江的水果黄瓜、镇沅的绿色番茄已步入采收阶段，产生了显著的带贫效应。

在消费扶贫方面，金山区率先探索实践文旅扶贫模式，组织机关事业单位职工赴普洱定点疗休养，累计有151批3 667人次，既带动消费扶贫，更对普洱文旅产业发展起到很好的推动作用。

此外持续扩大拓宽产销对接力度，设立金山区消费扶贫创新基地。举办"中华老字号展销会"、云南普洱特色商品上海金山展销会；组织普洱扶贫产品进机关、学校、集团食堂等商贸展销平台，广泛动员机关企事业单位参与消费扶贫行动。帮助当地通过线上线下销售相结合，加快推进"互联网＋农产品"模式，拓宽扶贫产品来沪的流通链。金山在全区建设了8家销售专柜销售普洱优选农特产品，使金山北、中、南部都有销售专柜（网点），并建成了一所集产品孵化、推介销售、服务支撑和数据采集等功能于一体的枢纽型消费扶贫生活馆（含云南馆、普洱馆），指导协助上海中裕企业打造了一处包含扶贫成果展示、扶贫产品孵化与推介等功能的消费扶贫创新基地。2020年金山区累计采购和帮助销售普洱市特色农产品价值4 509万元、累计带动建档立卡贫困人口8 492人，有效缓解了受疫情影响扶贫产品滞销的难题。

在劳务协作方面，金山区把稳定就业视为促进贫困地区农民增收的重要途径，多措并举帮助对口帮扶地区农村贫困劳动力实现稳定就业。就近就地就业成效显著，金山区利用社区治理先进经验，协助普洱合理开发乡村公益性岗位，累计实现了 1.2 万名贫困人口就近就地就业（其中 2020 年新增就近就地就业人数 4 141 人）。转移来沪就业强调精准，金山建立和完善劳务输出对接机制，提高劳务输出组织化程度，实现人岗"精准对接"。同时，通过牢筑后勤保障服务，对在金务工人员实施稳岗补贴、交通补贴、入职培训费补贴等稳岗奖励，确保在金务工人员"稳定就业"。截至 2020 年年底，普洱四县在沪稳定就业的贫困劳动力已达 199 人。在贫困劳动力素质提升方面，金山区实施技能提升脱贫计划。一方面，在当地建立上海市金山区劳务协作镇沅技能培训基地，安排专项资金，给予师资支持，强化课程开发，实现当地劳动力技能自主提升。另一方面，对在金山区务工人员组织开展技能培训，协调用人单位给予更多培训学习机会，实现个人能力和经济收入双提升。2016 年以来，金山区共举办东西部劳务协作培训班 337 期，累计帮助贫困人口到上海市就业 486 人。

金山区与普洱之间的对口帮扶，主要特点是全方位、深层次；突出重点，扶贫更重扶智；政府组织、社会力量共同参与，从而实现全面对接，深入交流，卓有成效，全面落实了"携手奔小康"行动。

金山区与宁洱县深入开展"N + 1"结对帮扶。金山区 9 镇、1 街道、1 工业区和 8 家区属国企与对口 4 县 29 个乡镇结对，实现了 106 个贫困村结对帮扶全覆盖，特别是通过帮助贫困村培养致富带头人、组织劳动力转移就业、搭建农特产品销售渠道，产业强村理念让受帮扶村气象面貌为之一新，历年携手奔小康结对帮扶资金达 3 366 万元。

金山区与宁洱县人员交流频繁，感情纽带加强。金山区各级领导干部赴对口帮扶地区调研对接 315 人次，普洱各级负责同志到金山区结对镇（街道）调研对接 154 人次。

金山区扶贫重扶智。实施教育和医疗"一对一"帮扶促进计划。金山区 25 所学校、15 家医疗机构结对帮扶普洱市 32 所学校、20 家医疗机构，带去了先进理念、先进技术，有力提高了普洱市教育、医疗整体水平。

金山区鼓励群团组织和社会力量帮扶。区总工会、团区委、区妇联、区红十字会等单位发动社会力量积极参与东西部扶贫协作，精灵家园服务社、人和经贸公司等社会力量积极开展捐资助学等活动，历年社会捐资捐物达 3 000 万元。

2018 年 9 月，云南省人民政府正式批准宁洱县退出贫困县序列；2019 年 4 月，云南省人民政府正式批准镇沅县退出贫困县序列；2020 年 5 月，云南省政府正式批准墨江县、景东县退出贫困县序列。

金山区助力对口帮扶宁洱、墨江、景东、镇沅 4 县如期实现高质量脱贫摘帽，为 2020 年全面建成小康社会，开启"十四五"新征程，全面建设社会主义现代化国家奠定了坚实基础。

二、金山和宁洱结对帮扶

2018 年夏天，笔者在上海市金山区委党校、上海交通大学给学员讲课时，几个班的学员都是来自云南，他们都是各地各级政府选派的干部，有的来自一个区不同的县，有的来自一个县的不同部门。我不由感叹：怎么会一下子遇到这么多的云南班呢？原来是上海和云南结对，正在不断推进东西部协作对口支援，云南干部来上海培训学习也是其中的选项。

到宁洱调研后，不断听到当地人对来自上海的支持帮助赞不绝口，我也了解了许多金山区对口支援宁洱的感人故事，东西部协作扶贫促进了两地经济交流协作，民族感情进一步加深。

1986年，上海市金山县（现金山区）与普洱县（现宁洱县）结成友好县。1996年，国家启动沪滇东西部扶贫协作。从此，上海市金山区和中国宝武集团心系宁洱、情牵宁洱、力筑宁洱，开启了对口帮扶宁洱的沪滇东西部扶贫协作新征程。

金山历届党委、政府主要领导同志多人先后到宁洱考察调研，指导对口帮扶工作，每年双方党政代表团都至少分别互访开展交流协作一次，共叙两地友谊、共商帮扶大计。

金山区结合宁洱实际，围绕"人才支援、产业合作、资金支持、劳务协作、社会参与"等内容，不断探索助推宁洱脱贫攻坚的有效举措，双方先后签订了全方位的对口帮扶协议，制定了对口帮扶方案，完善了各项对口帮扶措施，让帮扶工作有章可循、务实具体，并逐一落实到位。

图71 金山医疗支援宁洱

金山部分乡（镇）和单位与宁洱9个乡（镇）实现结对帮扶全覆盖，在资金支持、项目建设、人才支援、产业合作、劳务输出、社会参与等多个领域给予宁洱极大的支持与援助，风雨无阻三十余年，成就了沪滇协作的美好佳话。

金山"扶智"传递真情，促进了宁洱可持续发展。扶贫必扶智，金山把扶智作为对口帮扶宁洱的切入点，采取"走出去"和"请进来"的人才培养模式，在科技、教育、文化、卫生等领域，帮助宁洱培养各类人才。金山累计到宁洱开展教育、医疗、科技等培训262期1.4万余人次；60名医疗、教育专技人才到宁洱开展支医支教活动。宁洱594名干部职工及医疗、教育专业技术人员先后到金山培训学习，19名贫困在校生被招收到上海接受中等职业教育；金山5家社区卫生服务中心与宁洱9个乡（镇）卫生院签订了结对帮扶协议，2个乡（镇）卫生院开通了远程心电图诊疗系统，近5 000名患者通过该系统得到及时诊疗。

三、携手奔小康的经验与品格

习近平总书记指出："东西部扶贫协作和对口支援，是推动区域协调发展、协同发展、共同发展的大战略，是加强区域合作、优化产业布局、拓展对内对外开放新空间的大布局，是实现先富帮后富、最终实现共同富裕目标的大举措。"[①]十八大以来，国家加大力度开展东西部扶贫协作和对口支援，促进了东西部共同发展，发达地区与欠发达地区经济交流、文化融入、价值融合，不仅助力打赢脱贫攻坚之战，更进一步铸牢了中华民族命运共同体意识，汇聚成实现中华民族伟大复兴磅礴的动

---

① 习近平在"东西部扶贫协作座谈会上"的讲话，2016年7月20日。参见 http://www.xinhuanet.com/politics/2016-07-21/c_1119259129.htm。

力之源。

在宁洱实现脱贫的历史跨越中，金山区与宁洱县之间的对口结对帮扶，时间之长、力度之大、影响之深、效果之巨，令人惊叹。金山区与宁洱县之间的东西部协作扶贫，不仅是物质支持，还包括发展模式塑造、人才培养、医疗助力、信息经验传递等，促进了两地经济交流协作、民族感情深化发展，对当地的可持续发展产生了深远的影响。金山区与宁洱县对口援建中的创新探索行之有效，展现的精神品格可敬可佩。

其一，发挥领导干部的关键少数作用，共谋发展。金山区与宁洱县互派干部到对方地区挂职，截至2017年，宁洱45名科级干部先后到金山区挂职锻炼；金山也派干部到宁洱工作，为宁洱脱贫以及持续发展，提供了重要的智力支持。比如2016年在宁洱脱贫攻坚的关键时期，金山选派许江挂职县委常委、县政府任副县长。许江副县长把宁洱当作了自己的第二故乡。双方人才的交流与互动成为东西协作扶贫的亮丽篇章。

其二，重视文化建设，铺开了东西部协作新画卷。来到宁洱的人都会去那柯里，难忘那里的特色乡村风情。如果问起开发资金来源，当地人会告诉你，上海人帮了不少忙。这里整旧如旧的房屋，富有特色的文化风情体验、手工体验、普洱茶体验分明是老上海文化体验开发在云南传统文化传承中的再现。上海市金山区不仅为这里注入了资金，也注入了旅游开发的理念、推崇文化特色的追求。

金山区结对帮扶宁洱的主要方式是整村推进对口帮扶，其中特别的亮点是注重打造特色文化村，将增加贫困群众收入，完善基础设施建设，发展社会公益事业，改善群众生产生活条件，促进经济、社会、文化全面发展作为扶贫攻坚的切入点和落脚点。金山区在宁洱共实施整村推进项目 83 个，新纲要示范村项目 4 个，先后打造出那柯里、温泉、熊脚等地方特色优势明显的现代村庄，形成地方特色文化浓郁的农家体验、普洱茶体验、手工艺术体验、民族风情体验为支撑的乡村观光旅游示范点，打造出一个个看得见山、见得着水、记得住乡愁的特色文化村，切实增加了农民群众的收入。那柯里富了，本地群众人均纯收入从 2007 年的不足千元增加到 2019 年的 1.6 万元。提到那柯里的变化，当地群众总是不忘感谢金山区的支持与帮助。

其三，无私援助，谱写了新时代民族团结新篇章。2002 年冬，宁洱县同心镇头道河小组迎来开年以来的第一件大喜事：几经筛选，上海市金山区 50 万元的扶贫项目落户该小组。其主要工程是硬化组内道路。寨子里欢天喜地，男女老少齐上阵，自己投工投劳，仅用十天时间就完成了长 3.2 千米、宽 2.5～3 米的串寨路，成为最先享受金山区扶贫福利的寨子，备受其他寨子羡慕。

此后来自金山区 300 余万元的扶持项目先后投入，这个有 36 户农户、138 人的民族小村寨先后建起了活动室，有了活动场所、公厕，进行了庭院打造、节能改造、房屋修缮等，把这个彝族小村寨打造得像花园一样。90 岁的彝族老人郭桂芳说："这些上海人是咋过这份好呀？不亲不戚的，给我们那么多钱做事情，我们要咋过感激人家呢？"

我们到同心镇锅底塘村时，村民指给我看一个水井，说这是金山援助修缮的，挂在水井旁还有一副对联，"井水虽小涌泉相报　金山恩情世代颂扬"。同心镇同心村党支部书记刀家顺说："我们村 29 个村民小组的 3 440 余名村民都不同程度享受到金山人民无私的关爱与帮助，串户路、活动场所、活动室、水源建设、庭院打造等，这些项目绝大部分都是上海金山人民给钱建起来的。"同心村蛮蚌小组组长李红富说："没有金山人民的无私援助，就不会有我们现在的幸福生活！"

其四，产业扶贫，夯实基础走上小康路。宁洱是典型的山区贫困县，发展产业是确保老百姓脱贫和增收、实现可持续发展的重要渠道。金山区倾力支持宁洱推进产业发展，先后资助普洱茶、普洱咖啡等传统产业提质增效，引进和扶持了香菇、魔芋、佛手等新产业，努力把"输血"转变为"造血"，从根本上解决了群众脱贫和稳步发展的问题，实现 11 840 人产业脱贫。

2016 年，绿润食用菌庄园投资搬迁扩建，公司总经理程承武说："东西部协作项目资金的援助和支持，对于我们来说是雪中送炭。我们将更加努力地做好工作，为宁洱脱贫攻坚、巩固提升和全面建成小康社会尽心竭力。"目前，绿润食用菌庄园的香菇种植已覆盖全县 8 个乡镇，公司带动的务工农户年约 1 500 户（其中，建档立卡贫困户 93 户）。预计两年后，庄园年生产的菌包将达到 3 000 万个，产值达 2 亿元。绿润食用菌庄园将发展成为以食用菌种植、技术培训、产品回收加工为主，魔芋、佛手、香橼加工为辅的现代农业产业园区。

其五，消费扶贫，拓展社会扶贫新领域。消费扶贫，是新时代东西部协作的新探索。金山区鼓励各级党政机关、国有企事业单位、金融机构等优先采购来自宁洱的扶贫产品，引导干部职工自发购买。此外还建立扶贫车间，优先聘用建档立卡贫困人口到车间工作，广泛动员社会力量积极参与到扶贫助推的行列中来。

为把宁洱农特产品带出去，金山积极通过"云品入沪"等渠道，主推宁洱优质农产品。宁洱的茶叶、咖啡、野生菌、蜂蜜等优质农特产品入沪销售，深受欢迎。2019 年，金山区累计消费宁洱扶贫农特产品 101.73 万元。援滇干部发挥自身优势，对接上海台客隆、优客·悦生活等连锁超市，让宁洱县咖啡产品全面上架。

其六，创新探索，探寻创造性落实好方法。以前曾有大企业来宁洱当地办厂，效果往往并不理想。比如，发展蜂蜜产业，如何做好各家农户的产品质量管控，在全球化背景下如何与国外品牌竞争，都是难以解决的问题。金山区分管农业与对口帮扶的领导，谈起几年来对口帮扶的工作体会时说："帮扶成效短期看就业，长期靠产业和教育。做好产业扶贫关键是发挥各自的优势，云南气候好，金山富有优质农产品，如甜玉米、小番茄、小皇冠西瓜等，投入上海市场都是一抢而空的。关键是如何把双方优势予以结合，我们派农技干部深入各县指导，教会当地农民种植技术，这些优质农产品产出后，通过快递运出来，就可以真正解决建档立卡户产业可持续发展问题。"金山区目前正在推行的这种小而精准的模式，已经落地生根，卓有成效。

在劳务协作方面，金山区也在探索切实有效的发展路径，通过第三方机构，深入县及镇上，把想出来务工的人组织起来，对接金山区梳理出来的岗位，到岗后考核期三个月，合格就正式录用。为了确保招得到，留得住，外出务工人员出发之前，都要签订协议，必须做满三个月。如果提前返回云南，以后获得公益性岗位和扶贫资金支持都会受到影响。一般情况下，他们干满三个月，也就适应了，能够坚持下来了。这一番苦心的背后是只要一个人在上海就业，就会实现全家脱贫。

金山区着力文旅扶贫，提升了当地文旅服务品质。金山区把机关国有企业的定期疗休养安排到普洱，宁洱也是其中重要的一站，不仅可以带动宁洱的旅游消费，更重要的是推动当地文旅产业整体发展。包括酒店设施、服务水准，旅行社接待、导游服务质量等方面，甚至车辆安排、驾驶员情况等方面，金山相关领导都会详细过问。

截至2019年，金山区累计向宁洱县援助资金2.08亿元，扶持实施98个项目，受益农户20 000余户、67 000余人，累计开展教育、医疗、科技等培训262期、14 008人次，促成2家金山区企业到宁洱投资落户。

金山与宁洱协作扶贫，特别要大书特书的是金山对口支援时所传递出的情感的温度，被宁洱当地人心心念念，使听到这些故事的人深深感动、久久难忘。他们说，一条长江，让云南和上海"首尾相连"；一门"亲戚"，让金山和宁洱一走就是30余载。

根据我国脱贫攻坚的目标任务，2020年是打赢脱贫攻坚战、消除绝对贫困问题的最后一年，以后我国的扶贫开发战略将进入后扶贫时代，就是要解决相对贫困问题。金山人的探索创新步伐让我们看到了未来东西部协作发展的广阔空间和美好前景。

图72　金山援建的魔芋加工厂

四、来自上海的驻村书记

宝武集团于2016年由宝钢和武钢组建而成。宝武集团对口云南省，定点帮扶普洱市宁洱县、江城县、镇沅县及文山州广南县4个县。王玉春是宝武集团派驻云南省任驻村书记的第一人，在驻村扶贫的两年中，先后获得宁洱哈尼族彝族自治县"群众身边最美党员"、普洱市"优秀共产党员"、云南省"扶贫先进"等荣誉称号。

王玉春，男，汉族，1997年12月加入中国共产党。他2000年大学毕业后就在宝钢工作，先是从事生产现场的技术管理、安全管理、办公行政等工作，2007年起开始从事党群工作，先后在组织、纪检、工团、宣传、人力资源、外事管理等条线得到锻炼。2015年6月，中组部选拔扶贫干部的通知来了，王玉春主动报名，这是宝武集团第一次选派驻村干部，考察过程十分严格，王玉春从众多候选人中脱颖而出。

出发前，王玉春做了认真准备，他看了电视剧《马向阳下乡记》，找寻在农村生活的感觉，初步了解了驻村第一书记的工作内容，又购买了介绍云南少数民族风土人情的书籍，还仔细研究了宝钢以往对口的4个县的情况，并把《宝钢日报》上以往登载的集团领导历次到云南考察扶贫工作的相关报道，全部下载下来，仔细阅读。

解决融入问题

2015年8月，王玉春远赴云南普洱市宁洱县，县里提前安排了宾馆，有意让他住下来适应几天，但王玉春一天也没有停留，直接就进了温泉村，当起了驻村第一书记。他去时正赶上打谷的季节，王玉春跟着当地干部走村串户的时候，就帮着村民打谷子，毫无生分之感地帮老乡干起了农活。

从上海国际化大都市一下子来到偏远的边疆少数民族贫困山村，王玉春很快进行了角色转换，时任温泉村党总支副书记的白家琴说："王书记从开始来到这个村到现在，帮助了不少人，包括一些学生和贫困农户，反正需要帮助的他都尽心尽力。他这个人性格也很随和，什么事情都乐意去干，大事小事都会做到位，特别能跟我们少数民族群众打成一片。"一起驻村的工作人员黄华萍说："王书记是实在人，没有架子，说得上话，能办实事，这样的书记老百姓哪能不喜欢？"

王玉春为什么能够快速融入呢？他说，他来云南之前在宝钢所经历的多个岗位的锻炼给予他很多帮助，此外就是充分的思想准备和工作准备，其中希望有所作为的愿望和决心更是他行动的底气。

王玉春说："老百姓、村干部都看着你，宁可苦干，绝不苦熬。"他出发前就给自己订立了目标，一要为当地脱贫致富找一条路；二要为宝钢对口支援的后来者踏出一个可借鉴参考的模式；三要为家人和朋友留下正能量，以我为豪，而不是以我为耻。他要求自己必须快速融入，做出成绩。

争取有所作为

2016 年 1 月 1 日，脱贫攻坚战打响，按中央精准扶贫派人要精准的要求，王玉春被调整到昆汤村任第一书记和扶贫工作队队长。宁洱镇昆汤村是当地典型的贫困村，距宁洱县城 30 千米，由于交通不便、信息闭塞，群众受教育程度低，产业支撑弱，经济发展缓慢，全村 218 户 889 人中就有建档立卡贫困户 121 户 316 人，贫困程度深。

一到村里，他就投身很多扶贫的基础性工作，房屋修缮、基础设施建设、统计汇报、会议接待等样样参与。他知道这些工作都很重要，但他一直思考应该如何寻找自己的工作定位，如何发挥自己的优势。

两年里，他向宝武集团争取基础设施项目资金 220 万元，协调国外公司向温泉村小学捐赠教学条件改善资金 18.9 万元，为电商和村里争取 26 套信息化设备，为昆汤村安装了 80 盏路灯。为了使昆汤村集体经济实现可持续发展，他又在宝武集团和当地政府的支持下，建立了昆汤村茶叶加工厂……

王玉春一心扑在工作中，恨不得把两年当成三年用，以实干的工作作风和出色的工作成绩，很快成为众人称许的先进典型。他在温泉村驻村 6 个月后，中央人民广播电台《中国乡村之声》节目播出新闻报道——"大山之处扶贫人"，报道了王玉春的扶贫事迹；在昆汤村驻村 10 个月后，引起了中央电视台的关注，记者也先后到村里采访和报道了王玉春的事迹。

王玉春立志为乡亲找一条致富的路子，听说他是大上海来的，不少人找到他，希望和他一起合作把茶叶等特产销售出去。王玉春说他最想干的事是找到民富商强的路子，他早就看好了电商模式，但电商怎么做自己也没有方向，对电商的了解也仅限于在淘宝上的几次购买经历。他开始购书自学，琢磨出路。

2016 年 4 月，王玉春到遵义参加全国驻村第一书记示范培训班，其中一堂课由来自江苏省宿迁市的市委组织部长李健主讲。宿迁是京东刘强东的家乡，电商事业做得风生水起，李健部长介绍宿迁的电商发展理念、思路和做法，让王玉春颇有久旱逢甘霖之感。他课后找到李健部长，表明自己想带领乡亲走电商之路的心愿，李部长爽快地答应帮忙助力。

三下宿迁电商落地

王玉春第一次去宿迁深觉眼界大开。培训班结束，王玉春回到昆汤村后，很快选拔了六个年轻人，乘着汽车和绿皮火车，前往宿迁。宿迁市领导很重视这些来自贫困山区的少数民族村民，市委书记魏国强亲自接待，并共进晚餐。他们穿着哈尼族服装参加了活动，演唱了哈尼族歌曲，活动场面充满了温暖与热情洋溢的氛围。

随后的一周，宿迁领导热情周到地安排了他们的行程。他们走访了20多家电商之家，看到各种农产品通过电商销售的兴旺场景，当看到电视屏幕上不断跳动的销售数字时，这六个年轻人忍不住啧啧称奇，不由感叹，此行真是大开眼界。

王玉春二下宿迁回来后搭建了电商平台。第一次宿迁之行回来之后，王玉春发现想开网店并没有那么容易，电商看起来简单，但真正操作起来又发现物流、包装、产品等环节存在各种困难，非一己之力可以克服。两个月后，王玉春第二次来到宿迁，这次他是只身前往，他要弄明白电商平台如何顺利运营。他发现搞电商，自上而下来推十分重要。回来后，他积极争取县里领导支持。很快宁洱县委、县政府下发了《关于成立党组织引领农村电商发展助推精准扶贫工作领导小组的通知》，宝武集团也给予了电脑硬件设施的帮扶。

王玉春三下宿迁促电商落地。2016年11月，王玉春提交了一份《有关对宁洱地区开发农村电商促进"人企"共同发展的几点思考》，并建议三下宿迁学习。他的建议得到了宁洱县委、县政府的高度重视，宁洱县委组织部长带队，再赴宿迁学习。他们"带着问题去""满载成果归"。2016年12月11日，宁洱县"农村电商孵化运营中心"正式挂牌成立，标志着宁洱县农村农产品电商营销迈出重要一步，王玉春被聘为顾问。此举为后来宁洱县顺利成为国家农村电商示范县打下了坚实的基础。

驻村书记的情怀

王玉春是一个内心有"火焰"的人。他戴着眼镜，有几分文质彬彬的书生气，说起话来不急不慢，和他交谈能感受到他平和的外表下追求一流的热情与精神动力。他在云南驻村时，很多照片和回城两年后的形象差别很大，那时的他成了一个脸色黝黑、身强力壮的山里汉子。2017年返回上海，他说终于舒舒服服睡了几天好觉。回上海后，他心里始终不能忘怀村里的父老，用心思考后写下了洋洋洒洒几页的宁洱精准脱贫后对接乡村振兴的改革设想，他说他了解宁洱情况，也有很多想法，想再为宁洱做点事。

王玉春干事有思路。他看到昆汤村的一幅地形图很像一个奔跑的人，突然有了灵感，设想了昆汤的茶叶品牌，找到美术专业的同学帮忙，设计了一个商标图案——形如一个奔跑者，并进行了注册。当地的黄心山药味道很好，他就起了个新名字叫"赛板栗"，他说，"说不定将来也可能成为'网红特产'呢"。他一心想要为村里的农产品打造自己的商标品牌，向"娘家"争取了项目资金，建设了昆汤村生态茶叶加工厂，设计注册了"昆汤壹號"和"醉鹿上品"两个茶叶商标，让昆汤村800余亩生态茶园成了聚宝盆。

王玉春做人有操守。他曾经用了2个月时间，帮助昆汤村村民卖茶，获得10万元利润，有人说这是该拿的劳务费。可是王玉春却拿出其中的3万元，给村里添置了一些硬件设施，余下的7万元注入昆汤村集体经济中，摘掉了昆汤村集体经济"为零"的帽子。

王玉春说他始终记得在宝钢多年一直影响着他的"一争二感三自四严"的初轧精神：争一流的强烈愿望、集体荣誉感、利益共同感、自主参与、自发进取、自我了结，严肃的态度、严谨的作风、严格的管理、严密的制度。他说他对10万元的处理方式，不过是一种"自我了结"，是不需要别人提醒，自己就应该做的。

附一

王玉春驻村日记（之一）

今天纠结最多的就是如何处理好村内日常事务和外出跑产业发展的事情。虽然下决心打算跑产业发展的事情，但现实很多关系的处理着实让自己有些头疼。

是继续像去年刚到温泉村那样事无巨细地参与村内日常事务，还是脱身跑产业发展的事情？

产业要发展，不跑不行。

待在村里和村民"打成一片"？需要，但要改变方式方法。否则从2017年8月份倒推，时间和精力已经非常有限了。

如果真正能帮助和带领村民走出一条致富的路子，受益的是村民的一辈子。

要跑产业，就要处理好各种关系，但需要组织的认可和支持！

考虑良久，还是下定决心跑下去。有了结果，自会得到各方的认可。

王玉春驻村日记（之二）

今天思考最多的就是昆汤村产业发展破局的问题，其中一个重要的环节（也是最为纠结和担心的问题），就是在我明年离开昆汤村后，如何能一如既往地将做成的产业发展下去。

要亲自培养一套体系的建立，体系内各个环节要环环相扣，发挥好去年在温泉村积累的资源和积攒的经验，不能让温泉村半年的经历白白浪费，要学会"接力"，让先进村（温泉村）带动和帮助贫困村（昆汤村），这就要在资源整合以及相互制约和相互促进的相关环节上下功夫。

第一书记和基层党组织，还有一个重要的任务就是做好人才培养工作。至少要在物色需要培养的人才上下功夫，这些人才必须大公无私，而且要有能力、有公心、有大局意识。我要把温泉村＋昆汤村，作为一盘棋来下。

下定决心跑产业发展，就要让工作节奏和模式"变守为攻"。

如果将以往的以村内日常事务为主作为"守"，则跑产业为"攻"！不脱皮怎脱贫？！

王玉春驻村日记（之三）

今天带一个村民去昆明跑茶叶包装的事情。

据当地人说，昆明的包装品种多、价格低。我向宝钢单位领导汇报后，得到支持！谢谢领导支持！

从4月1日遵义培训下定决心跑产业后，直到今天，在电商试水阶段，令自己没想到的是真的有很多事情需要去完善，很多关系需要去处

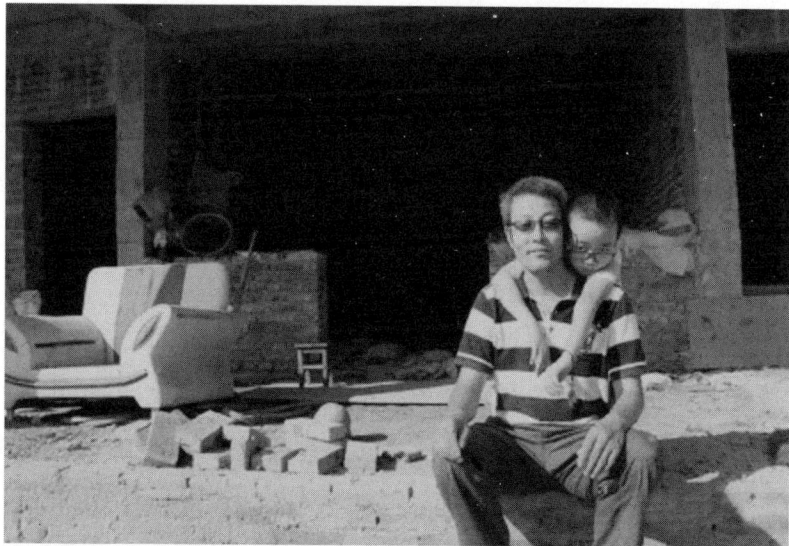

图73 王玉春儿子来昆汤与父亲团聚

理，发展产业事宜真的比盖间房、修条路要难得多。自己也多次有过放弃的想法，真的很累（苦于无人）。自己咬牙把一些打算继续推的事情或正在推的事情放在微信里，只能通过这种方式把自己的退路断了，继续向前！

累！累！累！

难！难！难！

但，要

做！做！做！

由"大山深处扶贫人"向"大山深处致富人"转变！

附二：访谈

孙叶青　上海市委党校科学社会主义教研部教授

边慧夏　昆明市政府副秘书长（挂职）

上海援滇挂职干部的感悟

2020年，我去云南昆明了解云南省脱贫攻坚相关政策措施，偶遇一位上海在昆明挂职的干部，他是上海普陀区原宜川街道办公室主任边慧夏，已在昆明挂职两年了，任昆明市政府副秘书长。谈起在云南省挂职的感受，他的很多感悟很有代表性。

孙叶青：在云南挂职两年了，最深的感悟是什么？

边慧夏：云南的精准扶贫首先得益于中央的顶层设计和制度安排，有幸参与见证这一伟大的历史进程，既感到光荣自豪，又深知使命责任在肩。

孙叶青：云南精准脱贫取得成绩的主要原因是什么？

边慧夏：来云南调研的日子，很多想法都改变了，过去认为边远地区落后，主要因为他们思想观念落后，来了以后才知道自然因素才是最大的根源，一个地区如果 90% 以上是大山，你还怎么发展！云南这个地方精准脱贫成功，也是因云南有突出的优势：一是百姓很质朴，一旦你走近他们，你就会爱上这片土地和这里的人们；二是干部很包容，大家都很实干，与云南干部合作，他们经常说"活没干好算云南的，有成绩是上海的"，所以我说他们非常包容；三是干部很拼搏，像区县一级或者乡村一级的秘书长们，脱贫攻坚当中哪有双休日啊？我看几百天来都没双休日，也不分日日夜夜，也有同志倒在了扶贫路上。

孙叶青：我能感受到你对云南很有感情。

边慧夏：我想说这也是一种大山的情怀。一旦你融入了他们，被他们所包容所接纳了，一旦你了解到他们这种拼搏精神，被他们这种精神折服了，对云南的感知就发生变化了。原来我们觉得这个大山是连绵不绝的，仅此而已，现在感觉这个大山是有情怀的，以前看到山里的水啊，就是一股山泉水而已，后来就能感觉它的温度了，就想跟它有接触。每次到大山里面就很高兴，都要情不自禁地触碰山里的溪水、树木啊，这就是自己的感情也开始融入了，有人说一日云南行，一生云南情啊。

后　记

　　本书写作缘起于东西部协作扶贫中的培训项目。2017年夏天我受邀到上海市金山区委党校讲课，结识了来自宁洱的十几个学员，他们都是宁洱县的年轻干部，来上海参加沪滇合作对口交流培训学习。他们的组长杨正德是宁洱县委办公室常务副主任，记得课后一起聊起云南的精准脱贫，我感叹精准脱贫特别了不起，对这个将载入史册的伟大事件有着浓厚兴趣，如果能有机会成为观察者、记录者，做一点文字工作，也将是非常难得、很有意义的。记忆里，正德的笑容很灿烂，他说："如果你对精准脱贫有兴趣，欢迎你到宁洱来。"

　　本书的写作得以完成，受益于精准扶贫政策的实施与成就。2018年寒假，我去了宁洱，以后又利用假期多次去云南调研，得到了正德和张光良、郭绍云、苏釜瑾、黄韵梅等众多学员的倾力支持与帮助。县委常委、县委办公室主任李进学统筹协调调研工作；县委县政府先后派了专车，协助我从早到晚的调研行程；县委党校常务副校长胡光有一直同行；李琼副校长，杨梅、张文彬、罗香玲等老师多次参加。特别是县文联主席、县脱贫摘帽指挥部宣传组的徐培春老师鼎力支持，提供了很多文字和照片材料。县政府办公室副主任李云涛在本书后期的修改补充、校对工作中，给予了大力支持。书中提及的所有数据和照片均来自宁洱县委县政府提供的材料，主要包括《宁洱哈尼族彝族自治县脱贫攻坚报告》（2017 年 12 月 31 日）、《宁洱哈尼族彝族自治县脱贫攻坚工作情况》（2020 年 7 月 18 日）、《普洱市决胜脱贫攻坚系列新闻发布会（宁洱专场）全记录》、《宁洱县脱贫攻坚展馆材料》（经过县委、县政府严格审核）、《宁洱哈尼族彝族自治县关于 2016—2020 年五年脱贫攻坚工作情况报告》（2020 年 11 月 5 日）等。

我们每到一个村，都会先与当地的村委领导座谈，再去农户家走访。回上海后，借助微信语音和电话，和本书中提到以及没有提到的很多人，有过数不清多少次的深入交流，对宁洱扶贫的过去、现在与未来，总算有了比较全面的了解，其中有很多细节、有太多的故事让我感动。最让我感动的是精准脱贫中一个个精彩的有故事的人物，他们为这段中国人彻底告别贫困的历史，注入了灵魂，谱写了奇迹。

虽然我并没有足够自信的才华去描摹他们的奋斗，甚至我的所见、所思、所感也未能全部诉诸笔端，但是能够有机会得到宁洱县委县政府、众多乡镇、村级领导的支持，获得大量文字材料、访谈机会以及照片，使我可以有机会比较系统、全面地考察一个县在这场中国大地上，也是人类历史上前所未有的、短时间里实现大踏步的历史跨越、告别贫困的伟大壮举中的奋斗缩影。从以点带面追溯宁洱在中华人民共和国成立前比较原始的状态与追求幸福生活的渴望，写到今天宁洱在精准脱贫中比较详细的做法和成绩，以及面向未来的探索，从中可以前瞻宁洱未来的希望之光，对于我来说，是何等的幸运和满足，在这个意义上，本书可视为各方参与、共同携力的结果。

在本书即将搁笔之时，我拜访了一位上海老专家朱怀柏，他 85 岁，是高级工程师。同行的方毅君是朱工的义女，她说，朱工退休后二十多年来一直默默无闻地参与对贫苦学子的捐款助学活动，一年前开始资助云南学生，也是沪滇合作捐款助学的众多参与者之一。他每年用于助学的资金大概 10 万元，费用是怎么筹措的呢？老人是一个活得很通透的人，他和老伴卖掉了原来的房子，获得 500 多万元的房款，用其中的215 万元买了一处养老社区公寓房，获得一百多平方米的居住房间，具有长久使用权。夫妇二人每月 1 万多元的退休金，用来支付养老公寓的开销。养老公寓提供餐饮和所有必备服务项目，有 80 多名工作人员为 200 多位老人服务。公寓条件很好，一群看起来很有艺术气息、知识分子模样的老人，住在很有家庭氛围的居住空间内，每天练模特步、唱卡拉 OK、开展各种开心美好的活动。

朱工讲他这辈子最大的遗憾是因贫困没能上大学，尽管他只是中专毕业，但依靠个人的勤奋努力，1965 年就被评为工程师，成为当年修建坦赞铁路的中方通信设备负责人。老夫妇俩很节约，他们只订一餐饭，说是因为量太大，可以吃两顿，不想浪费，另一顿他们自己调剂一些。他希望可以用自己的钱资助那些因为贫穷不能完成学业的学生。他说，他们有出息了，也就是替自己为国家做贡献了。

我们去的那天，老人聊起了他助学中令他有些苦恼的问题。有个初中女孩，他每个月都给她资助 500 元，因女孩年龄小，还不能办银行卡，助学款就打到了女孩爸爸的卡上。女孩爸爸收入很低，据说每月固定收入仅 800 元，却收养了一个男孩。女孩的妈妈很多年前已经出走，一直没有回家。老人通过女孩知道她妈妈的电话后，加了微信，却发现她的妈妈多次在朋友圈里晒她又挣到一沓人民币的照片，而且经常回去看她的女儿。2019 年女孩脚受了伤，花了 400 多元，还直接提出希望老人支付这笔医药费。老人说他很希望助学费用能真正帮到这个女孩，用于学习上，而不是移作他用。朱工仔细看了女孩去年的入学通知，发现国家对 9 年义务教育学费全免，来自国家、云南省的资助加上对少数民族学生的补助，生活费也足够了，朱工决定更改对这个女孩的资助方式，改变按月转账给她父亲的做法，考虑到入学时需要添置新学期的一些生活学习用品等，每学期给予一次性资助，具体金额待见到入学通知书后再定。

　　我们不由感叹助学这件事看起来很简单，但要做到精准尚且有很多困难，我们怎么能苛求精准扶贫这样大规模的整体脱贫工作之中没有困难，甚至不存在缺憾呢？但是只要选择了正确的方向，向着阳光走去，我们就能更多地感受到平凡中的伟大。宁洱精准脱贫之路是一段历史，也是一个真实的故事，希望可以被更多的人听到、看到、感受到。